高校毕业生就业能力提升教程

主　编　钟小要

副主编　李洪涛　韩新节

合肥工业大学出版社

图书在版编目(CIP)数据

高校毕业生就业能力提升教程/钟小要主编．—合肥:合肥工业大学出版社,2024.5

ISBN 978-7-5650-6770-9

Ⅰ.①高⋯ Ⅱ.①钟⋯ Ⅲ.①大学生—就业—能力培养—教材 Ⅳ.①G647.38

中国国家版本馆 CIP 数据核字(2024)第 104238 号

高校毕业生就业能力提升教程

钟小要　主编		责任编辑　赵　娜	
出　版	合肥工业大学出版社	版　次	2024 年 5 月第 1 版
地　址	合肥市屯溪路 193 号	印　次	2024 年 5 月第 1 次印刷
邮　编	230009	开　本	710 毫米×1010 毫米　1/16
电　话	理工图书出版中心:0551-62903004	印　张	19.75
	营销与储运管理中心:0551-62903198	字　数	334 千字
网　址	press.hfut.edu.cn	印　刷	安徽联众印刷有限公司
E-mail	hfutpress@163.com	发　行	全国新华书店

ISBN 978-7-5650-6770-9　　　　　　　　　定价:68.00 元

如果有影响阅读的印装质量问题,请与出版社营销与储运管理中心联系调换。

编 委 会

前　言

　　为贯彻落实党中央、国务院"稳就业""保就业"决策部署，促进高校毕业生高质量充分就业，通过中央专项彩票公益金支持，教育部实施宏志助航计划。为提高资金使用效益，确保项目实施效果，根据有关规定，教育部决定在全国高校中遴选一批"全国高校毕业生就业能力培训基地"。经学校申报、安徽省教育厅推荐、教育部审核，合肥工业大学成功获批"全国高校毕业生就业能力培训基地"。

　　为了更好地实施宏志助航计划，提高高校毕业生综合素质和就业能力，帮助高校毕业生增强信心、学有所成、业有所就，合肥工业大学组织专家团队根据多年的就业指导和职业生涯规划教学经验，以及教育部宏志助航计划有关文件要求，共同撰写了《高校毕业生就业能力提升教程》。本书紧密围绕高校毕业生职业生涯发展和就业创业现实问题，重点围绕促进就业意识、转变就业态度、推动就业行动、提升就业能力，精心设计了"就业形势与职业理论""调整心态与提升执行力""探索求职方向""就业信息与求职陷阱""制作求职简历""自荐信与书面沟通""个体面试与表达能力提升""群体面试与结构化面试""领导力与职场礼仪""企业参观教学"十章内容，每章设计了学习目标和就业思考，旨在让读者对本章内容有直观性的了解和实践性的思考。本书对接高校毕业生就业实际需求，以能力提升为核心，以实际应用为重点，理论联系实际，注重引导高校毕业生在学习思考互动中探索职业方向、提升就业能力，帮助高校毕业生树立正确的就业观，呈现出较强的政策性、理论性、实践性和创新性，对高校毕业生就业能力提升具有较强的理论和实践指导意义。

　　本书由钟小要担任主编，李洪涛、韩新节担任副主编，钟小要、李洪涛、韩新节审核并确定书稿，范鹏飞负责全书框架设计和统稿润稿。具体编写分工：杨继盛编写第一章，李艳编写第二章，张黎黎编写第三章，储文静编写第四章，但决决编写第五章，顾安祥编写第六章，蔡伟伟编写第七章，牛姗姗、蔡伟伟编写第八章，牛姗姗编写第九章，张金伟编写第十章。

本书受到"中央专项彩票公益金宏志助航计划"资助，在编写过程中得到了教育部、安徽省教育厅，以及合肥工业大学、安徽师范大学、安徽理工大学、滁州学院、合肥职业技术学院和安徽商贸职业技术学院等在皖全国高校毕业生就业能力培训基地及各兄弟高校有关领导和老师的大力支持，在此表示衷心的感谢。

本书在编写过程中参考了一些国内外文献的相关观点，其中主要的引用已在参考文献中列出，在此向这些资料和文献的作者致以衷心的感谢。若有疏漏，敬请谅解，也欢迎及时和本书编委会联系，以便我们完善。

在本书的编写过程中，编委会几易其稿，力求使内容更加贴近"中央专项彩票公益金宏志助航计划"和高校毕业生的实际需求。但由于学识所限和编撰时间仓促，书中难免会出现疏漏和偏差，在此恳请广大读者给我们提出宝贵意见和建议，以便我们及时修正完善。

未来，合肥工业大学将严格按照"中央专项彩票公益金宏志助航计划"要求，在认真做好高校毕业生就业能力培训工作的基础上，充分利用周边资源积极开展师资库建设、课程体系建设、教材体系建设，围绕三维创建组建各具特色、相互支撑、教研融合、螺旋发展的专家梯度团队，孕育智能型师资库、精品化课程群、专业化教材集，形成重内涵、可推广的具有合肥工业大学特色和优势的示范培训基地，为高校毕业生就业能力提升贡献合工大方案。

本书编委会

2023 年 5 月 31 日

目 录

第一章 >>> 就业形势与职业理论

◤ 学 习 目 标

1. 了解宏观形势与就业政策。
2. 了解并掌握自我认知的方法。
3. 了解并掌握职业理论的知识。

◤ 就 业 思 考

1. 国家支持大学生就业的政策有哪些？
2. 如果对自己目前所学专业不感兴趣，那么就业时应该怎么办？
3. 在大学期间，如何获取各种职业技能？

第一节　宏观形势与就业政策

党的十八大以来，中国特色社会主义进入新时代。以习近平同志为核心的党中央统筹把握中华民族伟大复兴战略全局和世界百年未有之大变局，以中国式现代化推进中华民族伟大复兴；明确新时代我国社会主要矛盾是人民日益增长的美好生活需要和不平衡不充分的发展之间的矛盾；加快构建以国内大循环为主体、国内国际双循环相互促进的新发展格局，推动高质量发展；坚持以人民为中心的发展思想，完成脱贫攻坚、全面建成小康社会的历史任务；中华民族伟大复兴进入了不可逆转的历史进程。新时代的高校毕业生遇到了难得的历史机遇和广阔的发展前景，要坚定不移听党话、跟党走，怀抱梦想又脚踏实地，把青春献给祖国，将小我融入大我，在中华民族复兴大业中建功立业，让青春在全面建设社会主义现代化国家的火热实践中绽放绚丽之花。

一、国内外形势

（一）国内国际两个大局

1. 中华民族伟大复兴战略全局

我国是一个有着五千多年历史的文明古国，在历史上曾长期走在世界前列。在几千年的文明发展史中，中华民族创造了悠久灿烂的中华文明。在世界四大文明古国中，古巴比伦、古埃及、古印度的文明都曾中断过，唯有中华文明一直传承到今天，中国古代的四大发明造福全世界。

近代以后，由于西方列强的入侵和封建统治的腐败，中国逐渐成为半殖民地半封建社会，中华民族遭受了深重苦难。但无数中华儿女为了实现中华民族伟大复兴的梦想不屈不挠、前仆后继，进行了一场场气壮山河的斗争，谱写了一曲曲可歌可泣的史诗。

实现中华民族伟大复兴是近代以来中华民族最伟大的梦想，中国共产党一经成立，就把实现共产主义作为党的最高理想和最终目标，义无反顾肩负起实现中华民族伟大复兴的历史使命，带领人民进行了艰苦卓绝的斗争，谱写了气吞山河的壮丽史诗。

习近平总书记指出："今天，我们比历史上任何时期都更接近、更有信心和能力实现中华民族伟大复兴的目标。"

2. 世界百年未有之大变局

当今世界正经历新一轮大发展大变革大调整。大国战略博弈全面加剧，国际体系和国际秩序深度调整，人类文明发展面临的新机遇新挑战层出不穷，不确定不稳定因素明显增多。基于对世界大势的敏锐洞察和深刻分析，以习近平同志为核心的党中央作出一个重大判断：世界处于百年未有之大变局。我们应牢牢把握这个变局给中华民族伟大复兴带来的重大机遇，向着全面建成社会主义现代化强国的第二个百年奋斗目标奋力迈进。

（二）"两个确立"的重大意义

中国特色社会主义进入新时代，以习近平同志为核心的党中央以巨大的政治勇气和强烈的责任担当，解决了许多我们长期想解决而没有解决的难题，办成了许多过去想办而没有办成的大事。党的十九届六中全会通过的《中共中央关于党的百年奋斗重大成就和历史经验的决议》指出，党确立习近平同志党中央的核心、全党的核心地位，确立习近平新时代中国特色社会主义思想的指导地位，反映了全党全军全国各族人民共同心愿，对新时代党和国家事业发展、对推进中华民族伟大复兴历史进程具有决定性意义。

"两个确立"是时代、历史和人民的共同选择、郑重选择、必然选择，是党和国家之幸、人民之幸、中华民族之幸，其必将以强大的号召力、坚定的推动力、坚实的保障力，为中华民族复兴伟业提供更为坚强的政治保证。"两个确立"体现了我们党在指导思想上的与时俱进，必将为实现中华民族伟大复兴提供更为强大的思想引领。"两个确立"为进行伟大斗争、建设伟大工程、推进伟大事业、实现伟大梦想培根铸魂、凝心聚力，是夺取新征程新胜利的根本保证。

（三）社会主要矛盾发生了转化

习近平总书记在十九大报告中指出："中国特色社会主义进入新时代，我国社会主要矛盾已经转化为人民日益增长的美好生活需要和不平衡不充分的发展之间的矛盾。"这一重要论断反映了我国社会发展取得的巨大进步，反映了社会主义发展的阶段性特征。

经过40多年的改革开放，我国社会生产力水平显著提高，在很多方面进入世界前列，我国国内生产总值稳居世界第二，对世界经济增长的贡献率超过30％；高铁和轨道交通技术、船舶制造技术、移动支付等独步全球，天宫、蛟龙、天眼、悟空、墨子、大飞机等重大科技成果相继问世，创新型国家建设成果丰硕。与短缺经济时代"买肉需要肉票、买粮需要粮票"形成鲜明对比的是，我国的一些产品产能甚至出现了过剩，"落后的社会生产"在中国人民的经济生活中已经成为永远的"过去时"。

当前制约人民美好生活需要的因素主要是发展不平衡不充分的问题。发展不平衡主要指各区域、各领域、各方面发展的不平衡，发展不充分主要指一些地区、一些领域、一些方面还存在发展不足的问题，发展的任务仍然很重。例如，在西部地区，发展不足仍然是主要问题。相对于经济发展来说，教育、医疗、社会保障、环境质量等都还不能充分满足人民群众的需要。这些发展不平衡不充分的问题是当前和今后一个时期制约我国发展的主要问题，是现阶段各种社会矛盾交织的主要根源。要解决发展不平衡不充分的问题，必须坚持以深化供给侧结构性改革为主线，促进经济结构优化和转型升级，从而必将促进就业结构调整和新的就业空间拓展。

（四）国内国际双循环新发展格局

党的十九届五中全会通过的《中共中央关于制定国民经济和社会发展第十四个五年规划和二〇三五年远景目标的建议》提出，要加快构建以国内大循环为主体、国内国际双循环相互促进的新发展格局；坚持以推动高质量发展为主题、以深化供给侧结构性改革为主线、以改革创新为根本动力、以满足人民日益增长的美好生活需要为根本目的。这是对"十四五"和未来更长时期我国经济发展战略、路径作出的重大调整完善，对促进我国实现更高质量、更有效率、更加公平、更可持续、更为安全的发展具有重要意义，有利于我国扩大就业容量和提高人民收入水平，高校毕业生就业平台空间和发展前景将更加广阔。

构建"双循环"新发展格局坚持立足新发展阶段，贯彻新发展理念。新发展理念始终坚持以人民为中心的发展立场——发展依靠人民、发展为了人民、人民共享发展成果。就业是最大的民生，扩大就业是提升人民收入水平、改善人民群众生活质量的最有效方式。加快构建新发展格局，使经济发展格局更加完善，让实体经济吸纳更多的就业人口，"双循环"产生新动能、形成新业态、发展新经济，将会创造出更多的就业岗位。高校毕业生应该如何把握新发展格局呢？

1. 应把握科技创新的战略机遇，投身研发领域就业

科技自主创新是实现高质量发展的战略支撑，人才是实施创新驱动战略的第一资源。根据国家统计局发布的《2022年全国科技经费投入统计公报》数据显示，2022年我国研发经费达到30 782.9亿元，比上年增长10.1%，充分体现了我国以创新为第一动力、加快实施创新驱动发展战略的成效。高校毕业生是科技创新的生力军，也是国家科研机构和企业研究部门招聘的重点对象。近年来，我国各级各类科研机构、规模以上企业研发机构、高等学校等招聘科研人员规模持续扩大。高校毕业生应把握这个机遇，结合自身专业、学历、性格、兴趣等情况，积极到科研机构、高新技术企业等研发机构应聘就业。

2. 应把握积极培育内需的机遇，融入国家重大战略中建功立业

当前，国家实施东部率先发展、中部崛起、西部大开发、东北振兴等重大战略，积极推进京津冀协同发展、长江经济带发展、长三角一体化发展、粤港澳大湾区建设等，这些地区的经济发展提速、战略产业布局等为高校毕业生就业提供了良好的发展机遇。据人才机构调查显示，长三角、珠三角、京津冀等城市群集聚大量高校毕业生。高校毕业生应把握机遇，

把个人理想和国家战略结合起来，着力于民族复兴的战略行动中建功立业，创造无愧于伟大时代的辉煌业绩和绚丽人生。

3. 应把握推动更高水平对外开放的机遇，参与国际领域就业

"双循环"不是自我封闭，而是更高水平的对外开放，须统筹内需和外需、进口和出口、引进外资和对外投资，积极推进国际合作交流。要实现对外开放，必须有一大批具有开放国际视野、熟悉国际贸易规则和了解国际经济政策的高层次专业人才。跨国公司、外贸企业、国际组织等也是高校毕业生就业创业的重要方向。同时，围绕国际贸易向产业链条催生了一系列新产业、新岗位。上海、广东、江苏、海南、福建等沿海地区，外贸出口基地仍是吸纳高校毕业生的重要地区。高校毕业生应扩大国际视野，积极参加国际交流合作，着力在促进中国走向世界舞台的伟大实践中书写壮丽人生。

（五）实施新时代人才强国战略

当前，我国进入了全面建设社会主义现代化国家、向第二个百年奋斗目标进军的新征程，我们比历史上任何时期都更加接近实现中华民族伟大复兴的宏伟目标，也比历史上任何时期都更加渴求人才。实现我们的奋斗目标，高水平科技自立自强是关键。综合国力竞争说到底是人才竞争。人才是衡量一个国家综合国力的重要指标。人才是自主创新的关键，顶尖人才具有不可替代性。国家发展靠人才，民族振兴靠人才。

1. 全球五个科学和人才中心

在人类历史上，科技和人才总是向发展势头好、文明程度高、创新最活跃的地方集聚。16 世纪以来，全球先后形成了五个科学和人才中心。

16 世纪的意大利，文艺复兴运动促进了科学发展，产生了哥白尼、伽利略、达·芬奇、维萨里等一大批科学家，诞生了《天体运行论》、《人体结构》、天文望远镜等科学名著和科学发明。

17 世纪的英国，培根经验主义理论和"知识就是力量"的理念加速了科学进步，产生了牛顿、波义耳等科学大师，开辟了力学、化学等多个学科，成为推动第一次工业革命的先导。

18 世纪的法国，启蒙运动营造了向往科学的社会氛围，产生了以拉格朗日、拉普拉斯、拉瓦锡、安培等为代表的一大批卓越的科学家，在分析力学、热力学、化学等学科领域做出重大建树。

19 世纪的德国，产生了爱因斯坦、普朗克、欧姆、高斯、黎曼、李比希、霍夫曼等一大批科学家，创立了相对论、量子力学、有机化学、细胞

学说等重大科学理论。

20 世纪的美国，集聚了费米、冯·诺依曼等一大批顶尖科学家，产生了贝尔、爱迪生、肖克利等一大批顶尖发明家，美国获得了近 70% 的诺贝尔奖，产出占同期世界总数 60% 以上的科学成果，集聚了全球近 50% 的"高被引科学家"。

2. 加快建设世界重要人才中心和创新高地

现在，世界新一轮科技革命和产业变革迅猛发展，我们既面临难得的历史机遇，又面临严峻挑战。中华民族是勤劳智慧的民族，千百年来我国科技创新为人类文明作出了巨大贡献。近代以来，我国没有抓住工业革命的历史机遇，后又饱经战乱和列强欺凌，导致我国科技和人才长期落后。现在，我国正处于政治最稳定、经济最繁荣、创新最活跃的时期，党的坚强领导和我国社会主义制度的政治优势，基础研究和应用基础研究实现重大突破，面向国家重大需求的战略高新技术研究取得重要成果，应用研究引领产业向中高端迈进，为我们加快建设世界重要人才中心和创新高地创造了有利条件。党的二十大报告提出，坚持创新在我国现代化建设全局中的核心地位。因此，应在北京、上海、粤港澳大湾区建设高水平人才高地，在一些高层次人才集中的中心城市着力建设吸引和集聚人才的平台，加快形成战略支点和雁阵格局。人才强国战略的实施、世界重要人才中心和创新高地的建设，将会创造更多适合高校毕业生的就业岗位，高校毕业生也将在服务国家战略中更好地实现自己的人生价值和社会价值。

二、就业形势与政策

大学生临近毕业、即将踏上社会时，都会雄心勃勃，憧憬自己能干出一番轰轰烈烈的事业。大学生毕业时找到适合自己的发展平台是实现自己美好理想的关键。面对竞争日趋激烈的就业市场，就业形势呈现出新特点和新变化，大学生在就业过程中会遇到些新问题和新挑战。因此，大学生应该准确把握就业形势和就业政策，树立正确的就业价值观，找到适合自己的职业发展平台。

(一) 高校毕业生就业环境

中国特色社会主义进入新时代，我国国内生产总值稳居世界第二，我国经济社会发展取得了巨大进步，我国社会主要矛盾已经发生转化，因而高校毕业生的就业环境也发生了变化。

1. 我国高等教育由"精英教育"迈向"普及教育"

随着经济社会的不断发展，我国已建成世界上规模最大的高等教育体系，高等教育已由精英教育阶段进入普及教育阶段。传统的象牙塔中的"时代骄子"和"大众宠儿"不再是"皇帝不愁嫁的女儿"了。

自中华人民共和国成立以来，随着高等教育的不断发展，大专院校毕业生的就业制度也在不断发展变化，以往的"统包统分"方式已不复存在，先后经过了"统包统分"、"供需见面"、一定范围内的"双向选择"和"双向选择，自主择业"四个阶段，逐渐形成了现阶段的"双向选择、自主择业"的就业环境。"双向选择，自主择业"的就业环境伴随着市场化、网络化转变，高校毕业生和用人单位的选择范围不断变大，高校毕业生只有不断地提高自身专业知识水平及就业工作能力，才能提升自己的市场竞争力和综合素质，在双向选择的就业市场中选择自己满意的工作单位。

2. 大学生在就业市场中从"卖方"转变为"买方"

在精英教育阶段，用人单位的需求很大，而高校人才培养数量却不足，高校毕业生处于"卖方"市场，因此普遍容易找到工作。但是随着高校招生规模的连续扩大，高校毕业生紧缺的时代一去不复返，高校毕业生与市场需求逐渐呈现供需平衡，甚至形成供大于求的现状。尽管高校毕业生求职面临严峻的形势，但是我国经济稳中向好、长期向好的发展趋势不会改变，对高科技人才需求更加迫切，支持创业的政策和机制正在形成，高校毕业生将在就业市场中公平竞争。一部分高校毕业生会在竞争中脱颖而出，找到心仪的工作；另一部分高校毕业生要从事未必满意的工作。新时代的高校毕业生要了解严峻的就业形势和激烈的竞争环境，增强使命感，练就过硬本领，增强竞争力，发挥自身的专业优势和个人特长，在竞争的就业市场中找到满意的就业岗位。

3. 用人标准由"重学历"转向"学历能力兼顾"

我国高等教育处在精英教育阶段的时候，高校毕业生人数和规模不能满足社会的需求。大部分用人单位求贤若渴，招聘不到需要的专业人才。企业招聘考查的主要因素是求职者的学历，求职者只要有学历就容易获得工作机会，且求职者学历越高，获得的工作机会就越多。随着我国高等教育进入普及教育阶段，高校毕业生人数和规模不断创历史新高。由于用人单位比较容易招聘到各层次、各专业人才，因此用人单位招聘要求从只看重学历逐渐转向既要有学历也要有专业素养和综合能力。新时代的大学生在毕业时，除了如期取得学历、学位，在校学习期间还应该注重提高自己的专业素养和综合能力，多参加科技竞赛和社团活动，不断提高自己的专业知识运用能力、沟通协调能力、团队领导能力和抗压受挫能力，只有这样才能更受用人单位的青睐。

4. 就业形式由"单一"走向"多样"

我国高等教育进入普及教育阶段，高校毕业生人数和规模逐年增加，高校人才培养模式、教育教学方式、人才培养目标随着经济社会的发展不断完善。人才培养模式和目标的多样化必然导致高校毕业生就业价值取向、就业形式的灵活多样。

随着我国经济社会的不断发展，西部和中小城市有着光明的发展前景，对各类人才的需求将不断增加，提供的就业机会和就业岗位相对较多。许多央企、国企和行业的骨干企业会在西部和中小城市设立分支机构，很多重要项目也会设在基层。在国家政策的支持和引导下，去基层项目就业、到西部和中小城市就业的高校毕业生比例也在逐年增加。

大众创业、万众创新是我国经济发展"双引擎"之一。国家进一步加大对大众创新创业的政策支持，为创新创业营造更优良的发展生态。不少高校毕业生选择自主创业，为就业市场源源不断地注入新细胞和新活力。

近些年，依托数字经济、平台经济、电子商务、快递物流、互联网行业的发展，更多年轻人愿意选择灵活就业。灵活就业已成为我国劳动者就业的新形态。2021年7月，人力资源社会保障部、国家发展改革委、交通运输部等八部门联合发布的《关于维护新就业形态劳动者劳动保障权益的指导意见》明确指出，依托互联网平台就业的属于新就业形态劳动者，国家支持和规范发展新就业形态，增强新就业形态劳动者职业荣誉感，努力营造良好环境，切实维护新就业形态劳动者劳动保障权益。随着灵活就业政策不断完善，未来灵活就业的岗位会逐渐增加，选择灵活就业的年轻人也会越来越多，多样化的就业岗位和就业形式为新时代的高校毕业生提供了更多的就业机会和就业选择。

(二) 高校毕业生就业形势

随着我国高等学校招生规模的不断扩大，高校毕业生就业时面临的挑战和压力也不断增大，具体包括以下四个方面的内容。

1. 高校毕业生人数逐年递增

根据教育部的权威发布，全国高校毕业生人数从2000年的94.98万人增长到2023年的1 158万人，20多年的时间增长了十多倍。2024年全国普通高校毕业生人数将达1 187万人，再创历史新高。由于各种原因，每年都有一定比例的高校毕业生未能如期落实就业去向，并且待落实就业去向的人数逐年累积增加。

2. 高校毕业生就业区域集中

很多高校毕业生毕业之后首选去大城市发展，因为大城市的基础设施完善、发展空间广、就业机会多，北京、上海、广州、深圳每年都能够吸引很多高校毕业生。由于大城市不断增大的生活、住房压力，高校毕业生开始逃离"北上广深"。随着"新一线"城市的崛起及二线城市的发展，很多高校毕业生选择在一、二线城市或者东部沿海城市就业，到中小城市或者西部城市就业的意愿不高，导致东部地区因人才流入过多而城市竞争压力很大、西部地区因人才短缺而发展不足。

3. 高校毕业生就业结构性矛盾突出

现阶段，我国高等教育还存在供给与需求上的结构性矛盾，高校在规模扩张过程中，过分关注规模数量发展，而忽视了学科专业、类型层次、内外部管理等结构的调整，影响了高等教育整体科学研究、人才培养功能发挥。同时，高校根据师资力量和科研水平进行专业设置，没有认真研究各产业发展的趋势和对人才的需求，导致高校人才培养与社会市场需求脱节，部分新兴行业人才短缺与部分专业毕业生就业岗位不足的矛盾长期并存。

4. 高校毕业生青睐朝阳产业

高校毕业生在进行就业选择时，往往更向往人工智能、物联网、IT等朝阳产业，传统制造业、加工行业遇冷。华为、阿里巴巴、腾讯等成为校园招聘中较受高校毕业生关注的公司，很多科技公司也成为校园招聘潜力企业。大量优秀高校毕业生汇集到互联网、电子信息行业，导致这些行业的人才过剩、企业工作压力增大、企业考核淘汰率升高、人员流动过快，而传统行业却人才短缺。

（三）高校毕业生就业政策

党中央、国务院高度重视高校毕业生就业工作，习近平总书记多次对做好高校毕业生就业工作做出重要指示及批示。国务院印发的《"十四五"就业促进规划》明确要求持续做好高校毕业生就业工作。相关部门也出台了一系列支持政策，帮助高校毕业生顺利毕业，尽早就业。

1. 鼓励和引导高校毕业生到基层就业

高校毕业生是国家宝贵的人才资源，基层是高校毕业生成长成才的重要平台，中共中央办公厅、国务院办公厅专门印发了《关于进一步引导和鼓励高校毕业生到基层工作的意见》，鼓励更多的高校毕业生到基层、中西部地区和艰苦边远地区就业创业。

国家健全高校毕业生基层就业支持体系，进一步完善并落实高校毕业生到基层就业学费补偿、贷款代偿、考研加分等优惠政策，引导更多高校毕业生到中西部地区、东北地区、艰苦边远地区，以及基层、乡村振兴一线就业创业；实施多项基层就业项目，如"选调生""特岗教师""三支一扶""西部计划"等。西部基层和艰苦边远地区迫切需要大批优秀人才去服务、建设和发展，基层虽然经济社会发展落后，却是当代大学生增阅历、长才干的沃土。高校毕业生要转变就业观念，主动选择到基层、到西部、到艰苦边远地区就业。

2. 高校毕业生围绕国家发展战略就业

高校毕业生应结合"一带一路"倡议、长江经济带发展、京津冀协同发展、粤港澳大湾区建设、长三角一体化发展等国家重要发展战略和建设科技强国、质量强国、航天强国、网络强国、交通强国、数字中国、智慧社会的需要，在就业选择时要有家国情怀和使命担当，主动对接国家发展战略需求，主动到国家重大工程、重大项目、重要领域就业。

3. 高校毕业生参军入伍

《中华人民共和国宪法》规定："依照法律服兵役和参加民兵组织是中华人民共和国公民的光荣义务。"《中华人民共和国兵役法》规定："中华人民共和国公民，不分民族、种族、职业、家庭出身、宗教信仰和教育程度，都有义务依照本法的规定服兵役。"依法服兵役是中华人民共和国每个公民义不容辞的责任和义务。军营是一所培养人才的大学校，是一座锻炼人才的大熔炉。参军报国不仅仅是磨砺心性、实现理想抱负的重要途径，更是热爱祖国的高尚行为，选择了军营，就选择了光荣。欢迎广大有志青年把参军入伍作为人生理想追求，把成才梦融入强国梦、强军梦，在人民军队这个大舞台书写人生壮丽篇章！

普通高校学生应征入伍升学优惠政策如下。

（1）设立"退役大学生士兵"专项硕士研究生招生计划，每年专门面向退役大学生士兵招生约8 000人，并向"双一流"建设高校倾斜。

（2）在部队荣立二等功及以上，免试（指初试）攻读硕士研究生。

（3）在完成本科学业后3年内参加全国硕士研究生招生考试，初试总分加10分，同等条件下优先录取。

（4）高职（专科）学生应征入伍，退役后在完成高职（专科）学业的前提下，可免试入读普通本科，或根据意愿入读成人本科，自2022年专升本招生起执行。

4. 支持高校毕业生到中小企业就业

中小企业已成为高校毕业生就业的主要渠道，高校毕业生到中小企业就业的，在档案管理、社会保险办理、专业技术职称评定、科研项目经费申请、科研成果申报等方面，享受与国有企事业单位同类人员同等待遇。

5. 大学生创新创业带动就业

国家支持高校毕业生自主创业，并提出按规定给予一次性创业补贴、创业担保贷款及贴息、税费减免等政策。政府投资开发的创业载体要安排30％左右的场地免费向高校毕业生创业者提供。各地各高校健全教育体系和培养机制，汇集优质创新创业培训资源，对高校毕业生开展针对性培训，为创业大学生提供创新创业相关政策的发布、解读、项目对接等服务。组织双创导师深入校园进行政策解读、经验分享和实践指导，支持大学生返乡创业、到城乡基层创业就业。

6. 支持引导灵活就业

国家支持高校毕业生发挥专业所长从事灵活就业，对毕业年度和离校2年内未就业高校毕业生实现灵活就业的，按规定给予社会保险补贴。各地各高校要积极挖掘新产业新业态新模式中的就业机会，引导高校毕业生在数字经济、平台经济等多个领域灵活就业。

三、大学生应该如何把握就业形势

（一）培养自己各方面的能力

大学生在学好自己的专业知识的基础上，还要培养人际交往能力、社会适应能力、组织管理能力、决策能力、团队合作能力、沟通能力、开拓创新能力和竞争能力等，这些都是用人单位对人才的要求。因此，大学生在学校除要学好课本知识外，还要积极参加学校和团体所组织的各项活动，有意识地培养和锻炼自己各方面的能力。

（二）认识自我，合理定位

习近平总书记指出："伟大梦想不是等得来、喊得来的，而是拼出来、干出来的。"每个人对未来都有很多美好的期待和梦想，都希望找到一份自己理想的工作。在目前就业形势下，高校毕业生求职时，一方面，应该对自我有一个清醒认知，了解自己的专业能力、兴趣爱好等；另一方面，应该主动适应就业市场的需求，把握就业机会，在实践工作中提高自身能力和综合素质，然后再择业，会有更广阔的发展空间。

（三）做好职业生涯规划

毛泽东在《论持久战》中提出："'凡事预则立，不预则废'，没有事先的计划和准备，就不能获得战争的胜利。"高校毕业生要想在未来的职业生涯中获得成功，首先应该制定一个符合自己实际的职业规划和职业目标，把职业目标进行分解，设计出合理的职业生涯规划图并付诸行动，在执行过程中根据实际进行修正和调整，最终实现自己的职业发展目标。

课 堂 活 动

破冰游戏

小组成员围成一圈，第一名学员自我介绍学校、姓名、所学专业、兴趣爱好，第二名、第三名学员轮流介绍，但是第二名学员要说："我是××后面的××。"第三名学员说："我是××后面的××的后面的××。"依次介绍……最后介绍的一名学员要将前面所有学员的学校、姓名、所学专业、兴趣爱好复述一遍。

第二节　自我认知与自我评价

中国有一句古话叫"人贵有自知之明"，就是说一个能清醒地认识自己的人才是最聪明的人。如何认知自我，自古就是每个人都要面对的难题。自我认知是职业生涯规划的起点，一个成功的职业生涯规划需要建立在对自我有充分的了解和认知的基础上。若大学生对自己的认识明确、评价客观，在此基础上规划自己的职业生涯，则可以顺利实现人生的目标。人要完全认知自我是一件不容易的事情，很多人终其一生都在进行自我探索，也未必能达到全面的自我认知。

一、自我认知的含义

自我认知就是主观自我对客观自我的认识与评价，自我认知是自己对自己身心特征的认识，自我评价是在这个基础上对自己做出的某种判断。自我认知在自我意识系统中具有基础地位，可以从以下四个基本维度进行自我认知和评价。

（一）生理自我

生理自我是指一个人对自己生理属性的意识，包括个体对自己的身高、体重、外貌、健康状况、动作技能等方面的意识和感受。生理自我是一种自我认识，它对一个人的适应能力和未来发展都有极其重要的影响。如果一个人正向接纳生理自我，那么就可以积极乐观地面对生活困难和挑战；如果一个人不喜欢、不接纳生理自我，那么遇到问题就可能会消极悲观或者怨天尤人。生理自我会影响一个人面对他人和环境的心态，这是自我意识的最原始形态。

（二）道德自我

道德自我是指一个人对自己道德方面的意识，包括自我道德评价、自我道德形象、自尊心、自信心和自我道德调节等。道德自我比生理自我形成的时间要晚，道德自我的形成不但需要一定的智力和生理发展水平，而且需要以一定的道德实践作为基础。自我道德评价和自我道德调节是道德自我最重要的组成部分。自我道德评价主要是一个人对自己的具体道德行动、各种品德特征及整个道德面貌的分析与评价，这种评价的适当性和稳定性对其个人的品德发展起至关重要的作用。自我道德调节是一个人对自己的道德行为进行控制、调整和修正的过程，它在自我道德评价的基础上进行，起"内部道德法庭"的自我控制、调整和修正作用。

（三）心理自我

心理自我是指一个人对自己心理属性的意识、情感和评价，包括对自我、心理过程、心理状态和心理特征的认知及评价。在日常生活中，一个人通过生活积累与实践经验，会逐渐对自己的价值与能力形成一个较为稳定的认知和评价。心理学实验表明，一个人对心理自我的认知和评价会影响其设定目标的高低，进而导致截然不同的未来表现。因此，我们应该充分了解心理自我，制定和自己能力相符合的职业生涯规划目标。

（四）社会自我

社会自我是指一个人对自己社会属性的意识，包括对各种角色关系、角色地位、角色技能和角色体验的认知及评价。社会自我也被称为"外部自我认知",是一个人在他人眼中的形象和他人对自己的看法或评价。社会自我会影响一个人在社会交往中的人际关系,人际关系反过来也会影响一个人的社会自我的形成和调整。

二、自我认知的来源

(一)自我了解

物理世界为自我了解提供了有效的工具和方法。想知道自己的身高、体重的数值,可以通过米尺和体重秤进行测量;想知道自己跑步的时间,可以用秒表计时。我们可以运用物理世界中的工具和方法来获取对于自我的认知。

(二)他人评价

唐太宗评价魏徵时曾说:"以铜为镜,可以正衣冠;以古为镜,可以知兴替;以人为镜,可以明得失。"意思是用铜作为镜子,可以整理好一个人的穿戴;用历史作为镜子,可以知道历史上的兴盛衰亡;用别人作为自己的镜子,可以知道自己每天的得失。要善于从他人的评价中知道自己的优点和缺点,发挥自己的优点,改进自己的缺点,从而成为一个更完善的自我。

(三)社会反馈

社会反馈是了解自我的一个比较有效的手段,一个人可以通过别人或集体的评价,得出自己区别于他人的特点。每个人的特点可能是积极的正向的,也可能是非正向的,通过社会反馈,可以让个体更好地认识自我。

(四)反省总结

《论语·学而》中提及"吾日三省吾身",意思是一个人每天应多次反省自己、检视自己,找出自身缺点,弥补自身不足。一个人通过自我反省、他人评价和社会反馈,让自己更加客观地认知自我,了解自己的特长、优点、缺点和不足,在做职业规划和人生选择的时候,就会扬长避短,更好地实现自我的价值。

三、自我认知的方法

(一)心理测评法

心理测评法指依据现代心理学、测量学、社会学、统计学等理论,通过人机测评、结构化面试、情景模拟等操作程序,对人的知识水平、能力、人格等方面进行测量。其根据工作岗位要求及组织特性对测评对象进行全面、客观的评价和咨询，选拔最合适的人才到最合适的工作岗位上，实现人岗匹配。心理测评法可以客观、全面、科学、定量化地选拔合适的人才，因为它可以预测个体从事某种工作的适宜性，进而提高人才选拔的准确性。心理测评可以了解个体的能力、人格和心理健康等心理特征，并由此预测不同个体在未来工作中可能出现的差别或者在某个领域取得成功的可能性。

（二）多渠道评估法

多渠道评估法指通过搜集与受评者有密切关系的、来自不同层面人员的评估信息，全方位地评估受评者。通过评估反馈，可以获得多层面人员对受评者素质、能力等的评估意见，比较全面、客观地了解受评者个人特质、优缺点等信息，以此作为受评者职业生涯规划及能力发展的参考。例如，通过家人、朋友、老师和同学等周围的人对受评者进行客观的分析，来达到自我认知。

（三）橱窗分析法

橱窗分析法指借助不同象限来表示一个人的不同分析角度的方法（见图 1-1）。它以别人知道或不知道为横坐标，以自己知道或不知道为纵坐标。

图 1-1　橱窗分析法

橱窗 1："公开的我"——自己知道、别人也知道的部分，其特点是一个人外在的展现，如身高、年龄、学历等。

橱窗 2："隐私的我"——自己知道、别人不知道的部分，其特点是属于个人私有秘密，不容易外显，如自己的缺点、想法、愿望等不愿告诉别人的部分。可以采取记日记或撰写自传的方式来了解"隐私的自我"。

橱窗 3："潜在的我"——自己不知道、别人也不知道的部分，其特点是开发潜力巨大，但通常别人和自己都不容易发觉。可以通过测评工具发现自己不知道的潜力。

橱窗 4："背脊的我"——自己不知道、别人知道的部分，其特点是自己看不到或未能察觉，别人却看得很清楚。可以采取同家人、朋友等交流的方式进行了解，要做到开诚布公，对别人提出的意见有则改之、无则加勉。

四、自我评价的原则

自我评价就是个人对自己做出客观准确的测量和分析，包括职业价值观、职业兴趣、气质、性格及能力等方面。自我评价对每个人都很重要，只有全面了解自己、认知自我，才能制定出客观准确的职业生涯规划。

(一) 找到优势

大学生在进行自我评价时，首先，明确自己在大学期间所学的专业是什么，掌握了哪些专业技能，从参加过的社会实践活动中收获了什么体验；其次，梳理自己大学经历和个人成长的人生经历——经历是一个人最宝贵的财富，不同经历可以塑造一个人不同的综合素质和工作能力；再次，要回忆总结自己人生的关键事件，综合分析个体在这些事件中的表现情况，找到自己的优势和特长。例如，在校期间参加过大学生创新创业比赛，组织、参加过学校大型活动或者担任过学生干部，自己通过这些经历发现自己科研能力、组织沟通能力或者团队合作能力突出，这将是未来个人的优势和核心竞争力。

(二) 正视不足

每个人都是不完美的，每个人身上都有优点和缺点。只有扬长避短，充分发挥自己的优势长处，才能产生最大的效益；只有避开自己的短处，收敛问题，才能避免被问题所误导，发挥出自己潜在的能力。作为高校毕业生，选择职业时，应该正视自己的不足，选择能充分发挥自己优势的职业。

(三) 明确特性

每个人的气质、性格、兴趣和价值观都不一样，研究表明，如果员工与岗位相匹配，那么工作的成效和工作业绩都会大大提高。因此在校大学生可以根据自己的基本性格特质，有意识地选择适合自己的职业和岗位，这样会提高工作效率和自我满意度。

课堂活动

我的生命线

请在白纸上画一条直线，这条直线的长度代表了你生命的长度。思考一下，你期待自己活到多少岁？将直线的一端视为你生命的开始，另一端写上你期待可以活到的年龄。

（1）在这条生命线中找到你现在的年龄点，并标记出来，写下现在的年龄。

（2）回顾你过往生命历程中发生的重大事件，在直线上方写出两到三件对你有积极影响的事件，并在直线相应位置上标注年龄；在直线下方写出两到三件对你有消极影响的事件，并在直线相应位置上标注年龄。

（3）思考一下这些事件对你的影响。

第三节 自我探索与职业理论

老子曾说："知人者智，自知者明。"意思是能够了解他人的人是有智慧的，能够了解自己的人是高明的。

大学生在做职业选择的时候，要做一个高明的人。首先应该了解与职业相关的个人因素，包括气质、性格、兴趣、能力、价值观等；然后明确自己的优势与特点，以及自己的优势与特点对职业选择有什么影响，从而在选择职业时能够扬长避短，做出适合自己未来发展的职业选择。

一、气质与职业

（一）气质的概念

气质是一个人表现在心理活动的强度、速度、灵活性与指向性等方面的一种稳定的心理特征，是一种典型而稳定的个性心理特征。它是指在人的认识、情感、言语、行动中，心理活动发生时力量强弱、变化快慢和均衡程度等稳定的动力特征。它是人的心理活动在情绪体验上的快慢、强弱和表现。希波克拉底根据人体内的体液比例的不同，将人的气质划分为四种不同类型：多血质、黏液质、胆汁质、抑郁质。

（二）气质的类型

1. 多血质

多血质的人的神经类型属于活泼型。多血质的人机智、灵活、聪明、开朗、兴趣广泛，能快速接受新事物，从事复杂多变的工作往往成绩显著。但是多血质的人专注度不够稳定，注意力容易转移，一旦没有足够刺激的吸引，常常会变得厌倦而怠惰。在日常生活和工作中，多血质的人大多是聪明热情、活泼好动的。

2. 黏液质

黏液质的人的神经类型属于安静型。黏液质的人冷静、稳重、踏实、情绪稳定，不论面临的环境如何，都能保持心理平衡。黏液质的人能严格地遵守既定的生活秩序和工作制度，他们有耐心、有毅力，一旦选定了目标，就能坚持到底。黏液质的人不大喜欢交际，不够灵活，有惰性；容易因循守旧、保守固执。在日常生活和工作中，黏液质的人大多是沉静而稳重的。

3. 胆汁质

胆汁质的人的神经类型属于兴奋型。胆汁质的人精力旺盛、反应迅速、行动敏捷、动作有力，能以极大的热情投身于自己所从事的工作或事情中，不怕困难，百折不挠。但胆汁质的人的工作带有周期性，当精力耗尽时，便会转为沮丧，甚至半途而废、前功尽弃。胆汁质的人学习能力强，对知识理解得快，但粗心大意，考虑问题不够细致。在日常生活和工作中，胆汁质的人大多是热情而性急的。

4. 抑郁质

抑郁质的人的神经类型属于抑制型，情感体验深刻且持久。抑郁质的人思想敏锐、观察细致、谨慎小心，能观察到别人观察不到的东西，有艺术气质。但抑郁质的人对工作或事情显得腼腆、优柔寡断，喜欢独处，不愿意与他人交往；在遇到困难和危险时，常常有胆怯畏缩、惊慌失措的表现。在日常生活和工作中，抑郁质的人大多是情感深厚而沉默寡言的人。

（三）气质与职业选择

气质没有好坏之分，不存在拥有某种气质就会更容易取得成功的说法。每个职业领域都可以找出不同气质类型的优秀代表，同一气质的人在不同的职业都能做出突出的成绩。求职者可以根据气质选择职业和岗位，但气质不能决定一个人最终的成就和社会价值。

1. 多血质的人与职业选择

多血质的人活泼、好动、热情大方、积极主动、善于交际，建议选择具有社会交往行为的职业，如记者、律师、公关人员、运动员、艺术工作者等。

2. 黏液质的人与职业选择

黏液质的人安静、稳定、沉着、冷静，建议选择医生、法官、财会人员、教师、演员等。

3. 胆汁质的人与职业选择

胆汁质的人直率、热情、精力旺盛、主动性强，建议选择具有竞争性、冒险性和风险性的职业或社会服务型的职业，如导游、推销员、勘探工作者、节目主持人、运动员、探险者等。

4. 抑郁质的人与职业选择

抑郁质的人敏感、细致、孤僻、思虑周密，建议选择机要人员、秘书、人事经理、编辑、档案管理员、化验员、保管员等。

以上只是从单一气质典型特征与相应职业进行对应。在现实生活中，人的气质往往不是单一气质类型，每一个求职者应从自己的实际气质特征出发，认真思考自身气质特征及职业要求，选择那些能发挥自己气质的积极因素的职业。根据气质特征及职业要求，可以找到气质与职业的对应关系（见表1-1）。

表1-1 气质与职业的对应关系

气质类型	多血质	黏液质	胆汁质	抑郁质
气质特点	机智、灵活、聪明、开朗、兴趣广泛	冷静、稳重、踏实、情绪稳定	精力旺盛、反应迅速、行动敏捷、动作有力	思想敏锐、观察细致、谨慎小心
适合职业	记者、律师、公关人员、运动员、艺术工作者等	医生、法官、财务人员、教师、演员等	导游、推销员、勘探工作者、节目主持人、运动员、探险者等	机要人员、秘书、人事经理、编辑、档案管理员、化验员、保管员等
不适合的工作	单调或过于细致的工作	富于变化和挑战性大的工作	长期安坐的细致工作	热闹、繁杂环境下的工作

二、性格与职业

（一）性格的概念

性格是一个人对客观现实的稳定态度和习惯化的行为方式。一个人性格的形成是一个长期的、复杂的过程，既与先天生理素质有关，也与后天的社会实践活动和生活环境相关；是一个人对他人、事务和外部环境所表现出来的一致性稳定的应对方式。

（二）职业性格类型

职业性格是一个人在职业工作中所形成的与职业相关的稳定、一致的心理特征。目前比较常用的性格测试理论是 MBTI（Myers – Briggs Type Indicator）性格理论，其以四组（维度）倾向二分法评估个人能量倾向、接受信息、处理信息、行动方式的情况。

1. 能量倾向：外倾（E）－内倾（I）维度

能量倾向维度用以表示个体心理能量的获得途径（方式），即个体的注意力较多地指向外部世界还是内心世界。

外倾型个体表现为从外部世界的人和事务中获得活力。外倾型个体需要通过行动和经历了解世界，他们喜欢大量的活动，喜欢通过谈话的方式形成个人意见。外倾型个体往往先行动后思考。内倾型个体表现为注意力和精力指向内心的精神世界，通过从内部的思想、回忆和情感中获得活力。内倾型个体通过思考形成自己的意见。内倾型个体经常先思考后行动。

2. 接受信息：感觉（S）－直觉（N）维度

接受信息维度用以表示个体在搜集信息时关注度的指向，即倾向于通过各种感官去注意直接的、现实的、可观察的事件，还是通过想象、感觉来获取事件背后的信息。

感觉型个体表现为关注真实存在的事件，相信通过感官获取的外界信息，注重现在发生的所有的事情，靠推理得出结论，相信自己的经验。直觉型个体表现为着眼未来可能，富有想象力和创造力，靠直觉得出结论，相信自己的灵感。

3. 处理信息：思维（T）－情感（F）维度

处理信息维度用于表示个体在做决定时是依据客观的逻辑推理还是主观的情感或感受。思维型个体表现为通过对事件进行客观分析来做决定，注重因果关系并寻找事实的客观尺度，从分析和解决问题中获得活力。情感型个体表现为做决定时考虑他人的感受，富有同情心，衡量决定对他人产生的后果和影响，从他人的赞赏和支持中获得活力。

4. 行动方式：判断（J）－知觉（P）维度

行动方式维度用以表示个体喜欢的生活方式。判断型个体表现为喜欢将事情管理得井井有条，过有计划、有秩序的生活，从按照计划和日程安排办事中获得能量。知觉型个体喜欢以灵活、自发的方式生活，对详细的计划感到束缚，从随机应变处理信息中获得能量。

对照这四个维度，每个维度都有自己的倾向性，取每个维度上的偏好类型的代表字母，就构成了每个人的性格类型，四个维度加以组合，就形成了十六种性格类型。MBTI 的十六种性格类型见表 1－2 所列，MBTI 的十六种性格类型特征见表 1－3 所列，MBTI 的十六种性格类型的职业倾向见表 1－4 所列。

表 1－2　MBTI 的十六种性格类型

内倾、感觉、思维、判断（ISTJ）	内倾、感觉、情感、判断（ISFJ）	内倾、直觉、情感、判断（INFJ）	内倾、直觉、思维、判断（INTJ）
内倾、感觉、思维、知觉（ISTP）	内倾、感觉、情感、知觉（ISFP）	内倾、直觉、情感、知觉（INFP）	内倾、直觉、思维、知觉（INTP）
外倾、感觉、思维、判断（ESTJ）	外倾、感觉、情感、判断（ESFJ）	外倾、直觉、情感、判断（ENFJ）	外倾、直觉、思维、判断（ENTJ）
外倾、感觉、思维、知觉（ESTP）	外倾、感觉、情感、知觉（ESFP）	外倾、直觉、情感、知觉（ENFP）	外倾、直觉、思维、知觉（ENTP）

表 1－3　MBTI 的十六种性格类型特征

ISTJ	ISFJ	INFJ	INTJ
沉静，认真，因贯穿始终、得人信赖而取得成功。讲求实际，注重事实，能够合情合理地决定应做的事情，并且坚定不移地把它完成，不会因外界事物而分散精神。做事有次序、有条理——不论在工作上、家庭上还是在生活上。注重传统和忠诚	沉静，友善，有责任感和谨慎。能坚定不移地承担责任。做事贯穿始终、不辞辛劳和准确无误。忠诚，替人着想，细心；往往记着他人所重视的种种微小事情，关心别人的感受。努力创造一个有秩序、和谐的工作和家居环境	探索意识、人际关系和物质拥有欲的意义及它们之间的关系。希望了解什么可以激发人们的推动力，对别人有洞察力。尽责，能够履行他们坚持的价值观念。有一个清晰的理念以谋取大众的最佳利益。能够有条理地、果断地去实践他们的理念	具有创意的头脑、很大的冲劲去实践他们的理念和达到目标。能够很快地掌握事情发展的规律，从而想出长远的发展方向。一旦做出承诺，便会有条有理地开展工作，直到完成为止。有怀疑精神，独立自主；无论为自己或为他人，都有高水准的工作表现

（续表）

ISTP	ISFP	INFP	INTP
容忍、有弹性，是冷静的观察者，一旦有问题出现，便迅速行动，找出可行的解决方法。能够分析哪些东西可以使事情进行得顺利，又能够从大量资料中找出实际问题的重心。很重视事情的前因后果，能够以理性的原则把事实组织起来，重视效率	沉静、友善、敏感和仁慈。欣赏目前和他们周遭所发生的事情。喜欢有自己的空间，做事能把握在自己的时间内。忠于自己所重视的人。不喜欢争论和冲突，不会强迫别人接受自己的意见或价值观	理想主义者，忠于自己的价值观及自己所重视的人。外在生活与内在价值观配合。有好奇心，可以很快看到事情的可能与否，能够加速对理念的实践。试图了解别人、协助别人发展潜能。适应力强，有弹性；如果和他们的价值观没有抵触，那么往往能包容他人	对任何感兴趣的事物，都要探索一个合理的解释。喜欢理论和抽象的事情，喜欢理论思维多于社交活动。沉静，满足，有弹性，适应力强。在他们感兴趣的范畴内，有非凡的能力去专注而深入地解决问题。有怀疑精神，有时喜欢批评，常常善于分析
ESTJ	ESFJ	ENFJ	ENTJ
讲求实际，注重现实，注重事实。果断，能够很快做出实际可行的决定。能够安排计划和组织人员以完成工作，尽可能以最有效的方法达到目的。能够注意日常例行工作的细节。有一套清晰的逻辑标准，会有系统地跟着去做。会以强硬的态度去执行计划	有爱心，尽责，善于合作。渴望有和谐的环境，而且有决心营造这样的环境。喜欢与别人共享，以便能准确地、准时地完成工作。忠诚，即使在细微的事情上也如此。能够注意别人在日常生活中的需要而努力供应他们。渴望别人赞赏他们和欣赏他们所做的贡献	温情，有同情心，反应敏捷和有责任感。高度关注别人的情绪、需要和动机。能够看到每个人的潜质，愿意帮助别人发挥自己的潜能。能够积极地帮助他人和组织成长。忠诚，对赞美和批评都能做出很快的回应。社交活跃，在一组人中能够惠及别人，有启发人的领导才能	坦率、果断，乐于作为领导者。很容易看到不合逻辑、缺乏效率的程序和政策，从而开展和实施一个能够顾及全面的制度去解决一些组织上的问题。喜欢有长远的计划，有既定的目标。往往是博学多识的，喜欢追求知识，又能把知识传授给别人。能够有力地提出自己的主张

（续表）

ESTP	ESFP	ENFP	ENTP
有弹性，容忍；讲求实际，专注即时的效率。对理论和概念上的解释感到不耐烦，希望以积极的行动去解决问题。专注于"此时此地"，喜欢主动与别人交往。追求物质享受。能够通过实践达到最佳的学习效果	外向、友善、包容。热爱生命，追求物质享受。喜欢与别人共事。在工作上，能用常识、注重现实的情况，使工作富于趣味性。富有灵活性、即兴性，易接受新朋友和适应新环境。与人一起学习新技能可以达到最佳学习效果	热情而热心，富于想象力。认为生活充满可能性。能够很快地找出事件和资料之间的关联性，而且有信心按照他们所看到的模式去做。很需要别人的肯定，又乐于欣赏和支持别人。即兴而富于弹性，时常信赖自己的临场表现力和流畅的语言表达能力	思维敏捷，机灵，能激励他人，警觉性高，勇于发言。能随机应变地去应付新的和富有挑战的问题。善于引出在概念上可能发生的问题，然后有策略地加以分析。善于洞察别人。对日常例行事物感到厌倦。甚少以相同的方法处理同一事情，能够灵活地处理接二连三的新事物

表 1-4　MBTI 的十六种性格类型的职业倾向

ISTJ	ISFJ	INFJ	INTJ
管理、行政管理、执法、会计，以及其他可以通过利用自己的经验和对细节的注意完成任务的职业	教育、健康护理，以及其他能够运用自己的经验亲力亲为帮助别人的职业，这种帮助是协助或辅助性的	咨询服务（包括个人、社会、心理等）、教学/教导、艺术，以及其他能够促进他们情感、智力或精神发展的职业	科学或技术领域、计算机、法律以及其他能够运用智力创造、技术知识去构思、分析和完成任务的职业
ISTP	**ISFP**	**INFP**	**INTP**
熟练工种、技术领域、农业、执法者、军人，以及其他能够动手操作、分析数据或事情的职业	健康护理、商业、执法，以及其他能够运用友善、专注细节的相关服务的职业	咨询服务（包括个人、社会、心理等）、写作、艺术，以及其他能够运用创造和集中于他们的价值观的职业	科学或技术领域，以及其他能够基于自己的专业技术知识，独立、客观分析问题的职业

（续表）

ESTJ	ESFJ	ENFJ	ENTJ
管理、行政管理、执法，以及其他能够运用对事实的逻辑和组织力完成任务的职业	教育、健康护理，以及其他能够运用个人关怀为他人提供服务的职业	艺术、教学/教导，以及其他能够帮助别人在情感、智力和精神上成长的职业	管理、领导，以及其他能够运用实际分析、战略计划和组织完成任务的职业
ESTP	ESFP	ENFP	ENTP
市场、熟练工种、商业、执法、应用技术，以及其他能够利用行动关注必要细节的职业	健康护理、教学、儿童保育，以及其他能够利用外向的天性和热情帮助那些有实际需要的人们的职业	咨询服务（包括个人、社会、心理等）、教学/教导、艺术，以及其他能够利用创造和交流帮助、促进他人成长的职业	科学、管理、技术、艺术，以及其他能够有机会不断承担新挑战的工作

（三）性格与职业选择

一个人的性格与从事职业的关系既是相互制约的，又是互相促进的。当性格与从事职业相匹配时，个体在工作中会很愉悦，工作效率较高；当性格类型与职业要求相匹配时，个体会成为优秀的工作者。

1. 根据性格选择适合职业

选择职业要充分考虑自己的性格特征。例如，服务行业要求服务人员具有热情、周到、亲切的性格，工程技术行业要求技术人员具有严谨认真、精益求精、一丝不苟的性格。

2. 职业对性格具有反作用

在现实生活中，很多个体无法自主选择从事的工作，为了完成任务或者胜任工作，就需要按照职业要求调整个人性格。许多人在工作中克服了自己性格上的弱点而成为成功的职业人。

3. 扬长避短，完善性格

我国古人曾说过："积行成习，积习成性，积性成命。"每个人都有自己的特点和优势，在事业上取得成功的人往往都具有百折不挠、不畏艰难、善于忍耐、自律性强等性格。大学阶段是性格形成的关键时期，大学生要有意识地扬长避短，完善自身的性格，成为更优秀的自己。

三、兴趣与职业

（一）兴趣的概念

兴趣也称为爱好，是人们认识、掌握某种事物或从事某项活动的心理倾向。兴趣在职业方面的表现被称为职业兴趣，职业兴趣是指人们在从事某种职业活动时所表现出来的稳定的心理倾向。人们对某种职业感兴趣时，就会积极学习和掌握相关的知识与技能；从事感兴趣的职业，就会充分发挥自己的能力和潜能，高效地进行工作。

（二）职业兴趣类型

20 世纪 50 年代以来，很多专家学者致力于职业兴趣的研究，提出了很多职业兴趣的理论模型。目前人们通常将职业兴趣分为六种类型，即实用型（R）、研究型（I）、艺术型（A）、社会型（S）、企业型（E）和事务型（C）。

1. 实用型

特点：动手能力强，身体协调性好，擅长操作性工作，喜欢具体实际任务，愿意使用工具，平时谦虚低调，做事保守，不善言辞，社交能力不佳，愿意独立开展工作。

典型职业：愿意从事与机器、工具、动物和植物相关的职业或工作，具备使用工具、机器的能力和兴趣，愿意从事技术性职业（计算机硬件人员、摄影师、制图员、机械装配工）、技能性职业（木匠、厨师、技工、修理工、农民、一般劳动）等。

2. 研究型

特点：善于学习知识和技术，求知欲强，具有独立思考能力和抽象思维能力，善于理性思考，喜欢逻辑推理，做事细致精确，有学识有才能，善于逻辑推理，喜欢探索未知的领域。

典型职业：喜欢抽象的、分析性的工作任务，擅长用观察、估测、衡量等方法开展工作，如科研人员、大学教授、中小学教师、医生、工程设计师、计算机程序员等。

3. 艺术型

特点：理想主义者，追求完美，富有创造力，喜欢多样性与变化性，愿意创造与众不同的成果，具有艺术才能和素养。

典型职业：喜欢从事艺术创作、音乐创作、文学创作、表达传播等工作或职业，如演员、导演、艺术设计师、雕刻家、建筑师、摄影家、广告制作人、歌唱家、作曲家、乐队指挥、小说家、诗人、剧作家等。

4. 社会型

特点：喜欢与他人合作，热情关心他人，愿意为他人提供服务，帮助别人成长或解决困难，渴望发挥自己的社会作用，看重社会义务和社会道德。

典型职业：喜欢从事与人打交道的工作，通过提供信息、培训、咨询、治疗等服务帮助他人，如教师、教育行政人员、咨询人员、公关人员等。

5. 企业型

特点：喜欢竞争和风险，具备领导才能，有抱负和野心，追求权力、地位和物质财富，希望成就一番事业。

典型职业：愿意从事通过领导、劝说、推销达到个人或组织的目标的工作，如政府公务员、企业管理者、产品经理、销售人员、法官、律师。

6. 事务型

特点：尊重权威和规章制度，喜欢按计划办事，细心、有条理，习惯接受他人的指挥和领导，自己不谋求领导职务；喜欢关注实际和细节，通常较为谨慎和保守，不喜欢冒险和竞争，富有自我牺牲精神。

典型职业：喜欢从事注意细节、讲求精确、有系统、有条理的工作，以及记录、归档、根据特定要求或程序组织数据和文字信息的职业，如银行家、税务员、秘书、文字编辑、办公室人员、会计师、记事员等。

一个人的职业兴趣并不是一方面，往往是几方面兴趣的集合。为了比较全面地描述一个人的职业兴趣类型，可以将位居前三位的职业兴趣类型字母代码写出来表示一个人的职业兴趣，三个字母之间的顺序表示兴趣的强弱程度。具体职业和岗位的工作性质及职业环境也采用三个字母代码描述。在清楚地认知自我的职业兴趣类型和职业岗位的类型代码后，可以使两者合适地匹配。

（三）兴趣与职业选择

兴趣是选择职业的依据，通过对自身兴趣的认知和评估，选择适合自己的职业方向。一个人如果从事感兴趣的职业，就能充分发挥自己的才能和能力，并且能让个体增强工作满意度和职业稳定性。同时，可以通过参加实践活动培养个体广泛的兴趣，一个兴趣广泛的人视野开阔，可以从不同角度思考问题，不仅能对自己的职业有兴趣，还能对其他工作和事务保持兴趣；广泛的兴趣促进职业生涯的持续发展。

四、能力与职业

（一）能力的概念

能力是人们完成一项目标或者任务所表现出来的综合素质，每个人在完成活动的过程中表现出来的能力各不相同，能力直接影响个体的工作效率。一个人的能力和具体的实践活动相关联，能力是在实践活动中形成、发展的，能力可以通过实践活动表现出来。人们都具备多种能力，其中某一方面或某几方面能力会占优势；一个人能认清自己的优势能力，选择最能发挥自己优势能力的职业，会达到事半功倍的效果。

（二）能力的类型

人们按照能力获得的方式，将能力分为先天能力和后天技能。先天能力也称为天赋，是每个人与生俱来的特殊才能，从事体育、演艺职业的人员都需要具备一定的运动、音乐天赋。后天技能是指一个人通过后天学习和训练形成的能力，一般分为三种类型：专业知识技能、自我管理技能、可迁移技能。本部分主要介绍后天技能的三种类型。

1. 专业知识技能

专业知识技能是指人们通过学习或培训获得的知识与能力，也就是一个人所学习的专业知识，以及外语、财务、法律等方面的知识与能力。专业知识技能一般不能迁移，只有经过专门的学习或培训才能获得，一般用名词表示。

2. 自我管理技能

自我管理技能是指人们具有的某些个性品质，可以描述或说明一个人具有的某些特征，可以从非工作生活领域转换到工作领域，一般用形容词和副词表示。

3. 可迁移技能

可迁移技能也称为通用技能，是一个人能够将其从一份工作中转移运用到另一份工作中的技能，是一个人最能持续运用和最能依靠的技能。可迁移技能可以从工作、生活的方方面面中得到发展，一般用行为动词来表示。

（三）能力与职业选择

1. 根据能力选择职业

每个人都是一个独特的个体，每个人的能力都是千差万别的，求职者在选择职业前应考虑个人能力与职业要求的匹配程度。例如，擅长形象思维的人比较适合从事文学艺术方面的工作，擅长抽象思维的人比较适合从事哲学、数学等理论性较强的工作，而擅长具体思维的人则比较适合从事机械等方面的工作。

2. 能力水平与职业层次相一致

不同的职业对工作者的能力水平有不同的要求，不同的岗位由于所承担的责任不同，对工作者的能力和水平也有不同的要求。求职者应该客观分析自己的能力水平或未来可能达到的能力水平，确定适合自己的职业层次。

3. 提升自己的优势能力

每个人都具有多种能力，每种能力的发展水平是不平均的，不同的职业对各种能力的要求也是不同的。大学生正处于能力的培养和提升的关键时期，应该有针对性地加强学习和锻炼，努力提高自己的各种能力，形成自己的优势能力，在进行职业选择时，优先考虑自己的优势能力，选择最能发挥优势能力的职业和岗位。

五、价值观与职业

(一) 价值观的概念

价值观就是人们在生活和工作中看重的原则、标准或品质。职业价值观指人们在选择职业和职业生活中，在思考决定及采取行动时优先考虑哪种价值因素。职业价值观影响一个人对工作的选择和适应，如果一个人能在与自己价值观一致的环境中工作，自己对职业的满意度就会很高，职业稳定性也会较好。

(二) 价值观的类型

《人类价值观的本质》一书将价值观分为以下 13 种类型。

1. 成就感

提升社会地位，得到社会认同；希望工作能得到他人的认可，对完成工作和挑战成功感到满足。

2. 美感的追求

能有机会多方面地欣赏周围的人、事、物，或自己觉得重要的且有意义的事物。

3. 挑战

能有机会运用聪明才智来解决困难，即舍弃传统的方法，而选择创新的方法处理事务。

4. 健康

健康包括身体健康和心理健康，从事的工作能够免于焦虑、紧张和恐惧，希望能够心平气和地处理事务。

5. 收入与财富

工作能够明显、有效地改变自己的财务状况，希望能够得到金钱。

6. 独立性

工作能有弹性，可以充分掌握自己的时间和行动，自由度高。

7. 爱、家庭、人际关系

关心他人，与别人分享，协助别人解决问题；体贴、关爱他人，对周围的人慷慨。

8. 道德感

道德感与组织的目标、价值观、宗教观和工作使命不相冲突，紧密结合。

9. 欢乐

享受生命，结交新朋友，与别人共处，一同感受美好时光。

10. 权力

能够影响或控制他人，使他人按照自己的意思去行动。

11. 安全感

能够满足基本的需求，有安全感，远离突如其来的变动。

12. 自我成长

能够追求知识上的刺激，寻求更美好的人生，在智慧、知识与人生的体会上有所提升。

13. 协助他人

体会到自己的付出对团体是有帮助的，别人因自己的行为而受惠颇多。

每个人都有自己的价值观和价值体系，价值观是因人而异的，要充分尊重他人的价值观。价值观是人们思想认识的深层基础，它形成了人们的世界观和人生观。它是随着人们认识能力的发展，在环境和教育的影响下逐步培养而形成的。价值观一旦形成，便是相对稳定的。因环境的改变、经验的积累、知识的增长，价值观有可能发生变化。

（三）价值观与职业选择

所有的职业价值观都具有合理性，要尊重自己及他人的选择，在众多的价值取向中，必定有一个价值观对自己最为重要，这就是核心价值观。找到自己的核心价值观，在选择职业的时候，做到合理取舍。

澄清职业价值观，不但要找到对自己最重要的价值观，而且要将自己的价值观按照重要程度进行排序。如果不能清楚地知道自己最想要的是什么，那么可尝试用以下两种方法了解自己的职业价值观。

方法一：在纸上写下自己所有想要的东西，如健康、金钱、幸福的家庭、爱情、事业、自由自在、旅行、安定……

写完之后，划去你认为最不重要的一项，再在剩下的项目中划去一个最不重要的，一直划下去，直到只剩下一项，它就是你最重视的内容。

方法二：职业价值观拍卖。在工作价值项目出价表（见表1-5）中，一共列出了15个工作价值项目，假设你有500个生命单位（在一生当中可以投入到工作中的时间与精力的总和），请将你愿意出价的单位填写在工作价值项目出价表的第二列"出价单位"栏内。出价时请注意以下原则：不必对每个项目都出价（若你觉得该项目不重要，则可以不出价）；每个项目的出价单位不得低于10个单位；出价总数不得超过500个单位。

表1-5　工作价值项目出价表

工作价值项目	出价单位	出价顺序
1. 我的工作能增长他人福利		
2. 我的工作能使这个世界变得更美好、更有艺术气氛		
3. 我想从事发明新事物、设计新产品、倡导新观念的工作		
4. 在工作中我可以独立思考、学习与分析整理		
5. 我能够用自己的方式做事，不太受外界的牵制		
6. 我能全力以赴地把工作做好，并看到具体成果		
7. 我能受到别人的推崇与尊重		
8. 我想从事策划并能管理别人的工作		
9. 我想从事高收入的工作，这样我就能买自己想要的东西		
10. 我想要一份稳定的工作		
11. 我想要良好舒适的工作环境		
12. 我希望能同上司和谐相处		

（续表）

工作价值项目	出价单位	出价顺序
13. 我希望能与志同道合的同事一起愉快地工作		
14. 我想尝试不同的工作		
15. 我想选择自己喜欢的生活方式，并能实现自己的理想		

请找出出价单位位列前五的项目，并将它们的大小顺序写在出价表的第三列"出价顺序"栏内，这样你就清楚地知道什么才是自己重视的价值观。

课堂活动

我的成就故事

写下在学习、生活中令自己有成就感的五件具体事件，以及自己在事件中运用的能力或者方法，总结个人的收获和心得。事件可大可小，只要你喜欢做这件事时的感受或者完成后觉得非常有成就感、很自豪就可以。

第二章 >>> 调整心态与提升执行力

学习目标

1. 了解求职时易出现的消极心态与反应。

2. 熟悉常用的心态调节方法，提升心态调节和挫折应对能力。

3. 了解焦点解决的基本精神，掌握采用焦点解决理念应对困境的方法。

就业思考

1. 如何调整求职中的消极心态？

2. 在求职过程中，如何构建社会支持系统？

3. 结合实际情况，如何设定求职目标，提升执行力？

第一节 挫折心态的调整

秋招已经开始，企业纷纷启动校招。小王、小李开始积极投递简历，他们一开始都一腔热情，充满期待。但是，经过近一个月的求职过程，他们发现，看似繁荣的就业市场背后，是企业招聘指标的缩减、待遇的缩水。再加上近几年毕业生人数递增，求职竞争压力非常大。小王一边焦虑不已，晚上翻来覆去睡不着觉；一边信心受挫，觉得即使努力也无济于事，再也没有了跃跃欲试的勇气。小李却觉得，不管怎么样，自己都要找到一份工作，求职择业遇到挫折是正常的，这恰恰是自己加速学习、不断提升自我的过程：先投简历到 A 企业，面试试试水，看看 HR 问什么，把 A 企业的面试题目理解透彻，再去面试 B 企业，掌握 B 企业的面试套路后，尝试面试 C 企业……他相信自己终归能找到合适的企业。果不其然，小李经过近一个月的努力，终于拿到了一份心动的录取通知，而小王至今还深陷求职焦虑里，迟迟没有行动。可见，个体面对挫折时的心态的不同，造成了他们求职结果的不同。从这个小故事里面我们可以看到，求职心态的调整对于一个人的职业发展十分重要。"山重水复疑无路，柳暗花明又一村"，很多时候，人生不经历"柳暗"，又怎么会遇到"花明"呢？因此，在求职择业面对不确定性及困境时，请多些耐心、多些坚持、多些思考、多些探索，结果将完全不同。

一、压力源与求职压力源

在求职择业中，涉世未深的大学生往往会面临很多压力。国内学者黄希庭认为，心理学上所说的压力有三种含义：一是指现实存在的具有威胁性刺激，即压力源；二是指人对压力事件的反应，即压力反应；三是指威胁性刺激带来的一种被压迫的主观感受，即压力感。

那么，对于开始求职的大学生，他们会遇到哪些压力源呢？首先，我们来了解一下压力源的相关知识。

（一）压力源简介

压力源又称应激源或紧张源，是指任何能够被个体知觉并产生正性或负性压力反应的事件或内外环境的刺激。压力源可以是导致个体产生压力反应的情景、刺激、活动和事件。作为刺激被人感知到，或作为信息被人接收到，一定会引起主观的评价，同时产生一系列相应的心理和生理变化；如果刺激只有付出较大努力才能进行适应性反应或这种反应超过了人所能够承受的适应能力，就会引起人的心理、生理平衡的失调，即紧张状态反应的出现。这种使人感到紧张的内外刺激就是压力源。

压力源按照来源分为生物性压力源、精神性压力源和社会环境性压力源。

（1）生物性压力源：这是一组直接阻碍和破坏个体生存与种族延续的事件。它包括躯体创伤或疾病、饥饿、性剥夺、睡眠剥夺、噪声、气温变化等。

（2）精神性压力源：这是一组直接阻碍和破坏个体正常精神需求的内

在事件和外在事件。它包括错误的认识结构、个体不良经验、道德冲突及长期生活经历造成的不良个性心理特点等。

（3）社会环境性压力源：这是一组直接阻碍和破坏个体社会需求的事件。它分为两方面：一方面是纯社会性的，如重大社会变革、重要人际关系破裂、家庭长期冲突、战争、被监禁等；另一方面是由自身状况（如个人精神障碍、传染病等）造成的人际适应问题，如社交恐怖症、社会交往不良等社会环境性压力源。

实际上，纯粹的单一的压力源在现实生活中极少，多数压力源涵盖着两种以上的因素，特别是精神性压力源和社会环境性压力源，有时是浑然一体的状态。

（二）压力源与压力反应的关系

多种压力源可以引起同一种压力反应，一种压力源也可以引起多种压力反应。人们面对同一种压力源的压力反应可以是多种多样的。例如，同样是投递简历失败，一个大学生可能越挫越勇，他认为只要自己不断提升综合能力、面试技巧，就能拿到企业的录取通知；而另一个大学生则可能在几次被拒后就丧失了求职信心，认为自己能力不行，不被企业接纳，选择彻底"躺平"。可见，每个大学生在面对求职压力源时的不同反应，将直接导致求职结果的不同。

（三）求职压力源

当即将毕业的大学生开始求职时，他们会遭遇来自自身、学校、企业、家庭、社会环境等方面的压力。

1. 来自自身方面

觉得自身能力不足，或者实际求职能力弱；大学阶段知识学得不够扎实，专业技能掌握得不熟练；综合知识和能力有限，社会实践经验少；自身定位有问题，特别是对自己的职业观缺乏清醒的认识；学历不够高，简历不出众，获奖证书不够多，条件不够硬；自身沟通交流和口头表达能力差；眼高手低，动手实践能力不足；没有一技之长；个人学习成绩排名不好。

2. 来自学校方面

毕业学校没有竞争力；所学专业在社会上实际应用性不高，与现实脱节；专业较差，市场需求小；专业方面没有学到实用知识；企业要求高，但学校未提供相应的知识学习与技能锻炼。

3. 来自企业方面

对于应届毕业生，企业入职门槛高，更青睐硕士等高学历毕业生；招聘岗位需要有相关经验的人员，对应届本科生不够友好；要求有各种资格证书；高薪职位入职考核要求高，甚至设置三次或更多次面试。

4. 来自家庭方面

父母期望太高让自己难以承受；家人将自己与成功就业的同学比较；家人希望自己能离家近，左右自己求职的意向；家里没有好的人际关系，缺乏社会资源；各种求职开销太高；等等。

5. 来自社会环境方面

从 2020 年开始，全球经济处于下滑趋势，很多中小型企业受到了重创，更有一些企业先后破产或纷纷裁员。随着稳经济各项举措的进一步落实，我国经济持续恢复，就业局势保持总体稳定。但就业压力依然存在，结构性就业矛盾更加凸显，稳就业仍面临不少挑战。虽然经济正在恢复和发展，但是由于近几年高校毕业生人数逐年递增，就业竞争非常激烈，许多公司在招聘方面变得更加谨慎和保守，大多数岗位只招聘有一定工作经验的往届毕业生，这对于刚毕业的学生来说无疑是一个巨大的挑战。

二、求职受挫的心理表现

大学生求职受挫时主要有哪些表现呢？以下从认知、情绪、行为与躯体四个方面进行一一介绍。

(一) 认知上：自我同一性混乱

根据埃里克森人格发展八阶段理论，12~18 岁青少年处于自我同一性发展阶段，需要回答"我是谁""我从哪里来""我到哪里去"的问题，即了解自己的优势、劣势、兴趣、梦想等，接纳自我，明确自己做事的目标与方向，有自信心收获成功、获得幸福感。但是，当下很多大学生存在自我同一性混乱的问题，缺乏自我认识，处于犹豫、迷茫、彷徨状态，生活缺乏目标与方向，缺乏责任感、自信心及远大理想，导致无法启动求职之路。在求职受挫后，很多大学生对自己产生一定的怀疑，如"我是不是应当做这一行""我是不是个彻头彻尾的失败者"，这样的心态往往会造成未来求职过程中更多的失败，这是认知受损的一种表现。

1. 缺乏对自我的认知

大学入学前，很多学生受高考指挥棒的影响，"两耳不闻窗外事，一心只读圣贤书"。等进入大学后，许多大学生对自己缺乏客观、全面的认识，或只看到自己的缺点与不足，或只看到自己的优点与长处，不能正确认识自己，不能接纳自己的不足。这些都会直接影响大学生的求职择业，或不知道自己的职业目标，或对自己求职择业不自信，或一味盲目挑选所谓"最好的"企业而不是"合适的"企业。

2. 缺乏对社会环境的认知

由于大学生一直生活在"象牙塔"内，接触社会的机会少，对目前真实的就业环境缺乏全面、客观的认识。实际上，自2020年以来，部分中小企业在无法以低成本融资的情况下，一般会首先采取缩减业务规模、暂停招聘、调岗调薪、陆续裁员等措施降低成本，谋求生存与发展。还有一些企业由于种种原因，招聘指标明显不足，甚至停招。此外，近几年国际经济增长疲软，原定出国留学的毕业生很多放弃留学，纷纷转向国内就业市场。再加上当前国际形势紧张，俄乌战争和巴以冲突等热点问题不断，让世界陷入动荡和不安的氛围中，阻碍了一部分毕业生的出国热情。在毕业生人数逐年递增的态势下，大学生在就业市场的竞争压力更大了。

3. 缺乏应对能力

从2000年到2023年，全国研究生报考人数从39万人剧增至474万人，而名校更是成为全国考生竞争的重镇和焦点。"存在即是合理"，社会对学历有更高的要求，新时代大学生就不得不想方设法接受更高层次、更加优质的高等教育，只有这样才能在就业人才市场博得一份好差事。

此外，很多企业往往更加青睐研究生，这给本科生就业带来更大难度。如何在求职面试中向用人单位展示自己的优势，如比研究生更加谦虚和务实，更加能接受加班、外派等，这是很多本科大学生目前尚不具备的应对能力。实际上，很多用人单位的很多岗位，招聘本科生就足够了。

课堂活动

认识自己——价值观

➢ 利他主义

➢ 美感

➢ 智力刺激

> 成就感
> 独立性
> 声望地位
> 管理
> 薪酬福利
> 社会交往
> 环境舒适
> 安全感
> 人际交往
> 追求新意

（1）从以上 13 个价值观中选出对自己最重要的 8 个。

（2）从选出的 8 个价值观中删除 3 个（不是选出 5 个，而是删除 3 个，注意——假如您删除了"薪酬福利"，则意味着您永远无法在这个选项上满意，您可以反复体验这个感受）。

（3）继续删除 1 个，留下 4 个。

（4）再删除 1 个，留下 3 个。

（5）最后将这 3 个按照重要程度排序（这就是您的职业核心价值观）。

（6）尝试清晰地表述它们，举几个例子来说明您对这几个词的理解（清晰有三个标准：能表达清晰，做决策时能想起，平时真的在主张和践行）。

（二）情绪上：主要体验为焦虑

埃利斯提出，人们的情绪和行为受到人们的认知态度及信念的影响。绝大多数大学生实际上并不具备成年人的社会经验与问题处理能力，在频频面临求职受挫时都会感受到焦虑，尤其在同龄人都已经找到理想的工作时，这时焦虑情绪将达到顶峰。焦虑会带来更多的问题，主要包括更高的就业压力、知识性的焦虑、情绪方面的困惑，从而造成恶性循环，影响个体的心态。例如，有的大学生在投递了四五份简历都被拒时，往往焦虑不已，对自身能力产生严重怀疑。

（三）行为上：拖延、迟迟不肯行动

当大学生没有树立求职目标、激发起求职动机，或者没有自信时，可能会夸大求职失败的后果、高估失败风险，在行为上则往往表现为不敢再次启动求职之路，拖延、退缩、回避，迟迟不敢行动。目前，大学生群体中出现不就业、缓就业、慢就业现象，便是行动上的拖延表现。另外，当投了数份简历被拒时，有的大学生开始想"我这辈子就这样了"，并归因于自身能力不足，从而不再积极行动。

（四）躯体上：各种身体不适，甚至失眠

武志红在《身体知道答案》中提到"身体是心灵的镜子"。身心要协调一致，当个体心理出现问题时，身体也会相应产生不适甚至是出现问题。有的大学生渴望"性价比高"的工作，即离家近、干活少、加班少、赚钱多的工作，这非常不切实际，求职受挫在所难免。一旦接连几次求职失败，有的大学生就会出现各种身体不适，如胃溃疡、慢性口腔溃疡、神经性皮炎、月经不调、眼肌疲劳，甚至出现失眠等情况。实际上，大学生在求职不顺时，或多或少都会体验到压抑感、焦虑感，这是正常的；但是，当身心出现较长时间的不适感时，就需要积极应对求职压力，并进行积极调整。

三、压力管理

塞里将应激反应称为一般适应综合征，并认为其有三个发展阶段：警戒阶段（Stage of Alarm）、抵抗阶段（Stage of Resistance）、枯竭阶段（Stage of Exhaustion）。在通常情况下，当我们察觉到某种情形、某个人、某件事情具有潜在的威胁性的时候，我们的大脑会分泌一些压力激素，如肾上腺素。肾上腺素通过血管流淌到身体的各个部分，激发自主神经系统为战斗做好准备。这时候，你会发现自己的心跳开始加快，呼吸开始急促，开始出汗，肌肉紧张，随时准备行动；这个时候，你的视觉更敏锐、思维更灵敏、注意力更集中，整个人都亢奋起来了，这是压力反应的第一阶段——警戒阶段。第二个阶段是抵抗阶段，也是人们正面对抗压力的阶段。在这种状态下，个体的潜能很可能会大爆发，做出一些在平常状态下根本无法做到的事情。若在这个阶段压力成功化解，警报解除，则人体会进入恢复休整期。若外在的威胁依然存在，个体又不能尽快调整，身体则会一直处于高唤起状态。随着时间的延长，人体内部资源会慢慢耗尽，个体会慢慢丧失抵抗的能力，出现身心衰竭，甚至死亡，这就是第三个阶段——枯竭阶段。

　　从压力反应的三个阶段的描述来看，如果个体非常频繁或长时间地背负压力，机体得不到及时、有效的能量补给和休息，则个体的身心将受到实质性的伤害，应付危机和生存的能力都会相应地降低。因此，个体需要及时觉察压力，并及时进行压力管理，把压力控制在一定的范围之内。

(一) 压力的消极影响

　　请大家思考一下：压力是不是对个体只有消极影响？是不是压力越小，对个体越好呢？其实不然，因为压力对人既有消极影响，也有积极影响。压力水平与工作绩效的关系如图 2-1 所示。

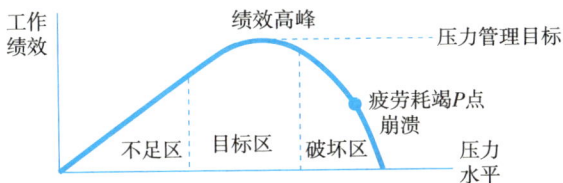

图 2-1　压力水平与工作绩效的关系

　　压力过度，会给个体带来多方面的消极影响：使人注意力、记忆力下降，思维紊乱，判断失误；引发焦虑、抑郁情绪，使人易被激怒；会抑制人的行为，使工作效率更低；使人免疫力下降，躯体上出现不适，从而严重影响人的身心健康。可见，过度的压力确实对人有较大的消极影响。

(二) 压力的积极影响

　　研究表明，压力水平与工作绩效呈倒 U 型曲线，在工作绩效峰值出现之前，压力越大，绩效越好，个体越健康。当过了峰值，则会出现压力越大、绩效越差、健康状况越糟糕的情况。由图 2-1 可知，当压力过小和过大时，业绩表现都较差；适度的压力能提升工作绩效（或压力水平适度能达到绩效高峰）。因此，为了提升工作业绩，进行压力管理十分必要。

(三) 求职压力管理

　　求职择业是大学生人生中的一件大事，是他们从学校走向职场的开始，充满了各种不确定因素。大学生在求职择业中遇到各类压力时，可以通过哪些途径进行压力管理呢？

1. 觉察压力

　　压力管理的第一步是觉察压力。若你正在面临较大的压力，则生理、情绪、精神、行为会给你很多线索以提醒你觉察压力的存在，并提醒你需要做出改变，减少压力。因此，当你感觉自己的身体出现了某些问题，如免疫力下降，总是感冒；入睡困难，甚至失眠；胃部不舒服，没有胃口；情绪不容易控制，总是焦虑不安、心神不宁；注意力集中困难，记忆力下降；学习或工作效率明显下降；四肢无力，总是提不起精神做事等，都可能是压力过大导致的。当觉察到压力不断加大时，要及时做出调整，以减少压力对身心的负面影响。

2. 改变对压力的认知

合理情绪疗法 ABC 理论认为，情绪不是由某一诱发性事件本身所引起的，而是由经历了这一事件的个体对这一事件的解释和评价所引起的。不同个体，在面临相同压力源时，由于压力反应不一样，结果也会全然不同。因此，改变对事情的看法，结果可能会发生逆转。当大学生在面临求职压力时，需要改变负面思维，看到事情的积极面。例如，投了 10 次简历，参加了 10 次面试，你仍没有拿到心仪企业的录取通知，但至少你在不断尝试、积累求职经验，能够了解不同企业的面试模式，总结自己被拒的原因，从而帮助自己尽快做出调整和改变。也就是说，这个失败的过程，却能让你验证"人生没有白走的路，走的每一步都算数"这句话，并使你获得个人成长，不管是心理方面的，还是个人知识、技能方面的。

因此，大学生需要觉察自己的负面思维，并积极培养自己的乐观心态。塞利格曼认为，乐观是一种归因模式、解释风格，即用个体的、永久的、普遍性的原因来解释积极的事件，而用外部的、临时的、与情景关联的原因来解释消极的事件。例如，对于求职面试失败，乐观的人认为这在大学生求职中是普遍存在的、暂时的，可以通过提升综合能力和面试技巧来突破这一点；这次面试失败，可能和自己前一天晚上睡眠不足、在现场过于紧张有关，下次可以以更加轻松的状态来面对。

3. 去除或减少不必要的压力源

去除或减少不必要的压力源，便可以减少压力。有时候，压力源可能来自自己，是自己对自己造成较大负面影响。大学生在求职择业时的压力源包括综合能力不强、专业知识不扎实、语言表达不自如、对自我求职定位不清晰、职业观存在问题等，大学生可以通过自身调整或改变，将这些压力源一一去除，从而减少压力源对自身求职的负面影响。

当然，很多压力源可能来自家庭、恋人，这时，你可以与他们好好沟通和交流，获得他们的理解，让他们清楚了解到你的需要、愿望、憧憬和梦想，从而获得他们的支持与帮助，为你求职成功提供源源不断的动力。

4. 培养压力应对能力

面对压力，有人选择积极的应对方式，有人选择消极的应对方式，这会出现完全不同的结果。大学生求职择业，需要培养和提升积极应对压力的能力，特别是培养应对那些自己不愿意碰到但又不得不接触的情景的能力，从而有效处理问题，控制压力。

弗洛伊德将人类的心理分为三个不同的方面：本我、超我、自我。本我是人的本能，代表原始的欲望和冲动，只遵循快乐原则，即寻求即刻的满足和避免痛苦。它不受现实和道德的约束，只关心自己的需求和利益。超我是人的道德，代表社会规范和价值观念。它是通过社会化过程形成的人格，遵循道德原则，即要求人做一个善良、正义、有责任感的人。超我对本我进行压抑和批评，给人带来内疚和羞愧感。自我是人的理性，代表现实世界的适应和调节。它是后天形成的人格，遵循现实原则，即在本我和超我之间进行平衡和妥协。自我能够推迟本我的满足，也能够调节超我的要求，使人能够在现实中生存和发展。

自我平衡本我冲动和超我崇高理想的方法之一是制定一套心理防御机制，包括压抑、反应形成、投射、否定、回归、理智化、合理化、置换、升华、利他作用、幽默作用等方式。那么，哪些是积极的应对方式呢？

一是升华，指将原有的冲动或欲望转向比较积极、崇高的方向，具有创造性和建设性的意义和价值。在通常情况下，如果人们感到沮丧、愤怒、情绪分散，或者存在性冲动，那么他们会去跑步、散步、去健身房、使用沙袋等。这些就是升华的例子。若接连面试受挫，你发现自己在某些方面存在不足，则可以"化悲痛为力量"，把存在的问题、不足，各个击破，提升自己的综合能力，便能很快找到满意的工作。

二是利他作用，指因采取既能直接满足自己的冲动或欲望，又能帮助他人、有利于他人的行动而受到社会赞誉的一种心理防卫术。此心理防卫术类似于升华。例如，在求职择业过程中，你可以把面试受挫的经验分享给同学，因为最好的学习就是教授、分享，一方面能增强你对某些经验、知识的理解与领悟，另一方面也能向"人际银行储蓄"，在某些时刻获得同学的帮助与支持。正如弗洛姆在《爱的艺术》中所说："爱主要是给予而不是接受。给予比接受更快乐，并不是因为它是一种被剥夺，而是因为在给予的行为中表示了我生命的存在。正是在给予的行为中，我体验到我的力量、我的财富、我的能力。"因此在利他、给予、奉献的过程，我们更能深刻地感受到生命的律动，以及发自内心的价值感、成就感与幸

041

福感。

三是幽默作用，指以幽默渡过难关（摆脱困境或免除尴尬），或无伤大雅地以幽默潜意识意图来表达意念与处理问题的一种心理防卫术。此心理防卫术是一种高尚成熟的心理防卫术。人格发展较为成熟的人懂得在适当的场合使用适当的幽默。在《肖申克的救赎》这部电影中，安迪·杜弗雷恩通过运用幽默心理防御机制，帮助自己在艰难的监狱环境中生活，并在心理上得到了一定的解脱。他的幽默态度影响和帮助了周围的人，彼此建立了深厚的友谊。例如，当他第一次进入监狱被要求介绍自己的职业时，他自嘲地说自己是一个银行家，引来了其他囚犯的笑声。通过这种幽默方式，他赢得了一些人的好感，也在狱中建立了自己的社交圈。此外，自我解嘲或自我调侃也是一种幽默方式。因此，在您求职择业不顺时，不妨多采用幽默的机制，减轻焦虑，进行良好的自我调剂。

5. 转移压力

大学生在求职时，可以通过体育锻炼、呼吸放松、养成良好的作息习惯、吃美食、写日记、看电影、阅读、旅行等方式，让自己转移压力，获得身心放松。

例如，体育锻炼是非常有效的解压方法，适当的锻炼可以增强身体的免疫力和抵抗力。当我们进行体育锻炼时，一方面大脑会分泌大量的多巴胺，使我们产生快乐的感觉，从而使人心情放松、心态平和；另一方面会增加我们对压力、对事情的掌控感，从而提升战胜压力和困难的信心。

又如，呼吸放松是一种通过呼吸调节来缓解紧张情绪的方法。呼气时要自然而然地、慢慢地把肺底的空气呼出来，在呼吸时还要想象着将紧张徐徐地驱除出来，注意放松的节拍和速度。此时，肩膀、胸、膈肌等都感到轻松舒适。

练 习

压力管理小贴士：你能做些什么？（由美国心理学会推荐）
➤ 寻求家人和朋友的支持
➤ 培养积极的自我观
➤ 客观看待事物
➤ 寻找机会进行自我探索
➤ 果断采取行动来应对不利的环境

> ➤ 避免将危机视为不可克服的问题
> ➤ 做自己喜欢的事并放松
> ➤ 保持乐观心态
> ➤ 有规律地运动
> ➤ 欣然接受改变，这是生活的一部分
> ➤ 制定切实可行的目标并努力实现

第二节　积极构建社会支持系统

心理学研究表明，人可持续发展的总能力由五大系统构成，即生存支持系统、发展支持系统、环境支持系统、社会支持系统和智力支持系统。其中，社会支持系统处于非常重要的位置，发挥着重要的作用，它直接影响着人的认知、情绪、情感、意志和心理健康。

从出生那一刻起，我们就处在一个巨大的人际网上，父母、亲人、恋人、配偶、朋友、老师、同学、同事等构成我们或粗或细、或疏或密的社会支持系统，我们就像一只只小小的蜘蛛，被千丝万缕的网线拉扯着，即使有狂风暴雨，我们也不会被吹落。可见，社会支持对于我们来说是一个保护因素，特别是当我们处于逆境时，能给我们很好的情感支持和现实帮助，使我们能走过一路泥泞，获得成长。那么，请大家思考一下，你在成长道路上得到过哪些社会支持呢？或者你在生命过程中体验过哪些社会支持？

一、社会支持概述

社会支持网络指的是一组个人之间的接触。通过这些接触，个人得以维持社会身份并获得情绪支持、物质援助、服务和新的社会接触。心理学界对社会支持的研究始于 20 世纪 60 年代，是在人们探求生活压力对身心健康影响的背景下产生的。但是直到 20 世纪 70 年代，社会支持才首次被作为专业概念在精神病学文献中提出。之后，很多著名学者将其作为一门科学进行了广泛、深入的探讨和研究。依据社会支持理论的观点，一个人所拥有的社会支持网络越强大，就越能够较好地应对来自环境的各种挑战。

（一）社会支持的定义

有学者认为，社会支持是个体对想得到或可以得到的外界支持的感知。Cullen 认为，社会支持是个体从社区、社会网络或从亲戚朋友那里获得的物质或精神帮助。Malecki 等人认为，社会支持是来自他人的一般性或特定的支持性行为，这种行为可以提高个体的社会适应性，使个体免受不利环境的伤害。

Cobb 把社会支持定义为一种信息，它包含三个层次：一是使个体相信他/她被关心和爱的信息；二是使个体相信他/她有尊严和价值的信息；三是使个体相信他/她属于团体成员的信息。黄希庭把社会支持界定为情绪支持（如共鸣、情爱、信赖）、手段支持（如援助）、情报支持（提供应对情报）和评价支持（提供关于自我评价的情报）。

社会支持是影响人们社会生活的重要因素，它涉及学习、生活、健康等各个方面，提供充分的社会支持将有利于个体获得社会资源、增强自信心，为个体提供归属感。大量研究表明，社会支持与个体社会技能、工作绩效、自我概念和身心健康呈显著正相关，社会支持的缺乏则与社会惰性、焦虑、担忧、压抑和毒品使用呈显著负相关。

（二）社会支持的分类

社会支持可以分为以下五类。

（1）物质性支持：提供服务或物质帮助他人解决实际的问题和困难，这种社会支持对低收入者与老年人群尤其重要。

（2）情绪性支持：向他人提供情感支持和鼓励，表达关心与爱意，使人感到温暖、同情与信任。

（3）尊重性支持：相互了解，肯定他人，在态度与价值观上给予支持。

（4）信息性支持：给予或提供信息、建议或指导。

（5）同伴性支持：与他人接触，满足良好人际关系的需要，缓解压力，促进积极心态的产生，这是一种通过正向社会互动以达到个体身心健康的支持。

"送人玫瑰，手有余香"，人与人之间的支持是相互作用的过程，个体在支持他人的同时，也为获得别人的支持打下了基础。

（三）关系强度与社会支持的关系

许多研究者发现，关系强度与社会支持是高度相关的。研究者认为强关系表现出三种特征：一是感觉到这种关系是特有的，自愿投资于这种关系并有与之交往的愿望；二是具有在多样情境下进行经常互动的兴趣；三是这种关系是相互的，关系双方都了解对方的需要并给予支持。

研究者认为，强关系往往在个人特质相似的群体内部形成，因而个人通过强关系获得的信息也往往是自己所知道的，重复率高；弱关系往往是在不同群体之间形成的，这些人相似程度低、掌握的信息大不相同，从而弱关系起到了信息桥的作用。

研究者进一步分析发现，在所有通过社会关系获得信息的被调查者中，通过弱关系（如相识）获得信息的人往往能流动到地位较高、收入较丰的职位，而通过强关系（如亲属）获得信息的人向上流动的机会减少、幅度减小。这就意味着，对于提供某些社会支持来讲（如提供信息），弱关系有时比强关系作用大。沿着这个思路，研究者提出了社会资源理论，并进行了更加深入的探讨。研究者认为，人类社会是一个分层体系，有的人地位高，拥有的社会资源（如金钱、权力、声望）多，而有的人地位低，拥有的社会资源少；同一阶层的人拥有的社会资源相近，相互关系往往是强关系，而不同阶层的人拥有的社会资源差别大，相互联系往往是弱关系。

此外，研究者还把关系强度和资源的提供、个人的行动联系起来。例如，工具性行动（如购买物资、寻找工作）需要多种多样的资源，因而更可能利用弱关系达到目的；表现性行动（如倾诉苦恼、共同娱乐）主要是维持个人的资源，更可能通过与自己相似的人（强关系）达到目的。

二、社会支持的重要性

（一）缓解压力

良好的社会支持有助于减缓生活压力，有益于身心健康和个人幸福。社会支持的缺乏，很可能导致个人产生身心疾病，使日常生活的维持出现困难。

从压力管理的角度来说，建立和完善社会支持系统是一项最为基本也是最为重要的一环。Kelly 及其团队对压力做了一系列的心理学实验，他们发现我们人体有一套天然的舒缓压力的机制，而与人互动就是激活它的一把钥匙。这套机制是这样的：在我们面临压力的时候，我们的身体在释放压力激素的同时会释放少量催产素。催产素在心理圈常被称为"爱的荷尔蒙"，但在压力管理方面，它具有两方面作用：一是可以微调我们的社交本能，增强我们的同理心，让承受压力的人更倾向与人接近而非独自面对；二是具有一定的消炎功能，可以减少人体内肾上腺酮等压力激素的水平，能够帮助血管在面对压力的时候维持放松状态、降低血压，使心脏更加强壮。Kelly 的心理学实验还发现一件令人更加振奋的现象：承受压力的人们一旦成功与人建立爱的联结（不论是付出关爱还是关爱别人），催产素所带来的种种生理益处都会得到进一步加强。

简而言之，当我们面临压力的时候，仅仅是选择与他人分享，就可以让身体自行舒压。而分享的内容质量越高，你与联结的人的关系越亲密，减压的效果就会越好。

（二）缓解冲突

社会支持有助于减轻人们对社会的不满，缓冲个人与社会之间的冲突。当我们与他人、与社会发生冲突，内心充满不满或愤恨时，良好的社会支持可能是一双倾听的耳朵、一个关心鼓励的眼神、一种积极看待问题的视角、一双及时提供帮助的援手、一个可以用来依靠小憩的肩膀。当我们陷入情绪的低谷时，与他人的互动、交流、倾诉、宣泄能极大地减少或缓冲我们与他人、与外部世界的各种矛盾及冲突。

（三）延长寿命

美国杨百翰大学和北卡罗来纳大学针对 30 万人长达 8 年的追踪研究发现，知心朋友多、社交关系好的人，比起个性孤僻、朋友偏少的人平均寿命长 3.7 年。有正常社交生活的人，其死亡率比社会支持少的人低了 5 成。

研究还发现，拥有较多朋友的人，血压或胆固醇都较低，葡萄糖代谢能力较佳，压力荷尔蒙较低。

拓展学习

肖水源：社会支持评定量表

社会支持评定量表共有 10 个条目，包括客观支持（3 条）、主观支持（4 条）和对社会支持的利用度（3 条）三个维度。

（1）客观支持是指客观的、可见的或实际的支持，包括物质上的直接支援，社会网络、团体关系的存在和参与等。

（2）主观支持是指个体在社会中受尊重、被支持、被理解的情感体验。

（3）对社会支持的利用度是指个体对社会支持的利用存在差异，有些人虽可获得支持，却拒绝别人的帮助。支持是一个相互作用的过程，一个人在支持别人的同时，也为获得别人的支持打下了基础。

指导语：下面的问题用于反映您在社会中所获得的支持，请根据各个问题的具体要求及您的实际情况进行选择。谢谢您的合作。

（1）您有多少关系密切、可以得到支持和帮助的朋友？（只选一项）

A. 一个也没有　B. 1~2个　C. 3~5个　D. 6个或6个以上

（2）近一年来您：（只选一项）

A. 远离家人，并且独居一室

B. 住处经常变动，多数时间和陌生人住在一起

C. 和同学、同事或朋友住在一起

D. 和家人住在一起

（3）您与邻居：（只选一项）

A. 相互之间从不关心，只是点头之交

B. 遇到困难可能稍微关心

C. 有些邻居很关心您

D. 大多数邻居很关心您

（4）您与同事：（只选一项）

A. 相互之间从不关心，只是点头之交

B. 遇到困难可能稍微关心

C. 有些同事很关心您

D. 大多数同事很关心您

（5）从家庭成员处得到的支持和照顾：（在"无""极少""一般""全力支持"四个选项中，选择合适选项）

① 夫妻（恋人）

A. 无　　　　B. 极少　　　　C. 一般　　　　D. 全力支持

② 父母

A. 无　　　　B. 极少　　　　C. 一般　　　　D. 全力支持

③ 儿女

A. 无　　　　B. 极少　　　　C. 一般　　　　D. 全力支持

④ 兄弟姐妹

A. 无　　　　B. 极少　　　C. 一般　　　D. 全力支持

⑤ 其他成员（如嫂子）

A. 无　　　　B. 极少　　　C. 一般　　　D. 全力支持

（6）过去，在您遇到急难情况时，曾经得到的经济支持和解决实际问题的帮助的来源：

① 无任何来源；

② 下列来源。（可选多项）

A. 配偶　B. 其他家人　C. 亲戚　D. 朋友　E. 同事　F. 工作单位　G. 党、团、工会等官方或半官方组织　H. 社会团体等非官方组织　I. 其他（请列出）

（7）过去，在您遇到急难情况时，曾经得到的安慰和关心的来源：

① 无任何来源；

② 下列来源。（可选多项）

A. 配偶　B. 其他家人　C. 朋友　D. 亲戚　E. 同事　F. 工作单位　G. 党、团、工会等官方或半官方组织　H. 社会团体等非官方组织　I. 其他（请列出）

（8）您遇到烦恼时的倾诉方式：（只选一项）

A. 从不向任何人诉述

B. 只向关系极为密切的1～2个人诉述

C. 如果朋友主动询问，那么您会说出来

D. 主动诉述自己的烦恼，以获得支持和理解

（9）您遇到烦恼时的求助方式：（只选一项）

A. 只靠自己，不接受别人帮助

B. 很少请求别人帮助

C. 有时请求别人帮助

D. 有困难时经常向家人、亲友、组织求援

（10）对于团体（如党团组织、工会、学生会等）组织的活动，您：（只选一项）

A. 从不参加

B. 偶尔参加

C. 经常参加

D. 主动参加并积极活动

测验的记分：

（1）条目记分方法。

① 第（1）～（4）条、第（8）～（10）条每条只选一项，选择A、B、C、D项分别记1、2、3、4分。

② 第（5）条①～⑤记总分，每项从"无"到"全力支持"分别记1～4分，即"无"记1分，"极少"记2分，"一般"记3分，"全力支持"记4分。

③ 第（6）和（7）条若回答"无任何来源"，则记0分；若回答"下列来源"，则有几个来源记几分。

（2）量表的统计指标。

① 总分：10个条目评分之和。

② 维度分：客观支持分为（2）、（6）、（7）条评分之和；主观支持分为（1）、（3）、（4）、（5）条评分之和；对支持的利用度为（8）、（9）、（10）条评分之和。

三、构建社会支持系统

试想，如果某天你陷入困境，那么你有多大把握能获得他人广泛、及时而又有效的帮助？这些"他人"具体包括谁呢？

（一）认识完备的社会支持系统

一个完备的社会支持系统包括家人、亲戚、朋友、同学、同事、邻里、老师、上下级、合作伙伴，以及由陌生人组成的各种社会服务机构等。这些社会支持系统的组成部分的性质不同，承担的功能也不同：亲人可以给我们稳定的物质和精神上的深层帮助，朋友较多承担着情感支持的作用，而同事及合作伙伴则可以和我们进行业务交流、提高我们的业务能力等。

从表面上看，我们每个人的社会支持系统的组成都差不多，无非是父母、手足、同学、同乡等。但实际上，每个人从中获得的支持与帮助有很大的差异。有些人可以在他的社会支持系统中与他人共享生活，活得如鱼得水，成功时有人锦上添花，受挫时能感受到雪中送炭的温情；有些人则不然，他们虽然也拥有客观存在的关系网络，人际关系的质量却比较糟糕，陷入困境时常常孤立无援。但这还不是最糟糕的，最糟糕、最令人伤心的是，人际网络不但不能提供帮助，反而带来伤害。

（二）寻找社会支持系统

简单地说，社会支持系统就是与我们分担困难、分享快乐的人。社会支持系统注重的是相互支撑，当人遭遇打击、困顿、孤独的时候，社会支持系统将给予我们精神和物质等方面的支持与帮助。从出生，到成长，再到成年工作，我们会不断与人建立人际关系，这些人际关系可以用血缘、地缘、业缘、趣缘来概括。传统社会中，中国人基于血缘、地缘形成一种"差序格局"，以个人为中心，一层层推出去，形成一种关系网。即使在工业化、现代化的今天，血缘和地缘关系还有着根深蒂固的遗存。

血缘关系是指由血缘和婚姻联系形成的人际关系，也是一种社会关系。血缘关系是与生俱来、无法选择的，为了构建良好的社会支持系统，我们需要加强与父母、亲人的沟通交流，增强情感联结。地缘关系是指以地理位置为联结纽带，因正在或曾经在一定的地理范围内生活、交往而产生的人际关系，如同乡关系、邻里关系。故土观念就是这种关系的反映。业缘即以曾经存在或正存在的学业、职业、事业等引发的经常交往而产生的特殊亲近关系，如同窗关系、师生关系、同事关系、战友关系、产业链上下游关系等。所谓趣缘群体，是指人们因兴趣爱好相同而结成的社会群体。

因此，大学生如果要想构建良好的社会支持系统，可以加强与家人、亲戚、老师、同学、室友、校友、同乡、朋友、某个兴趣社团同学的情感联结与现实帮助，相互尊重、支持、理解、帮助，并且平时还要不断增加在"人际银行"的"储蓄"。

（三）完善社会支持系统

人人都有自己的社会支持系统，有些人的社会支持系统互动性强，有利于个体的成长；也有些人的社会支持系统互动性弱，对个人的成长帮助不大。完善社会支持系统的方法如下。

（1）增强"交往"的主动性。大学生最好主动参加集体活动，这样就能多结识一些朋友，并从中选取那些志同道合的朋友，主动分享快乐，主动关心和帮助他人。

（2）增加"互酬"的无私性。人与人交往，会交换金钱、财物、情感、信息、服务等，不要总想着获得回报，要看到人与人之间的交往是以不同形式进行的，要看到朋友带给自己的积极影响。

（3）增加"包容"的广泛性。"金无足赤，人无完人"，我们在交友时，要减少对朋友的挑剔、指责，多交结不同性格类型、不同做事风格的人，以丰富我们的朋友圈。"忠言逆耳利于行"，因此，我们更要积极与那些能够坚持原则、敢于批评自己的人做朋友。

（4）增加"评价"的真诚性。在评价朋友时，基于尊重原则，避免口是心非，应少在背后议论他人是非。

延 伸 阅 读

邓巴数字与人际支持

150 定律（Rule Of 150）如图 2-2 所示，由英国牛津大学的人类学家罗宾·邓巴在 20 世纪 90 年代提出，即著名的"邓巴数字"。该定律根据猿猴的智力与社交网络推断出：人类智力所能支撑的社交网络的人数是 148 人，四舍五入是 150 人。延伸到现代社会生活，150 定律被认为是很多人力资源管

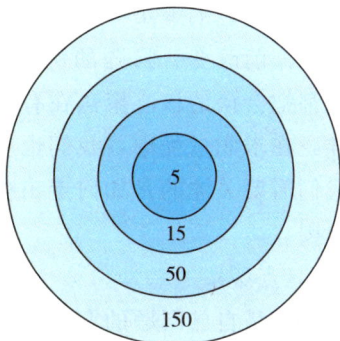

图 2-2　150 定律

理及社交网站建设的基础，即人类的大脑新皮层大小有限，提供的认知能力可以维持的社交人数上限为 150 人，精确交往、深入跟踪交往的人数为 20 人左右。

➤ 5 个亲密的朋友
➤ 15 个好朋友（包括 5 个亲密的朋友）
➤ 50 个朋友（包括 5 个亲密的朋友和 15 个好朋友）
➤ 150 个熟人（包含全部分类）

第三节　焦点解决与提升执行力

在充分了解自我，认识到自己的优势、劣势、性格特点、兴趣爱好，以及了解了当前社会大环境和就业形势之后，你将如何结合自身实际设立

求职目标？又将如何促进自己尽快行动起来？具体从哪一步开始呢？

一、焦点解决

（一）焦点解决简介

焦点解决是一种关注未来、聚焦解决的咨询取向，它强调要看到我们自己拥有的资源和能够采取的行动，而不是沉浸在问题和过去的挫折中；它基于建构解决之道，而非问题解决。它的核心是"理论假设"：目标应由当事人选择，而当事人拥有令他们做出改变的资源。我们的困难就如同门上的锁，仅仅检查门上的锁是不会使门打开的，找到钥匙更能够成功地帮助我们找到问题的解决办法。焦点解决模式的会谈包含许多特定的技术元素，如咨询前改变、问题的例外时刻、刻度化提问及"奇迹提问"等，这些元素都把会谈的核心聚焦在有效的解决上。

同样，在求职过程中，我们也应该保持这样的观念，即失败已经成为事实，我们需要关注的是如何走出挫折，寻找新的求职方向，而不是解释失败的原因。

（二）焦点解决的基本精神

当事人才是自己问题的专家；当事人在发展过程中总是在不断地发生变化；当事人的每个小的改变都能够带来更大的不同，而当事人具有充分的资源解决其目前所面临的困境；当事人有能力对更好的未来提出一个清晰的、细节化的图案以有助于设定焦点解决的目标；焦点应在于当事人所想要的未来，而非过去的问题或现在的冲突；当事人被鼓励去增加有效行为出现的比率；问题不会一直发生，问题应出现而没出现的例外，可以被当事人与咨询师用来共同建构解决之道；对于目前不想要的行为模式，发展出其他选择；相信解决之道的相关行为已经存在于当事人身上；小改变的增加会导致大改变的出现。

许维素认为，基于焦点解决，对人的看法如下。

（1）每个人都是独特的，虽然不见得都能做到想做的事情，但都有资源与潜能去解决自己的问题，也知道自己的目标与方法。

（2）每个人都有力量、智慧及经验去产生改变。

（3）人们是拥有惊人的资源的，尤其当他们被允许时。

（4）一个人会被过去影响，但不会被过去决定。

（5）人们拥有自然的复原力，也会持续运用这个复原力来改变自己。

（6）当事人不等于他们的问题，当事人是当事人，问题是问题。

（7）在非常困难的处境下，每个人都是尽了全力的。

（8）解决之道就在个人经验之中，只有当事人最了解自己的状况。

（9）当事人是带着解答来的，只是他们不知道自己已经知道答案了。

（10）一个人是愿意努力实践自己构想出来的意见的。

（11）每个人都希望被尊重，也愿意尊重别人。

（12）每个人都希望自己是好的、是可以更好的，也希望别人过得好。

（13）人们希望维持仁慈、道德、友善、礼貌、诚实，希望改善自己的生活，也想使他们所爱、所尊重、所景仰的人的生活是有所改进的。

（14）每个人都希望与别人和睦相处，希望被别人接纳，并归属于某个团体。

（15）人们都希望留下正向、美好的足迹，并对世界具有正面的贡献。

明显可见，焦点解决强调发展性、复原力与去病理化，相信复原力开始于当事人愿意改变的那一刻。它十分强调人们不会只被过去、心理疾病等所局限，人们是可以创造出自己想要的未来的，而且聚焦于未来的探讨将会比探索过去更能提升能量，尤其是人们在足够的社会建构支持下，将会走出不同的人生道路。

（三）重新建构

重新建构是一种重要的焦点解决介入方法，常运用于辨识当事人各类情绪背后的正向意义。我们的世界是我们自己建构出来的，我们怎样建构，就有怎样的情绪和行为反应。也就是说，我们怎么看我们自己、怎么看这个世界，就会有什么样的情绪和什么样的反应。重新建构后可以让我们产生不一样的情绪反应，进而转变我们对自己、对别人的评价和看法。重新建构建议我们看事情不能只看一个方面，要用不同眼光看待事情，看待当事人的特质、优点、动机，努力引导对方看见其他的方面，进而拓展当事人的思考，从而引发不同的行动。

焦点解决相信：每种特定情绪恰恰可以反映出当事人的正向特质或问题的正面价值。例如，一个人会有自责的情绪，是因为他负责、有道德感；一个人会觉得焦虑，是因为他有现实感及想要行动的欲望；一位太太会悲痛于伴侣的突然过世，是因为这悲痛中有着对伴侣的爱恋。

焦点解决将情绪视为当事人希望自己在生活中获得什么的一种反应。若当事人有被压迫的情绪，则反映当事人在乎某个事物；若当事人有忧郁的情绪，则反映当事人在意错失某个事物；若当事人有恐惧的情绪，则反映当事人害怕失去某个事物。

要想做到重新建构，需要我们不断地学习，有意识地觉察和练习发现正向的能力。若能从负向中发现正向的一面，这是一个需要长期不断地刻意练习的过程。常用的重新建构技术如下。

（1）虽然（负面）但是（正面）：强调当事人正面的部分。例如，虽然不及格，但是你很努力。

（2）至少、起码：看到当事人的每分努力。例如，你在那么难受的情况下，还坚持去考试了，我认为这个是非常可贵的。又如，抑郁症的孩子坚持留在教室里，虽然在课堂上睡着了，但要从这里看到孩子的挣扎和努力。

（3）从负面事件看到在乎、看重的小目标。例如，你说你非常害怕自己会去精神病院，从这里我看到了你非常想要自己好起来，那你知道要怎么做才能好起来吗？

（4）一般化（常见、自然反应）。例如，青春期的男孩有性的渴望是正常、普遍的；就业受挫产生焦虑感也是正常的。

练习

A 针对一件事情抱怨三分钟，可以是鸡毛蒜皮的小事，但一定是 A 觉得可以放心讲的事情，个人学习、生活、工作中的事情都可以。B 安静倾听。

A 抱怨完以后，B 从三个方面称赞 A，要用到重新建构的技术。句式 1：描述优点（3 个）……。句式 2：我猜你很在意（3 个方面）……称赞的内容要和他抱怨的内容相关，不能过于空泛，也不能是表面上的表扬。

完成后角色互换。

注意：

（1）思考回应的话语是否容易让当事人理解和接受，是否让当事人觉得你与他同在、了解他的苦难与痛苦。

（2）情绪转化。

（3）找到在意之处——力量。

讨论：

（1）从这个练习中，您注意到什么？

（2）找到对方可赞美之处，有何困难？

（3）你的赞美是否被对方收下了？有可信度吗？

（4）你被赞美后的反应是什么样的？

二、资源取向

（一）资源取向简介

资源取向指回顾任何事物的发展过程、检视任何一个完整的人，一定都能找到优势和长处，一定有其积极、正向的一面。推动个体开放自我、尝试改变，都需要使用"资源取向"的视角，为个体建设"自信"铺垫，为关系建设"欣赏"提供基础。它不关心问题是怎么来的、谁犯了错，它只关心问题可以怎么解决、谁能为它做点贡献。这其实是一种立足于当下的思维方式：过去发生什么已经不重要了，重要的是后面怎么办。从这一点出发，它有非常独特的人性观，不指责任何人，而是把每个人都看作是解决问题的资源。哪怕问题看上去就是某个人造成的，我们也从现实的角度出发：既然你能造成这个问题，说明你很重要。你可不可以发挥这个重要性，帮忙解决这个问题呢？没有敌人，也没有坏人，每个人都是你的伙伴。但这种思维方式很难掌握，因为并不符合我们的本能。

（二）资源取向理念

（1）当事人是专家。

（2）人们总是在变化。

（3）小改变带来大改变。

（4）当事人具有建构解决方案的优势和资源。

（5）当事人对他们所做的、所说的及所感觉的，都是有理由的。

（6）对更好的未来，提出一个清晰的、细节化的图案有助于设定焦点解决式目标。

（三）资源取向示范

大学生在求职中，当屡次受挫，特别是听到他人对自己的负面评价时，该如何更好地采用资源取向呢？举几个例子。

（1）太焦虑。说明你擅长思考问题的糟糕结果，只是行动力没有跟上思考力，因此好处是未雨绸缪，可以比较周全地考虑负面结果。

（2）太自大。你容易看到自己的优点，但不能同等地看到别人的优点，因此容易相信自己，对自夸、营销有独到的心得。

（3）太自卑。你容易看到别人的优点，但是不太会同等地看到自己的优点，因此比较容易相信别人，对认可别人、鼓励别人有敏锐的眼光。

（4）太懒。一方面，你很可能一直以来习惯于被照顾，不知道日常生活琐事的乐趣；另一方面，你会享受生活，能坚持自我，因为懒的人肯定会被人骂的，能坚持懒说明能顶得住压力。

三、教练核心技术

（一）重要三点

1. 例外原则

一个事情如果有效，我们就应该多做一些，这叫作例外原则。盘点我们的过去，有很多成功的经验。我们可以继续做、经常做对的，就没有机会做错的。做开心的事情，就没有机会不开心。因此，即使 10 次面试失败，你可以回忆一下，有无一次是最接近成功的呢？当时你做了哪些行为？这便是有效的动作，那么在今后的求职中，你可以继续加强这些行为。

2. 改变原则

如果一个事情没有效果的话，做事情的方式就得改一改了；目标一致，但是方法可以有所不同。有些时候一定要注意，不管是改变目标，还是改变做事的方法，很多时候方向比努力更重要。当尝试几次都没有好的结果后，我们需要思考：方向是否错了？方法是否不对？目标设置是否过高？以便我们及时做出调整和改变，及时止损。

3. 接纳原则

如果依照前两种原则行事都没有效果，那么这部分暂时可能改变不了，我们就需要接纳这部分，然后找一些能刻意改变的事情去做。林清玄曾说："人生不如意之事十有八九。常想一二，不思八九，事事如意。"

遵循例外原则、改变原则、接纳原则行事，人生的很多问题就会得到改变，这就是我们常说的"改变我们能改变的，接受我们不能改变的"。

（二）四大步骤

1. 理清目的

（1）明确对目的的理解。协助当事人理清自身目的，并明确其自身目的的作用。关于对目的的理解，具体内容如下。

① 成功等于目的，一切都是这句话的注解。

② 目的就是一切。

③ 筹划为目的而制定。

④ 每个人都要为自己的目的负责任。

⑤ 当你选取了一种目的，也就差不多选取了相应结果。

⑥ 当你有一种目的，全世界都会为你让路。

⑦ 为什么有这个目的，比如何实现这个目的更加重要——选择比努力更重要。

⑧ 问题就是你的目的和你的现状之间的差距。

⑨ 出现障碍是因为你的注意力在目的之外。

（2）通过发问理清目的，具体内容如下。

① 你真正想要的是什么？

② 你想有什么成就？

③ 你想成为什么样的人？

④ 你目标够明确吗？

⑤ 你将用什么原则来衡量你的目的？

⑥ 你想要的成果是什么？

⑦ 在这件事情上，你想要的成果是什么？

⑧ 你做某事的好处是什么？

⑨ 若不坚持某事，则你需要付出什么代价？

⑩ 你只是想要，还是一定要实现这个目的？

⑪ 为了这个目的，你想要做出哪些变化？

⑫ 你这样做是为了谁或是为了什么？

⑬ 你能想到什么其他可能性吗？

⑭ 对于那些结果，你不喜欢的方面是什么？

2. 反映真相

努力让当事人认识自己当前所处位置和目的之间的差距，并让他懂得这个差距不是问题，而是解决问题的开始。

3. 迁善心态

迁善心态的意思是内心想对自己做出改善。迁善心态既是一种意愿和能力，又是一种力量。每个人最难战胜的就是自己的内心世界，也就是心态的调整。改变心态是内心世界中两种力量之间的抗争与对决，是按照固有的心智模式去做，还是遵循你内心世界的潜意识的意愿，做出这一选择需要自己具有迁善心态。事实上，最重要的是要理解什么是心态，然后才是洞察别人和自己的心态，并为自己的态度负责任，最后才谈得上迁善心态。具体包含以下几类。

（1）你如何看待这件事、这个人？

（2）有什么在困扰你？

（3）你在这件事情上的反应如何？

（4）你这样做反映了自己的什么特质？

（5）你调节什么能令你更有效地达到目的？

（6）发掘也许性：你以为这些人与事会带来什么效益？若不改进此状况，则会导致什么结果？你可以做些什么去改进当前状况？你还需要什么其他资源？

（7）勉励、挑战：做得好的地方在哪里？是不是就是这样多？要更快做到是什么时候？在哪方面有保留？

4. 制定筹划

当事人需制定切实可行的筹划，筹划使得目的在理清之后更为详细。在制定策划的行动前应发问：做得好的地方在哪里？是不是就是这样多？要更快做到什么时候？是否已经做到最佳？在哪些方面有保留？你会采取什么行动？你下一步要达到什么效果？最快是什么时候做到？详细成果是什么？

德鲁克惯用四个问句协助公司找到真正的问题：你想要做的是什么？你为什么要去做？你当前正在做什么事？你为什么这样做？这些问题能帮助当事人启动行动。

第三章 ▶▶▶ 探索求职方向

学习目标

1. 了解确立职业目标的方法。
2. 了解工作世界的类型。
3. 了解实现职业目标的路径。

就业思考

1. 结合实际情况，如何选择适合自己的职业目标？
2. 想一想，适合你的职业目标有哪些？
3. 在明确自己职业目标的过程中要注意哪些问题？

由于当代大学生缺少了解职业世界的探索方法，对现实中的职业情况并不是真正的了解，因此确定职业目标的渠道比较单一。有的同学因某门学科成绩优异而想从事相关职业，还有的同学看到某种职业能够带来较高的收入及较高的社会地位而对该职业心生向往……

通过本章的学习，希望同学可以了解工作世界的基本内容，并掌握探索和实现职业目标的一般途径。

第一节　寻找职业发展主题

导入案例

小 A 从小就很喜欢画画，他曾经梦想过当一名画家。单从职业兴趣来推论，他最满意的职业应该是从事美术工作，然而他的画画技能不足以支撑他以此来谋生。小 A 该如何寻找一份既能满足自己的兴趣和审美，又能发挥自己能力的职业呢？

我们尝试来分析一下：小 A 虽然不具备靠画画谋生的能力，但是他有很好的审美，有表达自我、追求创新的内心需求，并且有很强的创造力，这些职业元素除了可以靠做职业画家来实现，现实当中还有很多职业可以满足。本节就着重介绍四个确定职业发展主题的方法。

一、意义事件

在大学生活中，有很多参加活动和比赛的机会，这些活动和比赛可以很好地培养个人兴趣及增加实践经验，对将来适应社会需要、提升工作能力有非常积极的作用。尝试回想一下你参加过几次有意义的活动或比赛？你在参与过程中有哪些收获？

小 B 在大三时参加了全国数学建模大赛，并获得了二等奖。在赛后总结时他说，他最大的收获是通过比赛锻炼了自己自主学习、分析问题、解决问题、突破创新、团队合作及论文写作能力。正是因为有参与数学建模大赛的经历，小 B 认清了自己的能力和职业方向，大学毕业后选择成为一名金融领域的保险精算师。

这就是意义事件的现实意义，它可以促进个人能力提升和自我反思，使人有很高的成就感和自我价值感。下面我们一起来体验意义事件的积极作用。

第一步，回忆 7～10 个意义事件。请仔细回忆你从小到大的人生中难忘的意义事件，这些事件有几个共同的特点：一是让你非常有成就感，让你感到自豪；二是让你感觉自己享受并且沉浸其中；三是让你感觉自己很有价值；四是你是事件的直接参与者。请注意，不要在意别人的看法，只要你感觉有意义即可。请你用简单的标题概括每个意义事件，并简要描述。

你可能一下子想不出来，不用担心，可以静下心来仔细地回想，教你几个有用的办法。你可以按照时间线索一点点回忆你的过去是怎么度过的，一旦突破回忆的大门，大量的事件就会涌现出来；你也可以按照关键词来进行搜集，如与家人有关的事件（向家人表达关心与爱意）、与爱情有关的事件（大胆的表白）、与友情有关的事件（送别好友）、与个人能力素质有关的事件（公开的演讲）、与个人体验有关的事件（外出旅行）等。

下面我们来看看小 C 写下的意义事件。

示例

〖事件1：被认为有主见〗

上小学时，因为书包太重，我和父母商量每天在学校写完作业再回家，父母认为我很有主见，支持了我这个的决定。

〖事件2：争取自习教室的权利〗

在学校，自习教室资源紧张，经过和班级同学商议，我们一起向学校争取了单独的教室作为班级同学集中晚自习的地点，方便同学学习。

〖事件3：破坏力〗

小时候特别爱用布和线给娃娃做新的衣服，有一天趁我妈做饭的功夫把家里床单给剪了。

〖事件4：通过努力提升成绩〗

高一、高二时成绩不好，经过与老师深入地谈话发现了自己的问题，并开始奋发图强，高考时成绩在全校提高了500名。

〖事件5：喜欢跑步〗

我是一名耐力运动爱好者，自大学开始坚持晨跑，并成功跑完马拉松比赛全程，实现跑步目标并获得满意成绩。

〖事件6：担任班长〗

我曾经当过班长，成功组织全班同学一起去春游，并把同学们安全带回。

〖事件7：学习古筝〗

大一开始学习古筝，刚开始零基础，但是我很享受弹奏的过程，经常练习起来就忘记了时间，到大学毕业的时候，我已经到了乐器8级的水平。

第二步，标记每个意义事件的有意义的因素，并将这些因素总结分类。我们再来看看小 C 找到了哪些关键词，以及她是如何分类的。

示例

小 C 找到的关键词

事件 1 关键词：有主见、自己的事情自己做决定

事件 2 关键词：主动权、提出想法就开始行动

事件 3 关键词：好奇心、动手尝试、破坏性、体验、新鲜感

事件 4 关键词：相信努力会有效、对人生有控制感、对最初的失败不会丧失信心

事件 5 关键词：掌控自己的生活、不怕过程中的枯燥

事件 6 关键词：主动、勇敢、自信心、掌控生活

事件 7 关键词：喜欢艺术、享受过程、美好、掌控生活、自由表达

小 C 对关键词的分类

第一类：主动和掌控感

　　　　包括有主见、自己的事情自己决定、占据主动权、对生活有控制欲、对人生有控制感、掌控生活等

第二类：喜欢艺术和自由表达

　　　　包括喜欢艺术、享受过程、美好、自由表达

第三类：自信心

　　　　包括主动、勇敢、自信心

第四类：有毅力

　　　　包括相信努力会有收获、不会因最初的失败而丧失信心、不怕生活的枯燥

第五类：好奇心和新鲜感

　　　　包括增长知识、体验、新鲜感、好奇心、动手尝试

　　第三步，尝试寻找自己的职业目标。从你写下来的关键词和分类中深入思考和挖掘：你觉得有什么从小到大一直贯穿在你人生中的内容吗？那些让你有成就感的元素之间有什么内在联系吗？让你感觉有意义的事情有什么一致的地方吗？这几个问题有点难，我们可以先来看看小 C 同学找到了什么。

示例

小 C 再次对七件事情的关键词进行了思考，寻找其中反复出现的一致的东西，最后她找到了三点最重要的：

（1）自由感和对生活的掌控感；

（2）喜欢新鲜、美好、有艺术性的事情；

（3）不怕失败、有毅力，努力尝试，让自己有更多可能。

做这个练习的过程中，小 C 通过寻找自己人生的过去、现在和未来的某种联系，看清了对于自己的人生最重要的感悟，她会带着这些感悟再去尝试及思考职业选择和人生规划。

二、成长楷模

在你的身边，有没有这样一个人，他/她是你崇拜或欣赏的，并且一直作为你的榜样激励着你前行，他/她可以是名人，可以是亲友，也可以是虚构的。当然，你崇拜谁其实并不重要，重要的是"为什么"。成长楷模投射了我们自己希望成为的样子，反映了我们对自己职业目标的看法。

"成长楷模"练习步骤和"意义事件"练习步骤类似，都是先从生活体验中提炼出关键点，并寻找不同内容间的关联，从而进一步深入思考并感悟。

第一步，写出 3～5 个你崇拜的榜样，并简要描述你崇拜的原因。下面我们来看小 D 的三个成长楷模。

示例

小 D 的三个成长楷模

〖成长楷模一：爷爷〗

小 D 的爷爷是一名高中老师，他博学多才、随性而为。他说的每句话都富含人生哲理，能一针见血地看到问题所在。

〖成长楷模二：王阳明〗

王阳明睿智、洒脱、文武双全，文能传道天下，武能江西剿匪。他不追求高官厚禄，而是潜心治学，追求真理。

〖成长楷模三：福尔摩斯〗

福尔摩斯擅长观察，洞察力强，淡泊名利，坚持己见，不受权威的影响和威胁，不懈地追求真相。

第二步，提取成长楷模身上的关键点，并寻找其中的联系。

小 D 提取了三个人身上的共性特质：一是博学、追求真理；二是睿智、心胸豁达；三是淡泊名利、追求正义。然后他尝试写下了自己的人生追求：博学多才、聪明睿智、淡泊名利、人文关怀。

完成了"意义事件"和"成长楷模"这两个练习，你对自己有什么新的发现？你可以试着思考以下几个问题：

➤ 你目前的专业有哪些职业方向，这些职业方向有哪些符合你的职业目标？

➤ 你现在是否面临生涯相关选择？如是否转专业、就业、升学，这些选择和你的职业目标的关系是什么？

➤ 你现在有难以解决的冲突吗？这个冲突和职业目标的关系是什么？

你在学习专业课、选修课的过程中，在参加社团、学生会、学科竞赛等校园活动的过程中，在从事社会实践、职场实习的过程中，都会产生大量的体验。哪些内容激发了你的兴趣、让你享受其中？哪些内容让你充分发挥了自己的优势、让你游刃有余？哪些内容让你感到有成就感、自豪感？哪些内容让你感到付出的努力很有意义？……生活体验好比肥沃的土壤，只有在它的基础上，运用生涯技术挖掘其中核心的部分，才能生长出生涯主题的大树，大树的顶端就是我们的职业发展目标。

三、生涯漫游

你一定听说过蝴蝶效应：亚马孙雨林一只蝴蝶偶尔振动了下翅膀，两周后就会引起美国得克萨斯州的一场龙卷风。初始条件十分微小的变化经过不断放大，会对其未来状态造成极其巨大的影响。实际上，我们的职业生涯发展中到处存在着蝴蝶效应，如一位良师的教导、一次失败的考试、参加的一次比赛、偶然遇到的一次机遇……都有可能对你最终的人生选择产生巨大影响。

这些影响因素是复杂的，表面看起来无规律可循，但是内在却存在着一种无序中的有序，这种有序不同于我们一般理解的线性因果关系，而是一种"整体序"，其中存在着某种引力中心，它会吸引系统内的所有运动都向它靠拢。站在整个系统的层面观察，你就能看清这个系统呈现出的整体规则，这就是所谓的生涯混沌理论。

新东方创始人俞敏洪曾经说过，人生中会有迷茫，但迷茫的时候也不能停下进步的脚步，前行之中总会有转机，生命就是这样转动起来的。俞敏洪在大三时患上肺结核，在医院里治疗了整整一年。刚开始因为患病他觉得很痛苦、迷茫，但是在漫长的治疗过程中他做了两件对将来的人生产生了巨大影响的事情：一是读书，一天读一本，所有的文学、哲学、诗歌、散文、历史的名著，都是他在住院期间读完的；二是背单词，为了打发时间，他每天平均背50个单词，到年底时，词汇量已经从原来的八千多个上升到两万多个。这件无意中做的事情，直接促成了后来新东方的诞生。他对教词汇非常有把握，在20世纪80年代末成为中国教研究生入学考试（Graduate Record Examination，GRE）词汇的第一人。

下面我们通过生涯漫游确定职业发展主题。你需要找到一个舒适安静的地方，远离嘈杂，为自己准备出半小时。

首先，准备一张白纸和几支彩笔。接着，回忆迄今为止令你有成就感的事情，越多越好。请注意，不要局限自己的思维、不要完美主义、不要排序、不要面面俱到，任何事情都可以，想到什么就写什么，可以写10个、20个、50个、100个……最后，用关键词描述事件，用最简洁的字、词，也可以画图。例如，你喜爱的东西有计算机、乐器、书籍、篮球……令你难忘的事情有一堂公开课、表演社团话剧、担任学生工作助理、做志愿者……

你的生涯漫游图可能是杂乱无章、毫无联系的，接下来我们要将这些看似无序的事件联系起来，从生涯漫游图中找到你的职业发展主题。

第一步，对生涯漫游图中的内容进行初步分类。将类似或相似的事情分到一类，如与课程有关的、与艺术有关的、与运动有关的、与实习兼职有关的等，至少分为五类。

第二步，挖掘事情背后的深层次联系，认真观察你的生涯漫游图，尝试思考以下几个问题。

➤ 这件事具体是哪里吸引你？

➤ 从这件事中你学到了什么？或者给你带来什么变化？

➤ 你在这件事中展现出了什么能力？

例如，小E通过学习各类课程，拓展了思维方式及解决问题的思路，提高了创造性；通过参加艺术类活动，发挥了艺术创造力；通过实习活动，体验到了什么是服务精神，发现了自己不喜欢简单重复性的劳动，更喜欢自主性的工作；通过参加各类运动，发挥了自己的组织领导能力，并享受这种感觉。通过以上深入思考，小E发现自己喜欢多样化的生活，因为这充满创造的机会和趣味；享受多样化思维方式的碰撞，那样会让他变得聪明、有创意；喜欢发挥领导力，和大家一起达到目标；不喜欢失去工作中的控制感、被别人安排，他希望自己安排自己的工作；乐于学习不同的东西，相信它们都很有用。小E最终总结出自己的职业发展主题：多样性、创造性、领导力、自主性、学习性和开放性。

到此为止，你的生涯漫游图暂时告一段落了，但职业发展主题的寻找不是一个静态的过程，你很有可能会在某个时候突然又想到了什么，因此应让它保持在一个动态的变化中，随时可以补充它。

四、未来职业

请你想一想，你未来五年后、十年后、二十年后有可能过什么样的生活？做什么样的职业？

下面进行"未来职业"练习。

第一步，写下目前状态。准备一张白纸，在纸的中间写下你目前的状态，如大三：机械工程专业。用一个圆圈把你的现状圈起来。

第二步，头脑风暴。想一想：你希望未来五年后、十年后、二十年后从事哪些职业？写下任何你能想到的可能性，只要你内心期待有这样的可能性就行。

请注意：不要考虑你的专业或受教育程度的限制；不要考虑未来的就业市场能不能满足你；不要考虑挣的钱多不多；写下你的所有想法，即使你现在感觉不现实；列出尽量多的想法，越多越好；留出一个空白的圈给你还未发现的职业。

第三步，寻找联系。先做个简单分类，看着你写下的可能职业，它们大部分是什么样的。

> 创造性的？
> 运动型的？
> 活跃的？

➤ 沉思的还是安静的?

➤ 与很多人在一起的?

➤ 服务或帮助他人的?

➤ 与钱或地位有关的?

➤ 需要更高的学历才能做的?

➤ 基于某项才能的?

注意你在职业中的角色是哪种。

➤ 你总是处于支配地位吗?

➤ 你是大家关注的焦点吗?

➤ 你是处在医学、教育、商业还是其他背景中?

➤ 某些方面你是否在演戏?

➤ 你需要使用什么样的技巧?

➤ 你就职于一份永久的职业还是只工作一两年?

➤ 你是被雇佣的还是自由职业?

第四步,寻找职业发展主题。思考所列职业吸引你的原因?用关键词描述,写在圆圈的旁边。观察有没有反复出现的词,寻找你期待的这些可能职业共同的特点,把反复出现的内容找出来,这些内容就是你的职业发展主题,请在白纸的背面记录下来(至少写五个)。

到目前为止,我们做了四个练习来探索职业发展主题,现在把你在练习中找到的所有与职业发展主题相关的内容都集中在一起,你就能对自己的职业目标有比较全面的了解。

第二节　认识工作世界

从职业目标到职场的切换,需要同学们了解工作世界中的一些工作类型,建立对工作世界的整体结构框架的基本认识,从而将职业探索放进一个更加整体化的思考体系中。

一、行业

行业是指为社会提供同类产品或者服务、从事相同性质活动的所有单位集合,如教育行业、建筑行业、汽车行业、金融行业等。

我国于 2017 年颁布了新的《国民经济行业分类》（GB/T 4754—2017）国家标准。新国家标准将国民经济行业划分为门类、大类、中类和小类四级，共有 20 个行业门类，97 个大类，473 个中类，1381 个小类。下面列出 20 个行业门类。

A 农、林、牧、渔业；

B 采矿业；

C 制造业；

D 电力、热力、燃气及水生产和供应业；

E 建筑业；

F 批发和零售业；

G 交通运输、仓储和邮政业；

H 住宿和餐饮业；

I 信息传输、软件和信息技术服务业；

J 金融业；

K 房地产业；

L 租赁和商务服务业；

M 科学研究和技术服务业；

N 水利、环境和公共设施管理业；

O 居民服务、修理和其他服务业；

P 教育；

Q 卫生和社会工作；

R 文化、体育和娱乐业；

S 公共管理、社会保障和社会组织；

T 国际组织。

推荐两个可以查询行业信息的网站。

➢ 行行查网址 https：//www.hanghangcha.com/

➢ Robo 萝卜投研网址 https：//robo.datayes.com/

二、职业

职业即个人所从事的服务于社会并作为主要生活来源的工作。社会分工是职业分类的依据。在分工体系的每个环节上，劳动对象、劳动工具及劳动的支出形式各有特殊性，这种特殊性决定了各种职业之间的区别。

（1）按脑力劳动和体力劳动的性质、层次进行分类。这种分类方法把工作人员划分为白领工作人员和蓝领工作人员两大类。白领工作人员包括从事专业性和技术性工作的人员，农场以外的经理和行政管理人员、销售人员、办公室人员。蓝领工作人员包括手工艺及类似的工人、非运输性的技工、操作运输装置机的工人、农场以外的工人、服务性行业工人。这种分类方法明显地表现出职业的等级性。

（2）按心理的个别差异进行分类。这种分类方法根据霍兰德创立的"人格-职业"类型匹配理论，把人格类型划分为六种，即现实型、研究型、艺术型、社会型、企业型和常规型，得到与其相对应的六种职业类型。

2022年版《中华人民共和国职业分类大典》将我国职业的总体结构分为大类、中类、小类和职业（细类）四个层次，由粗到细依次体现职业类别。职业是我国职业分类结构中最基本的类别。《中华人民共和国职业分类大典》将职业划分为八个大类，具体内容如下。第一大类为"党的机关、国家机关、群众团体和社会组织、企事业单位负责人"；第二大类为"专业技术人员"；第三大类为"办事人员和有关人员"；第四大类为"社会生产服务和生活服务人员"；第五大类为"农、林、牧、渔业生产及辅助人员"；第六大类为"生产制造及有关人员"；第七大类为"军队人员"；第八大类为"不便分类的其他从业人员"。

推荐几个好用的查询职业信息的工具和网站。

➢ O＊NET、学职平台
➢ 中华人民共和国人力资源和社会保障部官方网站
➢ 各类招聘网站、行业性网站
➢ 百度、知乎、微信等 App

三、工作单位

工作单位根据基本职能分为机关单位、企业和事业单位三大类。

（1）机关单位，即国家机关，指从事国家管理和行使国家权力的机关。包括国家元首、权力机关、行政机关、审判机关、公安机关、检察机关和军事机关。

（2）企业，本质上是"一种资源配置的机制"，其职能是创造社会财富。它是企业家运用各种生产要素（土地、劳动力、资本、技术等），从事生产经营和社会服务等经济活动，向市场提供某些商品或服务，是国民经济的基本单位。在我国，根据所有制性质，可以将企业分为全民所有制企业、集体所有制企业、私营（个体）企业、混合所有制企业（中外合资经营企业、中外合作经营企业）和外商独资企业。可以通过启信宝（https：//www.qixin.com/）、看准网（https：//www.kanzhun.com/）、企查查（https：//www.qcc.com/）等网站了解企业信息。

（3）事业单位，是指国家为了社会公益目的，由国家机关举办或者其他组织利用国有资产举办的，从事教育、科技、文化、卫生等活动的社会服务组织。事业单位接受政府领导，是表现形式为组织或机构的法人实体。在一般情况下，国家会对事业单位予以财政补助，根据补助形式可将事业单位分为全额拨款事业单位、差额拨款事业单位，还有一种是自主事业单位，是国家不予以拨款的事业单位。

事业单位包括十八大类：①教育事业单位；②科技事业单位；③文化事业单位；④卫生事业单位；⑤社会福利事业单位；⑥体育事业单位；⑦交通事业单位；⑧城市公用事业单位；⑨农林牧渔水事业单位；⑩信息咨询事业单位；⑪中介服务事业单位；⑫勘察设计事业单位；⑬地震测防事业单位；⑭海洋事业单位；⑮环境保护事业单位；⑯检验检测事业单位；⑰知识产权事业单位；⑱机关后勤服务事业单位。

四、工作形式

工作形式主要包括劳动者的劳动时间、劳动期限等内容。不同的行业和职业类型有不同的工作形式。《中华人民共和国劳动合同法》等规定用工方式（工作方式）分为全日制用工方式、非全日制用工方式、劳务派遣等。

（1）全日制用工方式。全日制用工方式是大学生就业最广泛的工作形式，一般指较稳定的、每周40小时的、确定的工作关系，契约时间较长。对于企业而言，全日制职工是组织的核心和中坚力量。这种用工方式可以有效调动员工积极性及形成企业的核心凝聚力。对于劳动者而言，这种用工方式具有稳定的保障性，有利于个人成长和发挥才能。

（2）非全日制用工方式。非全日制用工方式通常可以认为是兼职，以小时计酬为主。劳动者在同一组织每天工作不超过4小时，每周工作时间累计不超过24小时。例如，小时工、兼职会计等。

（3）劳务派遣。劳务派遣是根据用人单位的需要，由劳务派遣公司根据企事业单位岗位需求派遣符合条件的员工到用人单位工作的全新的用工方式。劳动派遣的主要特点：劳务派遣公司与劳动者签订劳动合同，建立双方劳动关系；用人单位与劳务派遣公司签订"劳务合作协议书"，与劳动者没有"劳动关系"；实现员工的服务单位和管理单位分离，形成"用人不管人、管人不用人"的新型用工机制。

此外，由于新技术的飞速发展，人们对工作、休闲、交通方式的选择越来越个性化，这些都在改变甚至颠覆旧有的工作形式，工作时间、工作地点、工作方式等越来越灵活多变。例如，有些用人单位对劳动者劳动时间的要求更加弹性，不强制要求劳动时间，而是强调目标达成的弹性工作时间制度，当然有的工作需要加班甚至24小时全天候轮转才能完成。在全球化背景下，用人单位对工作地点的要求也更加灵活，劳动者可以充分运用网络技术实现远程办公，同时选择自由职业的劳动者越来越多，无论是工作时间还是工作方式，都更为个性化。

人们未来的工作世界必将发生很大改观，工作领域从劳动密集型到知识密集型，工作内容从专人任务到团队任务，就业形式从本地就业到全球就业，服务类型从大型企业分工明确到小型公司多类任务，个体生活从工作稳定到频繁更换岗位，学习培训从"一张文凭用一生"到"终身学习"。劳动力市场、技术应用和产业结构等都将产生新的特点：人们不得不多次转换职业和岗位，或同时拥有两个职业；人们不得不接受新技术常常在短时间内部分或全部取代原有生产技术、一个人原有的技术和知识很快就会过时的现实。旧有的思维和习惯都将被打破，人们不得不考虑更为内在的自我成长、更为持久的能力培育、更为开放的选择和实践。

五、吸纳毕业生的主要行业

（一）制造业

1. 行业界定

制造业是指机械工业时代对制造资源（物料、能源、设备、工具、资金、技术、信息和人力等），按照市场要求，通过制造过程，转化为可供人们使用和利用的大型工具、工业品与生活消费产品的行业。按照产品类型，制造业可以分为通用设备制造业、专用设备制造业、汽车制造业、食品制造业、医药制造业、化学纤维制造业等31个门类。

2. 发展状况

制造业直接体现了一个国家的生产力水平，是区别发展中国家和发达国家的重要因素，制造业在世界发达国家的国民经济中占有重要份额。我国制造业作为国家的支柱产业，一直保持较好的发展态势。我国是世界第一制造业大国，其中化肥、汽车、粗钢、棉布、水泥等 200 多种工业产品产量在全球遥遥领先，制造业净出口居世界第一位。

3. 外部环境

围绕制造业发展，世界各国和主要经济体都把关注点投向技术密集型的高端制造业与研发设计环节，德国在 2013 年推出"工业 4.0"战略，美国提出"工业互联网"，日本提出"机器人"革命，英国提出"英国工业2050战略"。在此背景下，我国提出《中国制造2025》，这一举措大力推动我国从制造业大国向制造业强国转变。

4. 发展趋势

随着人口红利的消失、人工费用的增长，传统制造企业利润不断被压缩。我国制造业在新时期新形势下的发展必伴随智能化、自动化。加强设备自动化改造、提高生产自动化程度、减小劳动强度、改善作业环境，已经成为制造业的普遍共识。与此同时，人工智能、数字制造、工业机器人、3D 打印等现代制造技术的突破和成熟，正在快速有效地拉动传统制造业的转型升级。

5. 行业典型单位

1）世界知名企业

（1）通用汽车公司。通用汽车公司成立于 1908 年 9 月 16 日，由威廉·杜兰特创建，该公司在全球生产和销售雪佛兰、别克、GMC、凯迪拉克、宝骏、霍顿、欧宝、沃克斯豪尔及五菱等一系列品牌车型，并提供服务。

➢ 企业网址 https://www.gm.com/

（2）戴姆勒-克莱斯勒公司。戴姆勒-克莱斯勒公司成立于 1998 年，由原德国戴姆勒-奔驰汽车公司与美国克莱斯勒汽车公司合并而成。如此强强联手让戴姆勒-克莱斯勒公司一跃成为当时世界上第二大汽车生产商。2007 年，戴姆勒-克莱斯勒集团公司完成分拆，联手 9 年后，戴姆勒-奔驰汽车公司与美国克莱斯勒汽车公司又各奔东西。

（3）福特汽车公司。福特汽车公司成立于 1903 年，旗下拥有福特（Ford）和林肯（Lincoln）等汽车品牌，总部位于密歇根州迪尔伯恩市。除了制造汽车，该公司还设有金融服务部门，即福特信贷（Ford Credit）。福特信贷主要经营购车金融、车辆租赁和汽车保险方面的业务。

➢ 企业网址 http://www.ford.com.cn/

（4）西门子股份公司。西门子股份公司成立于 1847 年，是全球电子电气工程领域的领先企业，专注于工业、基础设施、交通和医疗领域。该公司竭诚与我国携手合作，共同致力于实现可持续发展。

➤ 企业网址 http：//www. siemens. com/global/en. html

（5）罗伯特·博世有限公司。罗伯特·博世有限公司简称博世，是德国最大的工业企业之一。1886 年，年仅 25 岁的罗伯特·博世在斯图加特创办博世时，就将其定位为"精密机械及电气工程的工厂"。博世的员工人数超过 23 万，遍布 50 多个国家。博世以其创新尖端的产品及系统解决方案闻名于世。

➤ 企业网址 http：//www. bosch. com. cn/

2）国内知名企业

（1）中国石油化工集团有限公司。中国石油化工集团有限公司是 1998 年 7 月国家在原中国石油化工总公司基础上重组成立的特大型石油石化企业集团，是国家独资设立的国有公司、国家授权投资的机构和国家控股公司。

➤ 企业网址 http：//www. sinopecgroup. com/group/

（2）上海汽车集团股份有限公司。上海汽车集团股份有限公司是国内 A 股市场最大的汽车上市公司。2023 年 8 月，该公司以 2022 年度 1 106 亿美元的合并营业收入，名列《财富》"世界 500 强"排行榜第 84 位，在此次上榜的中国汽车企业中继续领跑。这是该公司自 2014 年首次入围前一百强以来，连续第 10 年稳居百强名单。

➤ 企业网址 https：//www. saicmotor. com/

（3）国药控股股份有限公司。国药控股股份有限公司成立于 2003 年 1 月，2009 年 9 月 23 日在香港上市。作为我国最大的药品及医疗保健产品分销商和领先的供应链服务商，该公司拥有并经营我国最大的药品分销网络。

➤ 企业网址：http：//www. sinopharmholding. com/

（4）中国第一汽车集团有限公司。中国第一汽车集团有限公司简称中国一汽，是国有特大型汽车企业集团。中国一汽的建成开创了中国汽车工业的历史。该公司经过 70 年的发展，累计产销汽车超过 5 400 万辆，销量规模位列中国汽车行业第一阵营。

➤ 企业网址 http：//www. faw. com. cn/

（5）中国铝业集团有限公司。中国铝业股份有限公司是国务院国有资产监督管理委员会直接监督管理的中央企业。该公司是全球第二大氧化铝供应商、第三大电解铝供应商，是我国较大的铜冶炼加工企业之一，连续两年入围《财富》"世界 500 强"排行榜。由该公司控股的中国铝业股份有限公司分别在纽约、香港、上海三地上市，企业信用等级连续多年被标准普尔评为 BBB＋级。

➢ 企业网址 https：//www.chinalco.com.cn/

（二）信息传输、软件和信息技术服务业

1. 行业界定

信息传输、软件和信息技术服务业简称信息服务业，按照工业和信息化部的定义，信息传输、软件和信息技术服务业分为三个组成部分：第一部分是信息传输服务业；第二部分是软件和信息技术服务业；第三部分是信息内容服务业，即数字内容服务业。其中，软件和信息技术服务业是指利用计算机、通信网络等技术对信息进行生产、收集、处理、加工、存储、运输、检索和利用，并提供信息服务业务活动的产业。软件和信息技术服务业的产业板块主要包括软件产品、信息系统集成服务、信息技术咨询服务、数据处理和储存服务、嵌入式软件产品、集成电路设计等。

2. 发展状况

我国大力倡导和践行技术创新，使得信息传输、软件和信息技术服务业产业规模逐渐扩大、产业结构持续优化、自主创新能力逐步提升。信息技术在工业领域继续深度渗透和融合，智慧城市、智能交通、金融电子、医疗电子等引领性强的产品及信息系统迅速发展，为进一步加快推进国民经济与社会信息化建设、保障信息安全提供了坚实的技术支撑。

3. 外部环境

信息服务业为国家重点扶持和发展的产业，是支撑国家经济增长的主导因素之一，随着大数据、移动互联、人工智能等信息技术的应用推广，新一代信息技术步入加速成长期。

4. 行业典型单位

1）世界知名企业

（1）苹果公司。苹果公司是美国的一家高科技公司，由史蒂夫·乔布斯、斯蒂夫·盖瑞·沃兹尼亚克和罗·韦恩三人于 1976 年 4 月 1 日创立，它在高科技企业中因创新而闻名。

➢ 企业网址 http://www.apple.com/

（2）微软。微软是一家总部位于美国的跨国科技公司，由比尔·盖茨和保罗·艾伦创办于 1975 年，以研发、制造、授权和提供广泛的计算机软件服务业务为主。最为著名和畅销的产品为 Microsoft Windows 操作系统和 Microsoft Office 系列软件，该公司目前是全球最大的计算机软件提供商。

➤ 企业网址 https：//www.microsoftstore.com.cn/

（3）谷歌。谷歌是一家美国的跨国科技企业，致力于互联网搜索、云计算、广告技术等领域，开发并提供大量基于互联网的产品与服务，Google 是第一个被公认为全球最大的搜索引擎，在全球范围内拥有无数的用户。

➤ 企业网址 http：//google.com/

2）国内知名企业

（1）阿里巴巴集团。阿里巴巴集团于 1999 年在中国杭州创立。该公司经营多项业务，也从关联公司的业务和服务中取得经营商业生态系统上的支援。业务和关联公司的业务包括淘宝网、天猫、聚划算、全球速卖通等。

➤ 企业网址 http：//www.alibaba.com/

（2）中国移动通信集团有限公司。中国移动通信集团有限公司是一家基于 GSM、TD-SCDMA 和 TD-LTE 制式网络的移动通信运营商。该公司是根据国家关于电信体制改革的部署和要求，在原中国电信移动通信资产总体剥离的基础上组建的国有骨干企业。

➤ 企业网址 http：//www.10086.cn/

（3）中国电信集团有限公司。中国电信集团有限公司是我国特大型国有通信企业、上海世博会全球合作伙伴，连续多年入围《财富》"世界 500强"排行榜，主要经营固定电话、移动通信、卫星通信、互联网接入及应用等综合信息服务。

➤ 企业网址 www.chinatelecom.com.cn/

（4）中国联合网络通信股份有限公司。中国联合网络通信股份有限公司是经国务院批准的控股公司，经营范围为电信业的投资。根据工业和信息化部、国家发展和改革委员会和财政部发布的《关于深化电信体制改革的通告》，该公司于 2008 年顺利完成了，码分多址（Code Division Multiple Access，CDMA）业务的出售及与中国网通的合并交易。

➤ 企业网址 http：//www.chinaunicom-a.com/

（5）华为技术有限公司。华为技术有限公司于 1987 年在中国深圳正式注册成立。该公司是一家生产销售通信设备的民营通信科技公司，总部位于广东省深圳市龙岗区坂田华为基地。该公司的产品主要涉及通信网络中的交换网络、传输网络、无线及有线固定接入网络、数据通信网络及无线终端产品。该公司为世界各地通信运营商及专业网络拥有者提供硬件设备、软件、服务和解决方案。该公司于 1987 年在中国深圳正式注册成立，其产品和解决方案已经应用于全球 170 多个国家，服务全球运营商 50 强中的 45 家及全球 1/3 的人口。

➢ 企业网址 http：//www.huawei.com/

（三）电力生产和供应业

1. 行业界定

电力生产和供应业是生产与输送电能的工业，可以分为发电、输电、配电和供电四个基本环节。电力生产按照发电能源类型可分为火力发电、水力发电、核力发电、风力发电、太阳能发电及其他电力生产。

2. 发展状况

电力生产和供应业作为我国国民经济的基础性支柱行业，与国民经济发展息息相关，在我国经济持续稳定发展的前提下，工业化进程的推进必然产生日益增长的电力需求，我国中长期电力需求形势依然乐观，该行业将持续保持较高的景气程度水平。改革开放 40 多年来，电力建设飞速发展，目前我国基本进入了大电网、大机组、高压输电、高速自动化的控制时代。

3. 外部环境

2002 年我国电力体制改革开始，2003 年国家电力监管委员会成立，电力生产和供应业的改革步入了正常的发展轨道，极大地促进了该行业长期稳健的发展。预计 15～20 年内电力生产和供应业将在国家政策引导及证券市场直接融资配合下保持一个超常规的发展速度，电力生产和供应业将具有更广阔的发展空间。

4. 发展趋势

随着人们的环保意识加强，电力生产和供应业未来的发展趋势是低碳环保。在此背景下，热电联产项目、低热值煤发电项目、分布式发电项目等将会得到重点发展。此外，核电、风电、太阳能、生物质能、地热能等新能源将是电力生产和供应业发展的热点。

5. 行业典型单位

1）世界知名企业

（1）通用电气公司。通用电气公司创立于 1892 年，是世界上最大的提供技术和服务业务的跨国公司，并在公司多元化发展当中逐步成长为出色的跨国公司。

➤ 企业网址 http：//www.ge.com/

（2）日立。日立是日本的一家全球最大的综合跨国集团，于 20 世纪 60 年代来到中国，成为早期进入中国市场的少量外资企业之一。该公司的主要产品是空调、冰箱等电器。

➤ 企业网址 http：//www.hitachi.com/

2）国内知名企业

（1）上海电气集团股份有限公司。上海电气集团股份有限公司是中国工业制造业的领军品牌，历史至少可以追溯到 1902 年，创造了中国与世界的众多第一。该公司荣获中国工业领域最高奖项——中国工业大奖，入围《财富》"中国 500 强"排行榜、入围《工程新闻记录（ENR）》2021 年度"全球最大 250 家国际承包商"排行榜。

➤ 企业网址 www.shanghai-electric.com/

（2）中国东方电气集团有限公司。中国东方电气集团有限公司是中央确定的涉及国家安全和国民经济命脉的 53 户国有重点骨干企业之一，属国务院国有资产监督管理委员会监管企业，是我国最大的发电设备制造基地之一。

➤ 企业网址 http：//www.dongfang.com/

（3）中国西电集团有限公司。中国西电集团有限公司成立于 1959 年 7 月，是以我国"一五"计划期间 156 项重点建设工程中的 5 个项目为基础发展形成的以科研院所和骨干企业群为核心，融科研、开发、制造、贸易、金融为一体的大型企业集团。

➤ 企业网址 http：//www.xd.com.cn/

（四）建筑业

1. 行业界定

建筑业是专门从事土木工程、房屋建设、设备安装及工程勘察设计工作的行业，其产品是各种工厂、矿井、铁路、桥梁、港口、道路、管线、住宅，以及公共设施的建筑物、构筑物和设施。建筑业可分为房屋建筑业，土木工程建筑业，建筑安装业，建筑装饰、装修业和其他建筑业。

2. 发展状况

自改革开放以来，建筑业高速发展，在推动我国工业化和城市化进程中扮演了重要角色，具有重要地位。据统计，我国近几年每年建成房屋建筑高达 20 多亿平方米，规模巨大，建筑产业的投资、消费及带动作用约占国家国内生产总值（Gross Domestic Product，GDP）的 20%，为国民经济的重要支柱产业。

3. 发展趋势

未来 50 年，中国城市化率将提高到 76% 以上，城市对整个国民经济的贡献率将达到 95% 以上。都市圈、城市群、城市带和中心城市的发展预示了中国城市化进程的高速起飞，也预示了更广阔的建筑业市场即将到来。

4. 行业典型单位

（1）中国建筑股份有限公司：世界最大的工程承包商，代表着我国房建领域的最高水平；我国最具实力的投资商之一，主要投资方向为房地产开发、融投资建造、城镇综合建设等领域；国内最大的建筑设计综合企业集团，业务覆盖建筑设计、城市规划、工程勘察、市政公用工程设计等领域。

➢ 企业网站 http：//www.cscec.com/

（2）中国中铁股份有限公司。中国中铁股份有限公司是集基建建设、勘察设计与咨询服务、工程设备和零部件制造、房地产开发、铁路和公路投资及运营、矿产资源开发、物资贸易等业务于一身的多功能、特大型企业集团，是我国和亚洲最大的多功能综合型建设集团。

➢ 企业网站 http：//www.crec.cn/

（3）中国铁建股份有限公司。中国铁建股份有限公司由中国铁道建筑总公司独家发起设立，于 2007 年 11 月 5 日在北京成立，为国务院国有资产监督管理委员会管理的特大型建筑企业。入围《财富》"世界 500 强"排行榜、"中国企业 500 强"排行榜、《中国品牌价值研究院》"中国品牌 500强"排行榜。

➢ 企业网站 http：//www.crcc.cn/

第三节　确立并实现职业目标

一、确立职业目标

随着自我了解的深入，你明确了自己的职业兴趣、职业能力、职业价值观、职业性格等，你了解了自己的职业发展主题，你甚至做了一系列的职业测评，掌握了多个测评结果，你还了解了当前的工作世界，对行业、职业、工作单位认知更加清晰。现在你手中有多个清单，那么你知道如何将其整合并最终找到自己的职业目标吗？

我们通常把职业探索统称为储备"原材料"的过程，接下来要做的就是依据职业发展主题对"原材料"进行整合梳理，最终形成清晰的职业目标。需要注意的是，在整合过程中，"原材料"彼此之间可能会不匹配，甚至有些会自相矛盾，只要紧紧围绕职业发展主题，一切困境都会迎刃而解。整合过程不必设立明确起点和终点，"原材料"中任何一个你感兴趣的元素都可以作为切入点，从而开启整合探索；当然终点也不是一成不变的，随着"原材料"元素不断积累、发展，之前确定的职业目标也需要随之进行重新调整。

梳理"原材料"的步骤如下。

第一，请梳理下你在大学的专业学习和课外活动中有的亲身体验与主观感受，你看到了哪些职业可能性？例如，你特别喜欢哪门课程？学哪些东西比他人更快更好？这些都是你的职业兴趣及潜力优势。你通过所学所感获得的可迁移能力，可以使你在更广泛的行业领域找到更多的职业可能。

第二，请梳理下与你自己的兴趣、能力、性格相适应的职业类型，并根据自身实际需求扩展职业选择范围。例如，你喜欢和别人打交道、乐于助人，那么你可能比较适合成为教师、咨询师、人力资源管理人员等，但是你了解到教师职业竞争比较激烈，对学历要求较高，而当今社会对职业发展、心理咨询等的需求非常高，有极大的发展潜力，你就不会局限于做教师这一条路。

第三，请梳理下你自己内心真正需要什么、喜欢什么，并有意识地改变和塑造自己。若自我探索不清，则很容易产生从众或盲从心理，结果得不偿失。只有了解自己行为风格的利弊，才能更好地塑造自己，扬长避短，平衡自我。

请注意，以上三个步骤没有先后顺序，任何一点都有可能是激发你思考职业目标的起点。

围绕职业发展主题这一核心，将梳理的"原材料"串起来做成"生涯风火轮"。具体步骤如下。

首先，把本章第一节总结出来的职业发展主题放在"生涯风火轮"的中心；

然后，围绕"生涯风火轮"的中心，在四周画上若干圆圈。圆圈的内容包括最有利于我职业发展主题的职业是什么？最有利于我职业发展主题的行业是什么？最有利于我职业发展主题的专业是什么？最有利于我职业发展主题的校园资源是什么？最有利于我职业发展主题的兴趣、能力、行为风格是什么？最有利于我职业发展主题的课外活动是什么？……

"生涯风火轮"如图3-1所示。

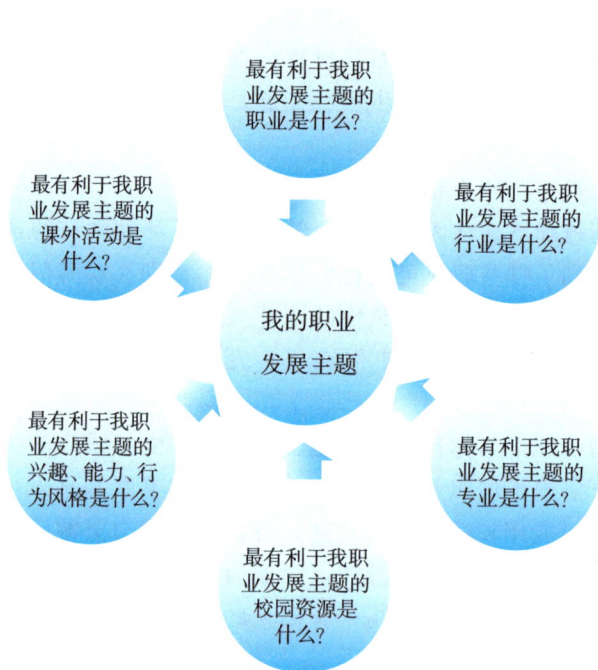

图3-1 "生涯风火轮"

圆圈的数量可多可少，由你自己决定，目的是帮助自己寻找所有有利于职业发展主题的路径和渠道。

二、实现职业目标

随着你的职业目标更加明确，你可能发现你的职业目标不是某个具体的职业，而是某类职业、行业或者领域。这当然是没问题的，因为围绕职业发展主题，可以确定多个可供选择的职业，至于最终你毕业后从事哪个职业取决于你当时的就业机会和机遇。对于现阶段的你，不用明确到某一个职业，而只要明确某一类或某一范围即可，因为只要明确了范围，你的行动方案就会有针对性和有效性。

确定职业目标后，你需要做的就是努力提升自己，使自己更有职业竞争力，同时要善于利用自己的资源及高效管理自己的行动，并且积极应对环境的变化。

（一）善用支持资源

首先请你先回答几个问题：你周边有哪些资源是可以支持你的职业发展的？你身边的支持资源对你的职业发展的作用大吗？你善于利用自己的支持资源吗？

成就一件事需要天时、地利、人和，在职业发展过程中，善于使用支持资源的，在遇到职业发展困境时更容易坚定信念，也更容易成功。

1. 明确支持资源的内容

支持资源包括但不限于以下内容。

（1）人脉：父母、长辈等亲人资源；辅导员、授课教师等老师资源；校友、学长、同学等学校资源；朋友、同事、前辈等校外资源。

（2）机构：学院各职能办公室、学校就业中心、图书馆、社团组织、学生会等校内机构；实习单位、政府人社部门、社会就业创业组织等校外机构。

（3）平台：学校授课、讲座、培训等各类课程资源；就业信息网、生涯测评系统、网络课程等信息及教育资源平台；校园公众号、班级 QQ 群、微信群等信息交流平台；招聘门户网站、App、知识教育平台、教育部 24365 等各类信息平台。

2. 了解支持资源的作用

支持资源可以发挥的作用如下。

（1）信息支持：为你提供各类信息，帮助你了解自我及各类职业。你身边的人脉资源可以为你提供他们所熟悉的信息，各类机构组织的活动可以扩展你获取信息的渠道，各类课程、网络平台可以直接提供大量信息给你。

（2）物质支持：你的父母直接为你提供学习费用、生活费用；你可以通过学校资助系统获得物质支持；你还可以通过各类机构、网络平台提供的兼职实习为自己赚取物质支持。

（3）建议支持：在你需要职业生涯建议的时候，你的父母、老师、亲朋好友都可以是建议支持的来源，学校还有专业的生涯咨询师、心理咨询师给你提供专业帮助；你还可以通过各种机构、网络平台获得别人处理类似问题的经验。

（4）情感支持：当你遇到挫折时，父母、亲友、老师、同学都可能给你鼓励、安慰和支持；你同样可以通过各种机构、网络平台获得别人处理挫折的成功经验。

3. 评估自己在利用支持资源方面的优势和不足

（1）对照提到的支持资源，你需要反思几个问题：哪些资源是你已经或正在使用的？效果如何？你是如何获取这些资源的？哪些资源是你没有使用过的？为什么没有？哪些资源是你没有能力获取的？

若发现自己能够高效使用的支持资源种类很少，如只包括父母或者身边最熟悉的个别老师，则说明你的支持资源广度需要扩展；若发现自己使用过的资源都是被动获取的，很少有自己主动争取来的，则说明你的主动性有待提升；若发现很多资源你都曾浅尝辄止，但未能高效利用，则说明你使用支持资源的效率有待提高……无论发现哪一种情况，你都需要加把劲，主动建立更广泛、更高效的生涯支持系统。

（2）主动建立和加强自己的支持资源。要结合自己的实际情况，梳理现阶段你身边的支持资源，明确哪些是需要加强的，以及充分利用这些支持资源会获得哪些帮助，并且要列出实施计划、可能遇到的问题及克服困难的方法。

在使用支持系统时，自己有很大的选择权和主动权。从现在开始，树立积极主动的心态，积极捕捉身边的支持资源，从自己和他人身上总结高效使用支持资源的经验，开拓新的支持资源领域，积极采取行动接触身边的人脉、机构及资源平台，建立属于自己的生涯支持系统。

（二）管理行动过程

在实现职业目标的过程中，要学会制订合理的行动计划，并利用自己的资源进行高效的自我激励与自我管理。

1. 学会制订合理的行动计划

很多同学都备受"立长志"和"常立志"的困扰，每个学期都制定一系列的目标，然而因为目标不切实际及不具有可行性，实行过程中往往半途而废。因此制订的行动计划一定要清晰、具体、可实现。

（1）设定合理的目标。有机构曾做过一个实验，将 30 个人分为三组，任务是徒步 10 公里到达另一个村庄。第一组人事先不知道距离村庄有多远，只是由导游带领前行；第二组人知道村名和路段，提前估算了时间和距离；第三组人不仅知道村名和路段，每公里还树立了里程碑。结果：第一组人刚走两公里就累了，走了不到一半，大部分人放弃了；第二组人很多坚持走完了一半，但走到五分之四的时候，很多人放弃了；第三组人不但走得轻松，而且很快到达目的地。三组同样都做了计划，但是为什么表现和结果却不相同呢？原因在于，第一组目标不明确，第二组目标没有量化，第三组做了目标管理。

德鲁克提出了目标管理的 SMART 原则，即目标必须是具体的（Specific）、可衡量的（Measurable）、可以达到的（Attainable）、与其他目标有相关性的（Relevant）、具有明确的截止期限的（Time - Based）。

（2）拆解长期目标。长期目标太笼统，操作性不强，因此制定长期目标后，需要将其分解为可以在短时间内实现的小目标。例如，你的职业目标是 45 岁成为一家公司的首席执行官（Chief Executive Officer，CEO），那么在 3～5 年内，你就可以制订这样的计划：第一阶段，22 岁成为项目经理；第二阶段，28 岁成为初级主管；第三阶段，35 岁出任部门主管或副处长，45 岁出任 CEO。

（3）确定关键结果。在计划实施过程中，我们可能会处理很多事情，但是必须明确真正的需求是什么，如学习什么知识、累积什么能力、解决什么问题。

（4）制订任务计划。当我们要完成一项非常重要的任务时，我们可先把任务分成一个小任务列表，通过完成每项任务来实现计划，每完成一项任务都给自己一些奖励。

注意，行动计划要根据自身能力范围设定，要留有余地，而且要有时间间歇。同时你要认识到，一个人并不总能保证自己精力充沛，要允许自己有一定程度的平稳发展期甚至是停滞期。

2. 了解自己的资源与限制

在制订和执行计划的过程中，都需要了解自己拥有哪些支持资源，存在哪些限制。低估资源、高估限制会让你畏首畏尾、裹足不前；高估资源、低估限制会导致计划受阻、挫伤自信。

SWOT 是 Strengths（优势）、Weakness（劣势）、Opportunity（机遇）、Threats（威胁）四个英文单词的首字母。SWOT 分析法又称为优劣势分析法，最初使用于企业的战略评估。在职业生涯规划中，我们将它迁移过来，用于评估个人规划所面临的优势、劣势、机遇与威胁，可以帮助我们评估不同选择的相对优先性，也有利于我们整合自己的内外部资源以应对环境的挑战与威胁。

SWOT 分析法的具体步骤如下。

（1）选定分析问题，可以是某个职业选择，也可以是你希望实现的其他方面的某个目标。

（2）针对你的目标，分析你的性格、能力、兴趣等内在因素方面存在哪些有利于目标达成的优势，以及存在哪些不利于目标达成的劣势。

（3）围绕目标，分析环境中存在哪些有利于你实现目标的机遇，以及存在哪些不利于你实现目标的威胁或挑战。

图 3-2　SWOT 分析矩阵

（4）构造 SWOT 分析矩阵（见图3-2），在此过程中，每个方格内的多种因素按照重要性排序，将重要的、影响大的、紧迫的因素排在前面，将间接的、次要的、不紧迫的排在后面。

（5）根据 SWOT 分析矩阵制订行动计划，原则是发挥优势因素、克服劣势因素、利用机遇因素、化解威胁因素。

3. 进行自我激励与自我管理

自我激励与自我管理的能力对生涯计划的执行非常重要。下面介绍几个自我激励与自我管理的方法。

（1）勾画愿景：可以想象若计划得到实现，则会给你的学业、职业、人际或生活带来何种积极的影响？愿景越具体就越能够鼓舞你开始行动并坚持下去。

（2）有效强化：当你取得阶段性的进步时，需要给自己一定的奖励和认可，当然具体强化形式因人而异。

（3）应对挫折：遇到挫折时，可以通过寻求别人的安慰鼓励、自我安慰、反思自己、总结从挫折中收获到的经验等来积极应对。

（4）减少干扰：使用二八原则，时刻把 80％的时间用在 20％最为重要的事情上，分清孰轻孰重，不要苛求完美主义。

（5）规避懒惰：放松休息前划定时间界限；让自己从相对容易完成的任务开始切入；不选择太容易沉溺的娱乐方式；为自己设置提醒，或请他人监督。

（三）积极应对变化

职业目标确立后，并不是一成不变的，随着自身的提升及环境的改变，你需要及时做出调整，重新设定目标。

1. 保持开放好奇的心态，善于观察

随着职业世界变化的加速，敏锐地觉察出变化的发生并相应地做出调整将是一种极为重要的生涯适应能力。需要对自己和外部环境都保持开放好奇，即使你已经制定了目标，并且已经朝着目标行动起来，也不妨碍你随时接纳自我的变化和环境的变化，积极听取他人的建议、体验环境中新的因素、主动接近新的机遇、随时反思你遇到的新鲜事物，都能让你不断开放起来。

2. 培养可迁移性强的能力和素养

时刻坚持提升自己的能力和素养，尤其是一些可迁移性强的能力，如学习能力、合作能力、表达能力、自我管理能力等。能力的提升和职业目标的调整往往是相辅相成的，你可能会因为个人能力的提升得到新的机遇，从而引发职业目标的更新。

第四章 ▶▶▶ 就业信息与求职陷阱

◢ 学 习 目 标

1. 了解就业信息的内容及来源。
2. 熟悉就业信息收集的原则和方法。
3. 了解常见的就业求职陷阱。

◢ 就 业 思 考

1. 就业信息的来源有哪些?
2. 如何筛选和整理就业信息?
3. 如何防范就业求职陷阱?

第一节　就业信息的分类、内容及来源

就业信息对于求职的高校毕业生来说至关重要,它贯穿择业决策的全过程。高校毕业生掌握充分的就业信息,可为就业及顺利跨入职场奠定良好基础。

一、就业信息的分类

就业信息是指通过各种媒介传递的有关就业方面的消息和情况,主要是指用人单位的需求信息,包括招聘活动中各行业、企事业单位发布的具体的需求信息、岗位薪资状况、工作内容和职业发展前景等。就业信息有

广义和狭义之分。广义的就业信息即宏观就业信息，狭义的就业信息即微观就业信息。

（一）宏观就业信息

宏观就业信息包括国家的政治经济情况，国家或地区社会经济的方针政策规定，国家针对毕业生制定的就业政策与劳动人事制度改革的信息，社会各部门、企业需求情况，以及与未来产业、职业发展趋势相关的信息。宏观就业信息还包括本地区与自己同时毕业的学生人数，用人单位的需求人数；是供大于求，还是求大于供，还是两者之间基本上处于平衡状态；哪些专业比较紧俏，哪些专业就业形势较好；等等。这些都是宏观就业信息所包含的内容，掌握这些信息，有利于总体把握就业方向。

（二）微观就业信息

微观就业信息是指某些具体的就业信息，如用人单位的需求情况、发展前景、需求专业、任职条件、工资待遇等。在选择用人单位时，往往会出现这样一些错误：由于对用人单位情况不了解，在择业时常带有随意性和盲目性，如只挑选好城市而不关心用人单位的性质、业务范围，只图用人单位名字好就盲目决定，等等。如何避免一些假象，做到对用人单位有比较客观的评价，关键在于掌握用人单位的信息。这些信息是高校毕业生求职时必须收集的具体材料。

二、就业信息的内容

（一）就业政策与法规

就业政策与法规是指由国家或地方政府制定的关于就业的政策、法规和一些具体的指导性意见、办法等。了解就业政策与法规可从以下几个方面着手。

（1）了解国家就业方针、原则和政策。不仅要了解往年的就业政策，还要了解当下的就业形势和政策。

（2）了解相关的就业法律法规。了解权利保障法律政策，如《中华人民共和国劳动法》《中华人民共和国就业促进法》等。这样不但可以知道有哪些合法权益，而且可以捍卫自己的正当权利，减少不必要的损失。作为高校毕业生，必须了解就业法律法规，一方面严格遵守就业法律法规，另一方面要学会用法律法规保护自己。

（3）了解地方的用人政策。除国家顶层导向外，各地还会根据当地人才需求，制定相关政策，如外地生源落户政策和程序，参加选调生考试的条件，参加西部志愿者的相关政策，等等。把握和了解此方面的信息，就能在有关政策的强大支撑下开展就业行动。

（4）了解学校的有关规定。为了保证高校毕业生就业的顺利进行，学校一般会根据国家的政策要求制定若干补充规定，这也是高校毕业生需要了解和遵守的，如就业协议书使用和签订的规定等。

（二）就业市场供需情况

随着市场经济体制的不断完善，就业市场在资源配置中发挥的作用也越来越大。高校毕业生作为人力资源的重要组成部分，与资金、技术等生产要素一样，主要依靠市场自身来优化、选择和配置。高校毕业生在就业前需要对就业市场有一个基本的认识，了解就业需求量和供应量，了解不同行业的需求量，了解不同专业的毕业去向落实率，了解当下基本的就业情况和就业形势等。

（三）产业和行业发展状况

产业是国民经济中基于共同标准划分的部分的总和，又是具有相同性质企业或组织群体的集合。目前在国际上普遍流行的是三次产业划分思路，即按照人类生产发展的历史顺序将产业划分为第一产业、第二产业和第三产业。行业是指生产同类产品、具有相同工艺过程、提供同类服务的企业或组织群体的集合，如机械行业、饮食行业、服装行业等。产业和行业的发展与就业情况息息相关，因此，产业和行业的发展状况也是高校毕业生所要了解的就业信息。

（四）用人单位信息

在了解相关的就业政策和就业形势之后，高校毕业生还需要对用人单位有一个完整的认识。例如，用人单位是国有企业还是民营企业？是行政机关还是事业单位？对于国有企业了解隶属关系，对于民营企业了解人事代理关系；了解用人单位的生产经营状况、企业文化、地理位置等；了解用人单位的岗位需求、职业、福利待遇等；了解用人单位的联系方式、对人才的重视程度、用人理念等。

（五）就业成功者的经验

往届毕业生的求职经验、教训、体会和建议等也是大学生求职就业信息中的一个部分。吸取就业成功者的经验能为大学生的成功择业助一臂之力。

三、就业信息的来源

就业信息的来源主要指求职者可能获得有效就业信息的渠道。按照高校毕业生获取就业信息的途径可将其分为四个渠道，即政府渠道、市场渠道、学校渠道和其他渠道。

（一）政府渠道

政府渠道包含国家政府就业网站、地方政府就业网站、地方政府举办的招聘会等。政府在就业信息方面做的工作主要有以下几个方面：制定就业政策、就业法律法规；公布各级政府公务员和事业单位的招考信息；举办公益性人才交流会等。

与其他渠道相比，政府渠道提供的信息真实可靠。关于国家的就业政策信息，可以从中华人民共和国人力资源和社会保障部官网等获取。

（二）市场渠道

市场渠道包括各类职业中介机构、社会和用人单位的人才网站、报纸杂志、广播电视网络等。

网络媒体具有信息量大、快捷方便、覆盖面广的特点，在信息提供方面日益扮演着重要的角色，成为大学生获取就业信息的重要渠道。国内各大招聘网站、各大公司的网站都是获取招聘信息的渠道。以下推荐一些可供浏览的网站。

➢ 国家大学生就业服务平台——24356 校园招聘服务，网址 https：//job. ncss. cn

  ➢ BOSS 直聘，网址 https：//www. zhipin. com

  ➢ 中华英才网（ChinaHR. com），网址 http：//www. chinahr. com

  ➢ 前程无忧（51Job），网址 http：//www. 51job. com

  ➢ 智联招聘（zhaopin），网址 http：//www. zhaopin. com

  ➢ 卓博网，网址 http：//www. jobcn. com

  ➢ 528 招聘网，网址 http：//www. 528. com. cn

  ➢ 应届生求职网（yingjiesheng. com），网址 http：//www. yingjiesheng. com

（三）学校渠道

学校渠道包括高校的官网和就业网站、高校举办的大型现场招聘会和专场招聘会等。一般高校和政府部门、社会各界、用人单位具有合作关系，能及时了解并宣传国家的就业政策法规，公布需求信息。

每年 7 月至次年的 5 月间，学校毕业生就业主管部门会有针对性地向各个用人单位发布应届毕业生资讯，以电话、网络等各种信息交流方式征集大量的需求信息，并在此阶段专门组织各种形式的毕业生就业招聘会等活动。学校会将搜集到的需求信息加以整理，及时向毕业生发布，使毕业生获得许多需求信息。学校毕业生就业主管部门搜集的就业信息数量大，针对性、准确性、可靠性都较强。

此外，现在很多高校开设了就业指导和大学生职业生涯规划等课程，这些课程为大学生就业提供了信息。相对于其他就业信息收集渠道来说，学校渠道往往更具有针对性和指导性。

（四）其他渠道

除了政府渠道、市场渠道和学校渠道，求职者还可以通过其他渠道了解就业信息。例如，通过家人、朋友、老师、校友了解就业信息，通过实习、社会实践了解就业信息，通过信件、电话访问及上门自荐了解就业信息等。

每个人都生活在社会关系当中，大学生的亲友、老师及校友组成了一个庞大的关系网络，他们提供的信息一般比较准确、可靠，也是高校毕业生获取就业信息的重要渠道之一。亲友、老师及校友所组成的信息网络不同于政府渠道、学校渠道和社会渠道，他们比较了解学生个体的情况，所提供的信息有针对性。例如，进入毕业环节后，往往有很多单位直接打电话给毕业班辅导员，希望其推荐优秀毕业生。辅导员向用人单位推荐毕业生时，会充分考虑毕业生和用人单位的情况，因而成功率较高。因此，高校毕业生在找工作时一定要利用好关系网络，充分寻求身边的人脉资源。

大学生在校期间一般要到企事业单位实习实训。实习实训不仅是大学生巩固理论知识的教学活动，还是大学生和用人单位加强联系、相互了解的好途径。一些大学生在实习中给用人单位留下好的印象，毕业后就容易被聘用。此外，通过信件、电话访问及上门自荐的方式也可获取就业信息，但网络时代采取这些方式获取就业信息的成功率相对较小，获得的信息量也相对较少。

第二节　就业信息收集

就业信息的收集是毕业生就业准备的第一步，直接关系到择业能否实现。就业信息的收集一方面可以增加就业信息的广度，拓宽大学生的择业视野；另一方面可以增加就业信息的深度，提高大学生的择业成功率。本节对就业信息收集过程中应遵循的原则、收集的方法及应克服的心理误区做简单介绍。

一、就业信息收集的原则

高质量的就业信息通常分布于广泛的就业信息中，具有一定的隐蔽性。因此，高校毕业生首先必须对所获的就业信息根据一定原则进行加工整理，去粗取精，去伪存真，只有通过筛选和过滤的就业信息才能作为自己择业的依据。概括而言，就业信息的收集基本遵循以下几个原则。

（一）针对性

在网络时代，信息呈爆炸式增长，面对海量的就业信息，毕业生往往难以取舍。毕业生一定要根据自己的职业发展目标和方向，结合自己的专业、特长、兴趣、能力、性格、价值观等综合考虑，针对自身的就业目标建立个性化信息库，有目的、有针对性地收集各类就业信息。如果不分轻重缓急、不分主次、盲目地追求就业信息的数量，就会事倍功半，浪费大量的时间和精力。因此，毕业生在收集就业信息前一定要审时度势，从自己的实际情况出发，有选择、有重点地进行就业信息的收集。

（二）真实性

真实性是就业信息收集的前提条件，即要求收集的就业信息反映的情况必须真实可信。虚假的、不可靠的就业信息对毕业生就业不仅没有丝毫的帮助，有时还会干扰毕业生择业活动的正常开展。毕业生在收集就业信息时，一定要坚持真实的原则，要对就业信息的来源、可信度加以分析，尽可能地保证收集到的就业信息的"实"和"准"。所谓"实"，即收集的就业信息要具体，对用人单位的地点、环境、人员构成、生活待遇、发展前景、联系方式等方面的信息掌握得越具体越好。所谓"准"，即收集的就业信息要准确无误，对用人单位需要什么层次、什么专业的人才，对所需人才的生源、外语和计算机水平等方面有哪些要求等都要确定。

（三）全面性

就业信息不仅包括用人单位的具体招聘信息，还包括就业形势等方面的宏观信息。这些信息与毕业生确定就业目标有着非常密切的关系，在收集就业信息时，无论忽视了哪一方面，都有可能带来损失。因此，收集就业信息必须要坚持全面性的原则。所谓全面性，一是收集就业信息的范围要广，视野要宽，要广泛收集不同方面、不同层次的用人信息，不能"抓大放小"，要把范围扩大到中小城市，甚至乡镇，特别是要扩大到基层单位；二是收集就业信息的内容要全面，不但要注意用人单位信息的收集，而且要注意对毕业生的总体供需形势、自己所学专业的社会需求与发展趋势等方面信息的收集。

（四）时效性

就业信息有极强的时效性，即每条信息都有时间限定，在规定时限内是有效的，过了一定时间它就失去了意义和作用。因此，毕业生在收集就业信息时一定要坚持及时性的原则。所谓及时性，即收集就业信息一定要善于抓住时机，应当争取在最短时间内收集新产生的就业信息。在竞争激烈、变幻莫测的人才市场上反应迟钝、行动缓慢，会导致就业信息滞留时间过长，这样收集到的信息要么价值大打折扣，要么已完全过时，根本达不到应有的目的。这就要求毕业生对就业信息的收集要保持一种积极主动的态度，尽量做到勤动脑、多跑腿，不轻易放弃任何机会。

二、就业信息收集的方法

方法是达到目的的手段，方法正确就可以在就业信息收集的过程中少走弯路。在就业信息收集的方法选择上，要注意与就业信息相一致，有的就业信息只有通过谨慎的调查才可纳入，有的就业信息需要通过查阅资料、文献获得。毕业生收集就业信息的方法有很多，重点在于掌握主动性。一般常用的就业信息收集方法有以下几种。

（一）全方位收集法

全方位收集法指先把与你专业有关联的就业信息统统收集起来，再按一定的标准进行整理和筛选，以备使用。采用这种方法获取的就业信息内容广泛，选择的余地大，但较浪费时间和精力。

（二）定方向收集法

定方向收集法指根据自己选定的职业方向和求职的行业范围收集相关的就业信息。这种方法以个人的专业方向、能力倾向和兴趣特长为依据，便于找到更适合自己、更能发挥作用的职业和单位。

（三）定区域收集法

定区域收集法指根据个人对某个或某几个地区的偏好收集就业信息，较少关注和选择职业方向和行业范围。这是一种重地区、轻专业方向的就业信息收集法。使用这种方法收集就业信息和选择职业，可能因所面向地区的狭小和"地区过热"（有较多择业者涌向该地区）而造成择业困难。

（四）调查访问法

收集就业信息最有效的方法就是亲自去调查、去访问，这就是调查访问法。调查访问有一定的技巧。假如求职者想当一名教师，他就必须先了解这个职业的情况。求职者可以拜访一名优秀的教师，但在拜访前应当做好充分的准备工作，想好要了解的内容，可以涉及以下问题。

（1）如果一切从头开始，那么您是否愿意再做教师？

（2）在您仔细观察我之后，您是否认为我具备做教师的条件？怎样才能成为一名好教师？

（3）您认为一名优秀的教师要具有哪些素质？

（4）当教师有哪些得与失？

（5）如果我的能力一般，那么在工作的头五年里，我可以达到什么样的水平？

（6）如果我是您的儿子（或女儿），那么您是否支持我从事教师职业？

（7）就您所知，我到什么样的学校去应聘，成功的可能性较大？

（8）您当教师以来最大的收获是什么？

在询问过程中要诚恳，注意深入了解，对一些重要的信息（如数字等）应迅速地记录下来，但整个过程要以耳听心记为主，重在领会对方的意思。拜访结束后要立即进行总结、整理、消化，以便于指导自己的就业。

（五）耳听眼观法

耳听眼观法要求眼观六路，耳听八方，开阔视野，博采众言。在择业过程中要广泛地翻阅各种报刊，收听广播、收看电视，经常关注职业介绍机构的信息台，浏览各个用人单位发布信息的网页，主动向亲戚朋友打听了解相关的就业信息。

（六）信函索取法

信函索取法指主动写信或发电传给用人单位，了解用人单位的综合情况，尤其是人才需求情况；写信到用人单位、劳动服务部门索取招聘信息；直接邮购有关就业信息的报刊等。

（七）偶然捕捉法

求职时大家常常为收集一个好的就业信息而"消得人憔悴"。可是有时只要做个有心人，就会在偶然间捕捉到有用的就业信息，这就是偶然捕捉法。正所谓"踏破铁鞋无觅处，得来全不费工夫"。例如，财会专业的大专生李锋（化名）就很高兴地拿到了某市"世纪风大酒店"的录用通知书，这是他在找工作的奔波中，偶然经过这家刚刚拔地而起的新酒店大楼时灵机一动，随后多方打听，了解到这家酒店正要招聘一名出纳，于是主动出击，毛遂自荐，终于得到了这个令他十分满意的职位。

除上述七种方法外，还有咨询法、自荐法、综合分析法等。为了在短时间内获取更多准确有效的就业信息，可以综合运用多种方法。

三、就业信息收集中应克服的心理误区

在求职过程中，社会对求职者的要求会发生许多变化，求职者自我内心世界也会出现种种恐惧和不安，陷入一定的心理误区，影响就业信息的收集。求职者对此须进行合理调适，避免其对正确的择业产生影响，甚至造成危害。

（一）避免依赖、盲从，要自主自立

部分毕业生在求职中抱有依赖心理，仿佛自己的就业是家长、学校的事情，希望父母、学校提供一切就业信息，自己则坐享其成。还有些毕业生总是盲目随大流，别人收集什么就业信息，他也跟着收集什么就业信息，不知道自己收集就业信息的目标是什么。结果收集到的都是一些不适合自己的就业信息，也不敢尝试寻找一个满意的就业信息。其实，每个求职者都有一定的依赖心理，关键是能在实际求职过程中注意预防克服，主动出击，及时准确地收集适合自己的就业信息。

（二）克服定式思维，灵活收集就业信息

在生活中，人往往会因习惯而形成定式。例如，为到达某地你走了一条路，下次去时你很可能还会走这条路。在收集就业信息的过程中也有一些定式，主要表现有以下几种。

（1）只选择自己熟悉的就业信息收集途径和方法。例如，有的毕业生只选择通过学校主管部门收集就业信息这一途径，不再过问其他的途径和方法。

（2）只收集招聘信息，不收集就业政策信息、咨询信息等。

（3）只收集与本专业有关的就业信息。

（4）只一味"求稳"，选择那些工作较稳定单位的就业信息，如国有企业、事业单位的招聘信息。实际上，由于现代社会的竞争激烈，每个人都有可能遇到职业转换的问题。

（5）只关心离家较近的单位的招聘信息，不愿意到离家较远的地方工

作，更不愿意到外地工作，其实"外面的世界很精彩"。

以上的这些思维定式极大地限制了求职者收集就业信息的效率。每位毕业生在择业过程中都要注意自我的心理调适，克服其不利的影响，以积极良好的心态去应对人生的每次挑战。

案例分析

小丽是某校毕业生，这几年小丽所在学院就业情况有口皆碑，小丽在入学前就有所耳闻，入学后也为此沾沾自喜。毕业那年的一月份，身边的同学陆续签约，小丽开始有些紧张，之前自己怎么都不知道这些同学签约单位的招聘信息呢？小丽开始想这些同学可能是通过家里的关系找到的单位，或者是学院的老师把这些信息截留了，给这些同学开了后门。她到学校的就业部门去咨询才发现不是这么回事，这些单位虽然没有和学校联系，但通过其他渠道发布了招聘信息。那些同学没有完全依赖学校和家长，而是自己主动寻找信息。后来，就业部门的老师建议小丽通过多种渠道搜集就业信息，并进行筛选和整合。小丽开始根据自己的求职意向有针对性地进行信息的搜集，这时才发现自己错过了很多机会。4月份，小丽与上海市一家用人单位签订了就业协议书，办手续时才知道非上海生源应届普通高校毕业生进沪就业办理户籍申请要评分，国家英语六级成绩达到425分可以加8分，但之前小丽对此根本不屑，认为只要自己英语好考不考六级都无所谓，此时才发现原来不是自己想象中的那么简单。

〚点评〛

面临求职择业的毕业生，最关心的莫过于能否得到更多的就业信息。小丽的经历告诉我们，在就业过程中一定要克服依赖心理，积极、主动地寻找机会，在这个信息内容多元化、来源多渠道的时代，谁能拥有更多、更有效的就业信息，谁就将赢得择业的主动权。需要注意的是，现在网络、报刊、各类招聘会上就业信息繁多，并且更新的速度日新月异，只有对这些就业信息进行有意识、有目的的收集、整理，才能更好地为我所用。另外，就业信息不仅指用人单位的招聘信息，还包括就业技巧、就业形势、就业政策等方面的内容。

第三节　就业信息的筛选、整理和使用

　　互联网的高速发展为人们带来了无数便捷，悄无声息地改变着周围的一切。在享受互联网带来便捷的同时，高校毕业生面临的可供选择的就业信息也正呈现爆炸式增长。因此，对高校毕业生而言，如何能够从海量的就业信息中筛选出符合其所需的信息显得尤为迫切和重要。从纷繁复杂的就业信息中筛选出有效信息并进行分类、整理、使用，是高校毕业生必须掌握的技能，也是获取求职知识、推动就业的一个过程。

一、就业信息的筛选

　　就业信息的筛选是毕业生成功就业的关键环节。如何在收集信息的基础上进行筛选，避免盲目收集大量的无关信息、造成就业决策出现失误是就业信息管理中的重要一环。更加便捷地搜索到与目标高度匹配的就业信息，会让我们在求职的过程中快人一步。

（一）就业信息筛选的原则

1. 相关性筛选

　　由于各式各样的信息众多，毕业生必须要注意招聘信息与自身专业的相关程度，否则易造成就业选择过程中目标不明确，浪费时间与精力在相关性很小的岗位上。例如，教育学、管理学、经济学等专业的学生却应聘机械设计岗位。因此，在完成就业信息收集后，应针对自己的能力水平、专业特色、发展前景等对就业信息进行筛选，选择适合自己的职业进行应聘。

2. 真实性判断

　　目前就业信息发布渠道多样，因有利可图，不法分子会借助虚假信息向毕业生骗取报名费、服务费等，造成毕业生精神与物质的双重损失。因此，就业信息的真实性判断是毕业生能否顺利就业的关键环节。毕业生在就业信息筛选的过程中应遵循真实、准确、可信的原则，以多询问、多沟通、多交流为导向，避免被虚假信息所欺骗。

3. 时效性总结

　　就业信息发布具有明显的时效性，即在应聘人员面试后就失去效果。

因此在收集就业信息时，不能只判断其真实性，还需要注意发布的时间、报名截止日期、面试日期等，剔除已经过期的就业信息。避免出现辛辛苦苦准备面试，却发现用人单位早已经面试完毕的尴尬现象。

4. 可达性分析

有些岗位或企业对毕业生的专业性要求高。例如，机械设计类专业的毕业生未修读会计、经济学、人力资源管理等，应聘金融机构的成功率相对较小。在收集就业信息时，应选择专业对口、可达性强的信息，避免漫无目的地到处投简历。因此，筛选就业信息时，需要根据自身专业特长、身体素质、社交能力等选择不超出自身能力范围的应聘信息。

（二）就业信息筛选的步骤和方法

就业信息的筛选过程实际上是一个求职决策过程。毕业生在广泛收集就业信息的基础上，要结合自己的实际情况，依据国家地区的政策和法规，对获取的原始信息进行有目的、有针对性地归纳、整理、分析和选择。

1. 鉴别获取的信息

所获取的信息不一定全面准确，因此要对信息进行严格的鉴别和判断，并加以澄清和剔除，使之更好地为自己的求职择业服务。首先，要确定信息的可靠程度，针对不可靠的信息，要通过各种信息渠道了解或向知情人打听。其次，要鉴别信息的内容是否齐全，特别是发现没有自己想要知道的细节或者自己想要知道的细节不清楚时，要抓紧时间进行实地考察，或通过其他渠道了解，还可以在应聘时向主聘人员询问。总之，要等信息基本准确之后再下决定。

2. 按标准整理排序

首先，在信息加工之前，要给自己草拟一个职业选择提纲，确定择业标准；其次，按照标准进行初选，去粗取精，去伪存真；再次，进行细选，把较符合自己的信息选出来；最后，进行精选，确定两个以上的信息作为应用信息。需要注意的是，应用信息也要排序，使其有主次之分。

3. 主动反馈信息

将已排序的信息按照从高到低的顺序反馈给用人单位，表示自己愿意去该单位的诚意。反馈信息可以是一个，也可以是两个以上（在时间紧迫且同时接到两个以上单位的通知时，对不去的单位必须及时给予答复，并表示歉意）。一旦反馈后，应多与用人单位联系，随时听候答复。

4. 深度研究

就业信息的深度研究是指根据自己的需要，对既感兴趣又与自己的实际情况相匹配的用人单位的重要信息进行较深层次的分析研究，为应聘做好充分的准备。就业信息的深度研究应从以下几个方面入手。

（1）通过实地走访的方式，亲自到用人单位所在地了解其详细信息，通过面对面与前台或人力资源经理的交流提前对用人单位有一个比较直观的了解。在实地走访了解就业信息的过程中，要找准视角，换位思考，从面试官或者招聘者的角度出发，将自己的优势最大化地呈现在他们面前。

（2）通过互联网查找用人单位的资料，尽可能详细地了解其经营范围、产品构成、生产规模、分支机构的设置、业务范围、企业文化、发展前景等基本情况。要领会就业信息的"潜台词"，对就业信息中具有特殊含义的词语进行分析，并将其转化为任职要求。在对就业信息进行解读时，首先要关注其硬性条件，并据此初步判断岗位与自身的适配性，然后逐条进行分析，找到较为适合自己的岗位。对于应聘专业技术岗位和管理岗位的应聘者来说，要研究用人单位的原材料、产品工艺流程和工艺设备的有关信息，要了解经营、销售、产值等方面的情况，力求掌握用人单位的深层次、实质性信息。

（3）从在该用人单位工作的亲友、同学或其他关系人的口中直接了解其详细情况，采取这种方式获得的信息是较为直接、可靠的。

二、就业信息的整理

加工分类与编制是就业信息整理的重点，其意义在于理清事实，便于记忆和实践。如果没有有效的分类方法，大量的就业信息就会使毕业生陷入杂乱无章的境地。就业信息的整理既简单又相对烦琐，建议毕业生准备一本专用笔记本，根据本人实际情况与择业理想有针对性地分类整理，然后保存下来，以便于查询。网络上的就业信息则可以用 Word、Excel 或写字板保存起来，也可以通过 Office 办公软件的自带功能迅速进行分类和储存。下面介绍几种实用的就业信息的整理方法。

（一）就业政策信息整理

就业政策信息可以分成国家就业政策信息与各地方政府就业政策信息两类。国家就业政策信息较为稳定，对其主要内容要了解掌握，并注意最新的动态，如国家支援西部的有关优惠政策、"基层就业奖励计划""三支一扶"等,建议毕业生适当了解。各地方政府就业政策信息是各不相同的、发达地区、欠发达地区、沿海地区或者西部地区所实施的就业政策通常是因地制宜的。因此,毕业生一旦确定求职地域后,应关心一下当地的人事政策,如就业优惠政策、晋升待遇、户口迁移、养老保险、社会保障、公积金、应届毕业生准入条件等相关内容。此外,对于就业法规信息(如《中华人民共和国劳动法》《中华人民共和国劳动合同法》等)也要有一定的了解,这样在求职就业过程中才知道如何维护自己的合法权益。

(二)单位分布区域整理

对单位分布区域进行整理能够方便查阅,省时省力。毕业生可以按就近原则和可行性适当安排自己的行程。以安徽省为例,当前安徽省一共有16个地级市,9个县级市,45个市辖区,50个县。单位分布区域一般可以分为皖中、皖南和皖北。分布在皖中地区的单位又可以分为合肥、六安、滁州、安庆。分布在皖南地区的单位又可以分为黄山、芜湖、马鞍山、铜陵、宣城、池州。分布在皖北地区的单位又可以分为宿州、淮北、蚌埠、阜阳、淮南、亳州。

(三)企业品牌知名度分类整理

企业品牌知名度分类整理指在调查研究的基础上,对企业的所有制、知名度、资产规模、产品的市场占有率、发展潜力等进行综合排序,适度分类整理。

(四)职位信息分类整理

根据不完全统计,职位大概可分为38个大类,分别为市场营销类、技工类、文教法体类、餐饮娱乐类、医学类、地矿冶金类、园林类、服装纺织与皮革制作类、物流类、计算机类、金融保险类、机械与设备维修类、广告与设计类、交通运输类、理科类、测绘技术类、农林牧渔类、旅游类、汽车类、电子信息技术类、财务类、电力电气类、行政与人事类、化学工程类、能源水利类、金属材料类、客户服务类、公关与媒介类、经营管理类、工厂类、外语类、房地产建筑类、轻工类、生物工程类、环境保护类、贸易类、零售类、其他类。求职者不用每个类别都涉及,但要重点突出,找准自己的职位类别。

三、就业信息的使用

就业信息的使用是指对经过求职者理解并加工处理后的信息的一个转

换过程，即依据信息进行择业的过程。就业信息的使用必须做到以下几点。

(一) 确定自己的职业目标

求职者使用就业信息进行择业时，首先要分析自身条件和实际状况，然后要确定职业目标。职业目标的确定是求职者的专长、兴趣、能力、性格、气质、期望值、价值观与社会职业需求之间不断协调的结果。确定职业目标时应把行业目标、收入目标、岗位目标、地区目标等考虑进去。最终确定最适合自己的职业发展目标，然后做出决策，制订最佳实施方案和备选方案，必要时征求专业人士或亲友团的意见。

(二) 了解招聘启事背后的信息

就业招聘信息往往反映了一个用人单位的发展需求和目标，求职者必须深入分析思考、转换角度，了解招聘启事背后的信息。用人单位最需要的是安全和保障，希望招进来的人能为他们创造业绩、创造利润、节省成本。他们害怕在招聘上犯错。对他们而言，招聘用人是一种风险投资。了解招聘启事背后的信息必须要站在用人单位的角度思考问题，不要以自我为中心。

(三) 考虑就业信息的时效性

就业信息有很强的时效性，又为众多求职者所共有，因此在收集就业信息时，应该特别注意是否公布了招聘日期。若有，则应该在规定时间内应聘；若没有，则要及时主动与用人单位主管人员联系。不要犹豫不决，更不能守株待兔。应主动询问面试的方式、时间、地点和要求，并准备好一套完整的求职材料，使需求信息尽早变成供需双方深度沟通的重要桥梁。

(四) 注重就业信息的人职匹配

收集和筛选信息的最终目的就是选用，能择其有用者而用之，就达到了收集和筛选信息的最终目的。要针对招聘单位的性质、竞聘岗位的特点、应聘人员的情况，并结合自身的职业兴趣，发挥个人优势，充分表现自己的特长，选择适合自己的最佳职位，争取竞聘成功。如果对照自身的条件，发现有不足，就要及时调整自己的知识结构，提高自己的工作能力；如果发现自己哪方面的课程知识不足，那么要主动去学习这些课程知识；如果发现自己有哪些方面的技能欠缺，那么要赶快去参加训练，主动学习和掌握相关的知识及技能。只有这样才能达到人职的最佳匹配，为今后个人职业生涯规划奠定良好的基础。

（五）构建就业信息共享网络

有些就业信息对自己不一定有用，可是对他人十分有用，遇到这种情况，要及时输出对他人有用的信息。毕业生能主动输出对他人有用的信息，不仅可以帮助他人，还可以增加与他人交流信息的机会，说不定会从他人手中获得对自己十分有益的信息，帮他人就等于帮自己。因此可和其他的求职者组成一个团体，一起收集信息，发出求职申请。

（六）灵活运用就业信息

专业对口或相近，往往是用人单位与求职者（尤其是应届毕业生）双向选择中的共同标准，但这不是绝对的。有很多成功人士在毕业后从事与自身专业不相符的某项职业，专业与个人的职业潜质并不等价。因此，用人单位虽然对所需要的人员有一定的专业要求，但也并非是一成不变的。

在就业信息面前，毕业生需要冷静地、认真地分析自己的优劣，不要因为某个次要条件达不到用人单位的要求就轻易放弃，应该相信自己的实力，努力争取和尝试，也许会有意外的收获。

总之，毕业生在求职过程中要不断地与用人单位进行沟通，增进彼此的了解。就个人而言，若确实需要与其他用人单位比较一下的话，则不应该拖得过长，以免给用人单位留下不好的印象，即使将来被录用也会影响今后在单位的发展前景。此外，在求职道路上要做到不为一时一事的失利而苦恼，要相信自己的实力，锲而不舍，及时调整方向和目标，尽早转向新的选择。我国著名的数学家华罗庚曾说过："如果说，科学上的发现有什么偶然的机遇的话，那么这种'偶然的机遇'只能给那些学有素养的人，给那些善于独立思考的人，给那些具有锲而不舍的精神的人，而不会给懒汉。"毕业生求职择业也同样需要这种精神。

课堂活动

筛选招聘信息

〖活动目标〗
通过互联网查找企业招聘信息。

〖规则与程序〗
（1）至少以三家用人单位为调研对象，最好和本专业相关。
（2）获取用人单位基本信息（如属于何种行业、发展概况、发展前景、企业文化等）、了解用人单位用工情况（用工需求、岗位设置、岗位用工标准、岗位职责等）。

（3）对信息进行筛选后，完成用人单位信息调查表（见表4-1）。

表4-1　用人单位信息调查表

基本信息	属于何种行业	发展概况	发展前景	企业文化
用工情况	用工需求	岗位设置	岗位用工标准	岗位职责

〖讨论〗

（1）收集用人单位招聘信息的内容有哪些？

（2）如何遴选有效招聘信息？

第四节　求职陷阱的防范

毕业生在求职过程中，可能会遇见一些招聘陷阱，如有些公司打着招聘的幌子骗取个人信息、利用试用期获取廉价的劳动力、变相收取各项费用等。毕业生由于经验不足、求职心切等，可能会误入一些招聘陷阱。本节介绍一些常见的求职陷阱。

一、常见就业求职陷阱

（一）收费陷阱

不法分子往往利用毕业生急切的求职心理，以各种理由收取费用进行诈骗，包括培训费、服装费、风险押金等。例如，以新人培训后才能上岗、培训时需要缴纳相关费用等为借口，骗取毕业生财物，培训后再以不合格为借口辞退。

案例阅读

　　长春市某大学计算机专业学生张某从10月中旬起已投出了60多份简历，均石沉大海。11月20日，张同学打开自己的邮箱，发现了一封来自××省××公司的回信，回信的大概意思是企业看到她的个人简历之后十分满意，已决定录用她，并为她建立了个人档案。毕业之后，即可到该公司上班，工资待遇每月××元。为了避免张同学进行多项选择，公司决定先向她收取200元的抵押金，并附上了公司的账号。"当时我真的太高兴了，就像看到了曙光，我一直就想到南方发展。看到要求交抵押金时，我确实犹豫了，但是转念又一想，不能因为200元钱而失去这么好的机会啊，所以第二天我就把钱汇过去了。当我在23日打那个公司的电话询问钱是否到账时，发现所有的电话不是关机就是占线。直到现在，我也没有联系到这家公司。"张同学说。

　　（资料来源：珑桥就业微信公众号，2020年2月24日）

　　遭遇收费陷阱时，可以向当地人力资源和社会保障部门进行举报。此外，公务员、事业单位的考试一定要到政府官网进行报名，切莫通过其他网络入口进行报名缴费。

（二）培训贷陷阱

　　培训贷陷阱指某些培训机构将高薪就业作为诱饵，向求职者承诺培训后包就业，但须向指定借贷机构贷款以支付培训费用。然而，培训结束后，该机构并不会兑现承诺，求职者还会因此欠下一大笔债务。

案例阅读

　　2018年1月初，某高职学生黄丽（化名）在网上搜寻求职信息，看到一家位于××市的科技公司正在招聘新媒体编辑。简历投出后没过几天，她就收到了这家公司的面试通知。

　　面试时，这家公司的人事经理告诉黄丽，她之前所学的专业并非新媒体类，既然如此，不如选择IT类的岗位，"做UI设计师，薪资水平高，发展前景也很好"。黄丽表示自己对计算机并不了解，但这名人事经理不断给她介绍IT行业的发展前景，并承诺可以提供高薪工作。黄丽说自己没有这方面的经验，但对方却称黄丽条件很好，公司可以为她提供培训。这名人事经理紧接着向黄丽介绍了公司的两种人事合同：一种是在公司工作 3～5 年，但薪资较低，每个月 3 500 元；另一种是先在公司工作一年，每个月工资 4 500 元，一年结束后，她可以选择留在公司或跳槽。与第一种合同不同的是，签第二种合同需要交培训费 19 800 元，可以分期付款。为了让黄丽安心，人事经理还表示其他公司这一岗位的月薪一般为 5 000～6 000 元，即使跳槽，以后的待遇也有保障。听完介绍，黄丽表示自己更倾向于第二种合同。当她表示可以接受分期付款以后，就与这家公司签订了一份名为"实训及服务协议"的合同，在该公司学习一门名为用户界面设计师（User Interface Designer，UID）的课程。在对方的指导下，黄丽在其提供的表格中详细填写了身份证号码和银行卡号等个人信息，并进行了手持身份证拍照和人脸识别等操作。黄丽记得非常清楚，当时并没有其他工作人员在场。直到 1 个月后的 2 月 15 日，一名自称"宜信贷款"的工作人员打电话给黄丽，她这时才知道自己背上了高息贷款。后来，她了解到此前培训时通过这家公司一共贷款 19 800 元，共须还款 25 000 元。

黄丽提供的 App"账单"截图显示，分期金额是 19 800 元，分期期数为 24 期（前 6 个月不用还，后 18 个月还清），每个月要还 1 364.22 元，交易时间是 2018 年 1 月。黄丽觉得利息太高无法承受，当年 8 月，她一次性提前还清贷款。

这份"实训及服务协议"显示，实训周期是 4 个月，实训费用是 19 800 元。在付款方式上，有"自筹资金"和"采用分期付款"两种形式。这份协议的"付款方式"条款写着"自筹资金 0 元，分期 19 800 元"。

黄丽回过头翻看合同才发现，合同里并没有提到培训期间发放工资和培训结束保障工作的条款。所谓的实习合同，只是一份普通的培训协议。

（资料来源：山东大学微信公众号，2018 年 9 月 21 日）

毕业生要增强辨别和防范意识，参加培训前一要看培训机构是否具备培训资质，二要看经营范围是否包含培训内容，三要看承诺薪资是否与社会同等岗位条件薪资水平大体一致。同时，要注意保留足够的材料，一旦发现被骗，立即向有关部门报案。

（三）传销陷阱

传销是国家明令禁止的行为，特征是发展"下线"，通过诱骗他人加入并缴纳各种形式的费用牟取钱财。有些非法的传销机构，披着合法公司的外衣，打着对外招聘的幌子，要求职者上岗后先购买公司的产品或者缴纳入会费。

案例阅读

张某、吴某、李某是在同一高校上大三的美术专业的同班同学。2013年2月的一天，认识张某的周某打来电话，说他现在是一家广告公司的业务副经理，近来因业务发展急需招聘美术、广告设计方面的专业人才，希望张某和他的同学能利用寒假时间来公司实习打工，月工资2 000多元；如果觉得可以，那么毕业后可去该公司工作。张某便与同学吴某、李某三人一起来到了公司。第二天，周某拿来合同让他们每人填写了一份，并说："你们现在已与公司签订了合同，明天就正式上班，但每人要交押金3 000元。如果辞职离开公司，押金随时如数退还。"三人一想，既有熟人，又有合同和承诺，便从准备用来交学费和生活费的钱里拿出3 000元交了押金。当天下午，周某就带三人开始岗前"培训"。"培训"并不是讲广告设计等工作方面的事情，而是讲怎样赚钱、怎样暴富和赚钱要不择手段，以及"发展下线、金字塔"理论等。

在这样几次的"培训""洗脑"中，主讲的这些人慢慢就撕掉了遮羞布，传销的面目暴露无遗。经过几天"培训""洗脑"后，公司让他们"上班"，也就是通过打电话动员蒙骗自己认识的、想找工作的人来"工作"。他们三人就这样上了"贼船"。到了开学的时间，他们也没有回校上课。学校向家里打电话寻找时，家里才知道孩子还没去学校报到。吴某、李某的家长急忙把二人追回送到学校。此时，他俩一分钱也没挣到，反而连押金也没有要回来，每人共被骗了4 000多元。张某却铁了心，死心塌地地走下去，最后被学校除名。

（资料来源：南京交通职业技术学院招生就业处微信公众号，2014年11月7日）

毕业生要了解国家有关禁止传销的法规规定，掌握识别传销的基本知识，自觉抵制各种诱惑，坚信"天上不会掉馅饼"，树立勤劳致富、拒绝传销的防范意识。若遭遇传销公司，不要轻信传销者的话，不要被洗脑，也不要因为自己受骗上当了就想办法去骗别人，要保持头脑冷静，要利用一切办法与外界取得联系，发出求救信号，同时想办法尽快脱身并报警。

（四）扣留证件陷阱

《中华人民共和国劳动法》规定：用人单位招用劳动者，不得扣押劳动者的居民身份证和其他证件、不得要求劳动者提供担保或者以其他名义向劳动者收取财物。在现实中却普遍存在一些用人单位扣留毕业生证件的情况，理由是防止他们干一段时间跳槽。无论用人单位给出何种理由，这种行为都是违法的。

案例阅读

> 翁女士于 2019 年 2 月面试了某公司。入职的时候，该公司以"办理入职手续和社保"为由，扣押了她的一些证件材料的原件，其中包括翁女士本人的"注册造价工程师资格证""二级建造师资格证""中级工程师证""毕业证"等。但是，入职不到一星期，翁女士便通过同事了解到，该公司的效益很差，经常拖欠工资，于是就不打算继续工作下去，要求公司归还自己的证件。但该公司却一直不肯归还，除非翁女士能交 5 000 元"违约金"。
>
> （资料来源：厦门湖里派出所微信公众号，2019 年 2 月 18 日）

任何单位和个人都没有权利扣留他人证件原件，证件只是作为招聘企业核实求职者身份和成绩的依据，正规企业是没有必要保留原件的。因此，去面试的时候，最好只带证件的复印件。若招聘企业要求带原件，则给招聘单位展示之后一定要拿回来。需要提供证件复印的，要在合适位置注明具体用途。

（五）中介陷阱

非法中介机构虚构用人单位或与不良用人单位私底下合作，先用"包推荐上岗"或"高薪招工"引求职者上钩，收取报名费、推荐费、体检费等费用，之后要么迟迟不给推荐最后不了了之，要么勉强推荐上岗后又以种种借口解聘求职者。

"我公司是一家覆盖图书、建材、电器等领域的大型集团公司。"这条招聘信息吸引了小齐的注意，也吸引了众多求职者上门求职。一番"复杂"的筛选后，小齐通过了面试，入职前要求做入职体检，但体检报告却不合格。小齐发现一个奇怪的现象，大多数人面试能通过，但入职体检都有多多少少的问题，几乎没有人通过入职体检。小齐回忆体检的时候，工作人员不断地让他们来回上下楼，目的是加快体检者的心跳等，使指标异常，因此他们的心率和血压达不到该公司设立的标准。经公安部查处，发现这是个空壳公司，在收取体检费后，将应聘者骗至医院体检，但最终又以体检不合格为由拒不安排工作。

（资料来源：厦门湖里派出所微信公众号，2019 年 2 月 18 日）

毕业生在找工作时，需要通过正规的人力资源服务机构、招聘网站进行求职。正规人力资源服务机构应具有工商营业执照、人力资源服务许可证、固定的工作场所、年报公示情况（通过各级人社部门门户网查询）等。切忌因贪图高薪、省事而忽略了对应聘单位的了解。

（六）实习、试用期陷阱

试用期人员与正式人员的工资、福利待遇都有很大差别，往往低很多。一些不法用人单位为了降低用人成本、减少赔付成本，以滥用试用期为手段，规避法律，侵犯毕业生的合法权益。例如，让毕业生先顶岗实习，并提出岗位急需用人，要求最好提前一年上岗实习，承诺实习期满考核合格者留用，但在毕业生实习一年后，又以各种理由辞退毕业生，这其实是为了长时间使用无偿或廉价的劳动力。

小罗是某大学的大四学生，她四处投递简历，寻找工作的时候接到了一家小型公司的电话。该公司表示，如果小罗可以在公司实习三个月并且表现得令人满意的话，那么双方就可以正式签约。小罗想，在求职的高峰时期去实习的话，将错过不少其他求职机会；而且，"表现得令人满意"的说法也存在很大的问题，于是就没有答应。小罗的同学小夏听说之后，觉得机会难得，于是就联系了这家公司。在三个月的实习中，小夏一直在公司中忙项目、整理资料，十分认真。不过，三个月之后，这家公司并没有与小夏签约。后来，小夏听说，这家公司只是这段时间的工作比较多，需要她的帮忙，并没有打算正式与她签约。

（资料来源：沈阳航空航天大学就业微信公众号，2017年4月21日）

按照规定，公司都应对实习试用员工支付薪资，并且工资不得低于本单位同岗位最低档工资或者劳动合同约定工资的80%。毕业生在求职时一定要仔细阅读劳动合同，尤其是劳动报酬、工作内容、合同期限和社会保障等方面的细节。

同时，要注意就业协议书不能代替劳动合同，单凭就业协议书，毕业生正式报到就业后的劳动权利无法得到保障。因此，求职时要特别注意企业是否准备了劳动合同，避免利益受损。

（七）盗窃作品陷阱

由于聘请专家或者专业人才的费用较高，有些设计公司或者营销公司为了节约成本，通过大规模招聘的方式获取好的创意或者方案。这类招聘往往要求求职者做个案例，进行创意反馈。这些公司并无岗位空缺，求职者会因此失去别的工作机会。

案例阅读

小张是广告设计专业毕业生，一天在报纸上看到某广告公司招聘广告设计师的信息，于是按上面提出的要求精心设计了几份广告创意，连同简历一起寄到该公司，但一直没有音讯。一个月后，小张突然在一本杂志上看到了自己设计的广告创意，而署名作者却是那家公司，小张这才意识到自己的创意遭到了剽窃。

（资料来源：吴秀娟，钟莹，郑栋之．新编大学生就业指导 [M]．上海：上海交通大学出版社，2018.）

求职者事先要和用人单位约定好策划或者创意的劳动版权问题，声明自己的创意或者策划不得随意使用。同时，一定要留心，写完的任何东西，在提交时都要写上自己的姓名及相关日期，可以拍照留存以防用人单位"骗才"。

（八）招聘陷阱

有的不法分子以招聘的名义通知毕业生前往某偏僻之处面试，并以公司位置偏僻为由主动派车接送，在偏僻处抢夺毕业生财物或者进行其他暴力犯罪活动。还有不法分子将面试地点定在酒店大厅、餐厅、茶馆等公共场所，没有固定办公场所，利用伪造的公司资质进行招聘，骗取毕业生的财物等。

这就需要我们在面试前先问清楚面试地点，凡无固定办公场所、临时租用简陋的办公场所或偏僻地方的公司，毕业生要谨慎前往并加以防范，更不要将自己的贵重物品（如手机、电脑等）借给他们使用。

（九）虚假高薪高职陷阱

有些用人单位为了吸引求职者，发布的招聘信息是高薪高职，但实际的工作岗位和薪资待遇却与招聘信息明显不符。

案 例 阅 读

毕业生小林在大学时学的专业是会计学，毕业的时候她去应聘某房地产中介公司的会计，招聘广告上写明了是招聘高薪会计。经过简单面试后，小林被录取了。但当她去报到时，却被告知，按照公司的规定，所有员工必须在一线先锻炼一段时间，熟悉整个公司的运作流程后方可回到本职岗位。于是小林就被分派到街区做业务员，每天的工作十分烦琐，而且公司迟迟不肯确定何时让小林回到会计工作岗位上。一段时间之后，小林无法忍受，只好提出辞职。公司以违反合约为由，要求小林支付违约金。

（资料来源：广州医科大学学生工作处微信公众号，2020 年 6 月 13 日）

我们在求职过程中要清楚自身实力，不要轻信高薪高职的诱惑，上岗前要签订劳动合同，并明确岗位和薪酬。国有企业、事业单位的招聘信息都是通过单位官网、微信公众号等正规渠道公开发布的。另外，招聘职位与实际工作内容明显不符的话将构成欺诈，可以向当地劳动监察部门举报。

（十）虚假兼职

虚假兼职一般不要求求职者到办公地点工作，只需要在家完成、到时计件算钱的工作都用此套路。用人单位通过不停地"炒"试工者的"鱿鱼"，达到使用免费或廉价劳动力的目的。

案 例 阅 读

小王想在工作之余做一份兼职，其中抄写员这一岗位吸引了他，没什么要求，只要会写字就行，而且能在家办公，给出的福利待遇也很诱人。小王心动了，就领到了将某份资料抄写50份的任务，大概抄了半个月，小王终于完成了50份的抄写。当小王把抄写完的稿件送到公司时，却被说抄写得太潦草，不合格，一分钱工资都没得到。

（资料来源：厦门湖里派出所微信公众号，2019年2月18日）

求职者不要轻信既轻松又赚钱的"好差事"（如刷单返利），应树立正确的求职观、就业观。同时，要注意保护个人信息，不要轻易泄露银行卡、网银和支付宝的密码等，不要随意打开陌生网址链接。

（十一）虚假招聘盗取信息陷阱

很多不法分子利用求职者急于找工作的心理，骗取他们的私人信息，如手机号、家庭住址、身份证号码、银行卡号等，从而侵害求职者利益。

案 例 阅 读

每年的3月是在校学生求职的高峰期。去年3月，小陆的"朋友圈"出现了这样一条信息："某某会展中心招志愿者，100元一天，包餐！3月到4月的周六、周日均可兼职，2天一发工资，男女不限，不收费用。请报名人员将姓名和手机号整理好后统一发到我的邮箱，2月28日截止，请尽快报名哦！还剩最后100个名额，先到先得。"小陆看后，立刻提交了自己的信息。可是，却迟迟没有收到录用回复。后来，竟然等到了各种各样的贷款、购物等垃圾短信和电话骚扰。

（资料来源：厦门湖里派出所微信公众号，2019年2月18日）

在求职过程中，一定要保护好个人信息，特别是家庭住址、身份证号码、银行卡号等。多一分心眼，多一分警惕！

(十二) 色情陷阱

对于女大学生来说，找工作时一定要注意色情陷阱。有些招聘信息谎称月薪过万的"男女公关"，实际的工作内容极有可能就是从事性服务，所谓的月薪过万无非就是从事性服务时客人给的小费。

案例阅读

在某知名大型求职网站上，北京某知名大学的行政管理专业学生小琳发现了不少招聘文秘的岗位。信息中指明要"应届大学生，相关专业出身，外表靓丽气质高雅"。这类招聘给出的高职位让小琳跃跃欲试，迅速投了简历，并附上几张生活照，随后便收到了回复，要求面试或 QQ 详谈。然而，求职结果却令小琳大跌眼镜。面试地点不是咖啡屋就是宾馆；QQ 详谈时，对方更是摆出一副高高在上的架势，亮出月薪 1 万元的高待遇和好平台，却要小琳"比别人多付出一些"。

（资料来源：海教圆职业顾问微信公众号，2018 年 10 月 7 日）

当遇到这种情况时，一定要提高警惕，发现情况不对就赶紧辞职离开，以免深陷其中。

二、虚假就业信息的识别

求职过程中，面对铺天盖地的就业信息，如何辨别其真假是高校毕业生面对的难题之一。以下介绍一些识别虚假就业信息的方法。

（1）从招聘广告开始防范风险。一般来说，真实可靠的招聘广告都是经过劳动、人事部门核准的，或通过高校就业指导中心向毕业生发布，或在正规报刊、广播、电视、网站等媒体上发布，但也不能完全认为报纸上、网络上的信息就是可靠的，或朋友介绍的就没有可疑之处。常见的虚假招聘广告有以下几种。

① 沿街四处张贴的招聘广告。

② 招聘信息太过诱人的招聘广告。

③ 提供门槛很低、薪酬很高的工作的招聘广告。

④ 要求毕业生交纳一定费用作为工作保证金的招聘广告。这种做法严重违反了《中华人民共和国劳动法》的有关规定。

⑤ 基本资料不全的招聘广告。例如，某些用人单位在发布招聘广告时

只公布电话号码或邮箱，没有单位地址；有的甚至只有手机号码，没有单位的名称。

⑥ 莫名接收到的招聘广告。例如，有的大学生会突然接到素不相识且自己从未联系过的用人单位招聘者打来的电话，遇到这种情况需要保持高度警惕，这是非法传销组织的惯用伎俩。还有的人利用这种方法将学生引诱到外地，实施诈骗、勒索和抢劫。

（2）"五看"网络招聘信息。

一看发布招聘信息网站的权威性。招聘网站必须在工信部门备案登记。一般发布招聘信息的网站是一些常见网站，但并不是这些正规网站上的所有招聘信息都可以百分之百相信，因此毕业生要学会辩证判断招聘信息。

二看招聘企业的资质真实与否。在国家企业信用信息公示系统，可以查询企业是否真实存在，是否存在经营异常、违法失信行为。在登陆进行搜索时，一定要输入企业全称，一定要注意 ICP 备案号的真实性。查看企业是否有官网，若有，则看官网是否有发布招聘信息，也可以拨打企业联系电话，核实招聘信息。另外，常有一些不法企业利用虚假信息冒充大型企事业单位。

三看招聘联系方式的真实与否。一般企业有以其域名命名的招聘邮箱。也要注意联系电话与企业地址是否相匹配。

四看招聘内容（特别是岗位描述）的真实性。注意岗位描述是否符合岗位定义，是否存在模棱两可、含糊不清的情况。另外，一些用人单位在招聘时，常常把想招的岗位用其他岗位替代进行招聘，以吸引更多的求职者。例如，招聘"客服"可能说成招聘"行政文员"，招聘"销售"可能说成招聘"内勤人员"。这样的招聘信息往往只是吸引求职者眼球，因急需这种岗位人才，而往往难以招聘到，故出此招。

五看招聘企业的关键词。当看到"文化传播""某某科技"等关键词时，要提高警惕，这类公司可能是挂羊头卖狗肉，或者就是虚假公司。

此外，除注意虚假就业信息的识别外，高校毕业生在应聘过程中也要注意防范以下内容：注重保护个人隐私，保存好招聘信息、录用通知书、就业协议等证据，关注薪酬待遇与岗位、企业和企业所在城市普遍情况是否相匹配，以及求职的流程是否属实，谨慎面对体检和外地上岗，权益受到侵害时及时举报。

练习

尝试分析一则招聘广告

〖上海某外资酒店招聘人事专员（档案管理组）信息〗

招聘人数为2人；

工作地点为上海；

发布时间为××年9月。

〖工作职责〗

（1）负责员工的劳动合同签订，办理入职手续；

（2）整理、保存、归档员工的人事档案；

（3）人事系统人员信息维护；

（4）上级交办的其他工作。

〖职位要求〗

（1）本科以上学历，人力资源、法学、财会、计算机相关专业毕业优先；

（2）积极向上，思维敏捷，有条理，团队协作能力、人际沟通与书面沟通能力、应变能力强；

（3）熟悉 Word、Excel 操作，中英文打字熟练；

（4）具有良好的职业道德，具有强烈的责任心，认可企业的核心价值观。

〖联系方式〗

公司名称为某酒店集团；

公司地址为上海市××区×××北路××号；

传真为021-×××××××××；

公司主页为 www.××.com。

针对该招聘广告，相关分析如下。

（1）分析该招聘广告前，你认为还应对招聘单位做哪些了解？

_____

（2）对照工作职责，你觉得是否能够胜任？

_____

（3）对照职位要求，你觉得你是否基本吻合？

（4）去应聘该岗位，为确保胜出，你还需要搜集的信息：

（5）结合招聘广告，通过综合自身各个方面的分析，确定你的竞争优势：

（6）为了提高求职的成功率，如何在众多竞争者中显得与众不同？

（7）为进一步了解岗位的具体信息，可以电话咨询该公司负责招聘的人力资源经理，你准备咨询哪些问题？

第五章 >>> 制作求职简历

学 习 目 标

1. 了解简历的重要意义和简历的基本要素。
2. 了解简历制作的原则和投递的方式。
3. 掌握制作简历的方法，学会完善自己的简历。

就 业 思 考

1. 如何结合自己的求职意向，制作具有个人特色的简历？
2. 如何在简历中突显个人优势？
3. 在简历投递的过程中，如何保证简历投递的成功率？

　　求职简历是我们为了实现求职目的，对个人以往相关经历进行高度总结和概括，在有限的空间展示自己的技能、经验、资质、态度等信息，从而获得进一步面试等机会的一种文本。求职简历是我们求职的首张名片，一份好的简历能够充分展示我们的个性和能力，能够给人力资源经理留下良好的印象，能够帮助我们在众多求职简历中脱颖而出，能够获得心仪工作岗位的面试机会。本章我们一起来学习如何写出好的简历。

第一节　简历的基本构成

　　为了让阅读者更快捷地找到想要获取的信息，一份标准的简历需要划分为不同的模块，包括基本信息、教育背景、工作实习经历、项目经历、校园活动经历、其他个人信息等。

一、简历的基本要素

（一）基本信息

基本信息是简历中必须有的内容，要简明扼要地告诉人力资源经理你是谁，以及如何联系你。基本信息应尽可能简洁、清晰，不要填写无关的冗余信息。基本信息包括必填信息和选填信息。其中，必填信息包括姓名、电话和邮箱，要写在简历最前、面最醒目的位置，方便查找；选填信息包括照片、性别、年龄/出生日期、身高与体重、婚姻状况、民族、籍贯、政治面貌、现居城市、联系地址、期望薪酬、QQ/微信、到岗时间等，要根据应聘单位的性质和岗位要求来确定是否填写。

1. 必填信息

（1）姓名：简历上自己的名字是最具有识别度的信息，也是人力资源经理拨通你电话时第一个要核对的信息。姓名要足够醒目，一般位于简历最顶端。如果你的名字比较生僻，那么最好在旁边加个括号标注一下拼音。

（2）电话：写在简历上的必须是你正在使用的联系方式。国内手机号码的长度是 11 位，建议用短横线按 3 - 4 - 4 的方式对数字进行分割，如 138 - 1234 - 5678，这样便于人力资源经理拨打电话。在求职期间，要把手机带在身边，并且保持 24 小时开机，以便及时接听来电或接收面试信息。

（3）邮箱：应优先选择大品牌的邮箱，如网易的 126 和 163 邮箱、Foxmail 邮箱等。一来这些邮箱的后缀比较简短，便于记忆；二来这类邮箱的用户基数大，被绝大多数邮件服务器所兼容，可以确保顺利收发邮件。一些比较小众的邮箱发送的邮件有可能被对方的服务器拦截、归入垃圾邮件，从而导致求职者错失面试机会。

个人邮箱的用户名最好是自己中文名字的拼音或缩写，也可以是英文名字＋中文姓氏、拼音＋数字等形式，与本人名字有一定的关联性即可，让收件方一看就知道你是谁。

需要注意的是，不太建议在求职时使用 QQ 邮箱。QQ 本身偏社交和娱乐，会显得不那么正式和专业。

2. 选填信息

在基本信息部分，有的内容要根据应聘单位的性质和应聘岗位的要求来决定是否填写。例如，一般国企、事业单位倾向于要求求职者个人信息全面，他们认为求职者的性别、年龄、籍贯、政治面貌、民族等都是重要信息，而有的民企或外企则没有这方面的要求。选填信息的注意事项如下。

（1）照片：根据应聘岗位的特点和公司发布的招聘要求来决定是否放照片。例如，对于一些业务型岗位（如演员、销售、公关等）来说，高颜值是加分项。公司发布的招聘要求里若提到形象好、气质佳等内容，则求职者最好附上照片。

若要在简历中放置照片，则最好选择正规的照相馆拍摄的正装证件照，并保存好照相馆处理过的电子照片。照片背景用蓝色、白色、灰色都可以，忌用红色。照片一般贴在简历右上角的位置或个人信息的右侧。

（2）性别：招聘信息中若没有明确要求男性或女性优先，则不需要填写该项信息。

（3）年龄/出生日期：若你所应聘的岗位的行业平均年龄与你的实际情况差距有些大，则建议写上年龄，这样可以节省彼此的时间。

（4）身高与体重：一般不填写。除了某些特定的岗位（如空乘人员、模特、主持人等）要求填写，对于大多数岗位而言，此项信息没有必要填写。

（5）婚姻状况：一般不填写。已婚已育在求职稳定型的岗位时会给求职者加分，但在求职出差频繁的岗位时则可能给求职者减分。

（6）民族：一般不填写。

（7）籍贯：一般不填写。若所应聘岗位需要较多地使用当地方言沟通，或招聘启事中明确说明当地户籍优先，则填写了会成为加分项；若没有，则不填写。

（8）政治面貌：应聘国企、事业单位等最好填写，对大多数公司来说不需要填写。若岗位招聘信息中对政治面貌有明确要求，则需要如实填写。

（9）现居城市：在一些公司的简历筛选标准中，求职者的居住地址也是重要考虑因素之一。若现居城市和应聘岗位所在城市相同，则建议标注现居城市，尤其是对于一些寻找实习机会的求职者来说，在同一个城市会有更大优势（若跨区域，则可能需要公司解决住宿问题，也可能会因为学校突然有事需要请假回去处理）。

若应聘的岗位和现居地不在一个城市，则建议在邮件中向人力资源经理说明，如"如果能够进入面试，那么我可以自费准时参加贵公司面试，同时可自行解决在当地的住宿问题"，这样可以减少人力资源经理安排你面试的顾虑。

（10）联系地址：现在是电子媒介时代，一般不需要通过传统信件的方式沟通联络，若招聘方没有特别要求，则此项可以不填写。如果招聘方特别强调你的简历和相关资料需要通过快递寄送，那么简历基本信息里可以注明联系地址。

（11）期望薪酬：校园招聘和实习不需要填写。因为这个阶段求职者尚未有工作经验和技能，往往需要经公司培训后才能上手工作，人才议价能力比较低，而且同一家公司同一批次招聘薪资差异不会太大，填写没有实际意义。

（12）QQ/微信：若你人在国内，电话和邮箱都可以随时联系到本人，则此项没有必要填写。

（13）到岗时间：若企业有急招需求，则建议填写此项信息，如"立即到岗""一周内到岗"等，这样可以增加简历的通过率。

完成简历基本信息填写后，要根据应聘岗位情况进行检查，对无关信息进行删减。需要注意的是，若撰写的是英文简历，则不要放置除姓名、电话、邮箱外的其他信息。应聘外资企业时，一般不填写性别、年龄、政治面貌、籍贯、民族等个人信息。

（二）教育背景

对于应届毕业生或找实习岗位的同学来说，毕业学校是身份属性上最重要的标签，教育背景应该写在简历上比较醒目的位置，建议把它作为基本信息下面的第一个模块来展示。

教育背景一般按照时间顺序由近及远填写，从大学写起，必需的信息包括就读时间段、学校、学院或专业，专业排名和绩点、主修专业、辅修专业、修读的主要课程、成绩排名等可根据实际情况有选择地填写。

（1）就读时间段：填写的每段教育经历的起止时间要明确，每段经历需要衔接。

（2）学校：若你是名校出身，或者你所在院校是招聘方的目标院校，则校名就是你的加分项，在应届求职时会有更大的竞争力。若你就读的高校本身资质不错但知名度偏低，或者是一些不为国内所知的海外院校，则可以在高校后面加括号标注。

若你有出国出境交换的经历，或者读了第二专业，则可以单起一行，并在学校名或专业名后标注"交换"或"第二专业"字样。

（3）学院或专业：一般来说，专业比学院更能体现出个人的背景特点，也更被用人单位重视，因此一般只需要写专业。若应聘专业对口的岗位，则专业可以加粗强调。如果是跨专业求职，但有第二专业或相关的辅修经历，那么第二专业或辅修经历应加粗强调。

若你就读的学校不是名校，专业与所应聘的岗位也不对口，也没有学习过相关的课程，但考取过比较有含金量的证书，则可以将其填入教育背景中。若以上都没有，则建议将教育背景模块下移，将与所应聘岗位相关的项目经历、工作实习经历上移，尽可能突出自身与岗位相关的优势。

（4）专业排名和绩点：若自己的学习成绩优异，则可以在简历上写上个人的绩点，撰写方法一般是绩点/满绩，如"4/4.3"。若你的成绩排名比较靠前，但是绩点绝对值不高，则可以将排名写在简历上，如"排名：专业前10％"或"排名：4/30"。

若你的成绩并不好，则不用刻意在简历上显示自己的学习成绩，只写专业等信息即可。注意，千万不能在学习成绩和绩点上造假，诚信是职场的重要法则。

（5）修读的主要课程：此项为非必填项，若其他经历已经非常丰富，则此项可以不填写。所列举的课程应与应聘岗位所需要的技能、知识储备直接相关，一般按照相关性优先、分数优先的原则，列举不超过5门的核心课程，并且保证这几门课程的分数都不低，以凸显自己的优势。

如果你的学校不够好怎么办？首先，并不是所有行业、所有企业都看重学校背景，因此自信投递、自信面试，在求职时规避名校学生扎堆的企业。其次，若你学校之外的履历非常突出，则可以写在教育背景前面，弥补教育背景的不足。其实，职业发展是一个漫长的过程，只要持续不断地努力，抓住机会提升自己，在工作中取得的成长和进步就足够替代学校的光环。

（三）工作实习经历

工作实习经历能够系统地反映求职者的个人能力、素质、特点、个性等重要信息，能够直接体现求职者的岗位胜任能力，是人力资源经理在简历筛选中最看重的模块。因此，与应聘岗位相关的工作经历或实习经历应该是一份简历中篇幅最大的模块。

工作实习经历部分一般包含工作经历、实习经历、兼职经历、志愿服务经历等。对于在校大学生或应届毕业生而言，往往没有正式的工作经历，因此利用日常空闲时间或寒暑假进入企业实习就显得尤为重要。有很多学生上学期间会做兼职赚取一些生活费，如做家教、去商场当促销员等。这些工作若和你应聘的岗位有相关性，则可以写在简历中；若关联性不大，则可以不写。有的兼职工作对个人职业规划和工作经验积累没有实际的帮助，虽然能赚一些钱，但失去了更好的自我能力提升的机会，不太建议去做。在校期间，时间是非常宝贵的资源，要把有限的时间用在长期来看最有价值的事情上。

1. 工作时间

工作时间是工作或实习的起止日期，细化到月份即可，一般放在行首或行尾。如果实习时间在 3 个月以上，或者每份工作时长在 3 年以上，那么这既是求职者经验丰富的证明，也是稳定的表现，工作时长无疑是一种优势，可以居左放在行首。如果工作或实习时间较短，而原公司与应聘公司相关度比较高的话，那么可以在行首位置强调公司，将工作时间放在行尾。并非短期实习就一定没有含金量，在经历描述中，可以重点突出自己参与的实际工作及取得的成果，使经历看起来专业且丰满。

2. 公司名称

公司名称可以是营业执照上的公司全称，也可以是公司的品牌，以填写最为人熟知的名称为宜。若公司规模比较大，则可以在公司名称后加一些标注，如 500 强企业、A 股上市公司等；若公司规模较小，则可以在正文描述中突出公司和岗位的优势。

3. 部门名称

公司名称之后注明职位所属部门，若在同一公司经历不同部门和职位，则需要分别介绍在不同部门的工作内容和业绩。若单纯看部门名称并不能直接了解这个部门是做什么的，则可以根据岗位性质或业务性质，按照一般公司常设的部门名称，来为自己的实习经历划定一个部门，如市场部、销售部、采购部、技术部等。

4. 岗位名称

很多应届毕业生在岗位上直接写"实习生""兼职"，这种写法不能体现你的岗位的具体工作性质，在没有明确岗位名称的情况下，可以根据部门和岗位的性质，以及具体工作内容，在真实的基础上，为自己"定义"一个有显著意义的职位名称，如产品经理助理、销售代表等。

5. 工作和实习内容

工作和实习内容包含个人的岗位职责、所取得的成绩等，反映了求职者在实习或工作期间的综合表现，可以从中看出求职者对过往工作的宏观思考、解决问题的能力和对结果的重视程度，这些往往是用人单位最为看重的素质。因此，这是简历中最难撰写的部分，这个模块的撰写质量也在很大程度上决定了简历能否脱颖而出。撰写完美的工作和实习内容的方法如下。

（1）用 STAR 法则搭建框架。采用背景（Situation，S）、任务（Task，T）、行动（Action，A）、结果（Result，R）的架构来描述每段工作经历，也就是阐述任务背景、描述工作内容、描述采取的行动和描述最终的结果。

阐述任务背景：描述所面临的困难，以及你为什么去做这件事。例如，某个项目策划方案只有 3 天的完成时间，但是工作量十分巨大……这样的描述为后续所做的事情和产生的结果埋下伏笔。

描述工作内容：描述你的工作职责、内容、流程是什么，以及要实现的目标是什么。例如，负责公司产品运营，提升产品新增用户的数量和现存用户的活跃度。这个部分的内容可以与阐述任务背景合并在一起写。

描述采取的行动：描述面对工作任务时所采取的行动。例如，为了将讲座办好，你联系了 5 家媒体宣传，邀请行业知名专家到场，等等。

描述最终的结果：描述你的行动所实现的结果。例如，讲座参与人数达到 300 人，报告阅读数量达 2 000 人次，等等。

为了便于大家理解，我们通过一个案例进行分析。

案 例 对 比

〖某求职者最初的工作经历〗

2007.3—2007.9　上海某信息科技有限公司财务部　会计助理实习生

协助会计人员完成基础性工作，制作和整理原始凭证

负责发票粘贴和报销

〖按照 STAR 法则进行修改，修改后的工作经历〗

2007.3—2007.9　上海某信息科技有限公司财务部　会计助理实习生

> 参与公司原始会计凭证的粘贴、整理、分类、录入工作，熟练使用财务软件，改进数据录入流程，使效率提升了 20%，工作期间零错误率。
>
> 为企业生产部门制定记账报销流程表，并完成部门成员培训工作；根据生产部门的财务数据分析结果，提出优化库存的建议。

（2）用数字体现工作成果。用数字体现工作成果，会让经历更有说服力，但应尽量具体化，不要使用许多、大概等词。简历中常见的可以数字化的内容主要包括数额、效率、数量、金额等。例如，任职期间完成了多少数额的销售业绩，在团队中占多少比重；通过改进某个流程，工作效率提升了百分之多少；拜访了多少家客户；运营的公众号达到了多少阅读量；等等。

需要注意的是，突出自己的成绩要合理地使用绝对数字和相对数字。如果数字在行业内算比较高的，那么就用绝对数字；如果数字比较低，那么用相对数字更能突出自己的价值。有的时候，既需要绝对数字也需要相对数字。例如，负责为某公众号撰写文章，原创文章阅读量为 5 万＋，比该公众号整体平均阅读量高出 80%，这样写就可以清晰地看出个人的能力及在团队中的贡献。

（3）用专业术语包装工作内容。善用专业性词汇，可以让招聘方迅速了解你有哪些工作经验，增加获得面试机会的概率。使用专业术语对经历进行描述，可以将一些比较普通的经历"点石成金"。例如，将"问卷填写"写成"用户调研"，将"发传单"写成"营销推广"，将"打印复印"写成"资料和信息整理"，等等。另外，要学会使用行为词，以突出自己在整个团队中的作用，如负责、独创、统筹协调等，这些动词都能更好地突出你的领导能力和创新能力。

（四）项目经历

简历中的项目经历与工作经历高度相关，一般列在工作实习经历之后，它反映的是求职者在相关领域的完整实战经历，以及对所掌握的核心技能的应用能力。项目经历既可以是工作中接触的项目，也可以是在校园内所做的项目；既可以是一个完整的项目，也可以是大型项目中的某一环节；此外，一些与应聘岗位相关的竞赛项目或培训经历也可列入其中。

1. 工作、实习中的项目经历

有些岗位在任职期间，工作内容以项目制的形式呈现，如开发岗、咨询岗、审计岗等，可以将工作经历和项目经历单列。工作经历中主要描写个人的工作职责、所取得的总体成绩等；项目经历中主要展示各项目的背景、特点、所用到的技术，以及单个项目所取得的成绩等，这样排列使人力资源经理阅读起来更方便。

2. 与应聘岗位直接相关的培训经历

与应聘岗位直接相关的培训经历特指与目标岗位相关的、以提升岗位竞争力为目标的培训和学习，如计算机技能类培训、设计类技能培训、投资银行实践类培训、互联网运营相关培训等。在开展过程中会涉及具体项目的实际运用，写在项目经历模块，会让招聘方觉得你在参加培训的同时将所学知识融入项目中，可以间接地将此看作工作经验。

3. 与应聘岗位直接相关的项目制比赛经历

项目制比赛一般跟实践高度相关，比赛涉及组建团队、分工合作，要求高度结合商业实践，持续的周期较长，需要完成的工作量较大，整个过程更像是工作过程中遇到的真实项目的缩小版本。这种类型的比赛经历完全可以当成一个项目来写，如"互联网＋"大学生创新创业大赛、大学生市场调查研究大赛等。

4. 研究经历或科研经历

若应聘的是企业单位，尤其是一些技术类岗位，则在校期间参与的创新创业类项目、本科的毕业设计、研究生的研究课题等都可以作为项目经历的组成部分。

项目经历属于工作实习经历的一部分，具体描述时可以借鉴工作实习经历的描述方法，既要体现项目经历的专业性，又要尽可能地用简洁易懂的语言阐明项目情况，同样可以使用 STAR 法则来进行项目经历的撰写。

（五）校园活动经历

丰富的社团活动和社会实践是大学生活的重要组成部分，很多同学在大学期间有过参加学生会、社团、社会实践、各种比赛等的经历，这些经历也可以写在简历中。

参加学生会或其他官方组织，往往会组织或承办校级、院级大型活动，这些经历可以很好地锻炼个人的领导能力、策划能力、组织能力和执行能力。

参加技能类社团（如摄影协会、金融爱好者协会等）的活动内容往往与个人所学专业直接相关，参与者一般具有比较强的学习和钻研能力，对个人在专业技术方向的发展有一定的帮助。

兴趣爱好类社团的活动以兴趣爱好为主，这一类经历一般放在兴趣爱好类别中，放置在简历的最末端。

在校期间参与的社会实践活动或志愿者活动，可以体现个人领导能力、组织协调和沟通能力、社会责任意识，故可以放置在校园活动经历模块中。

与岗位相关性较弱的比赛也可以放在校园活动经历模块中。例如，公益创意大赛、英语口语比赛、摄影大赛等，这些比赛在一定程度上突出个人的组织能力、领导能力，但是与工作所要求的经验和技能又没有太直接的联系。

需要注意的是，在人力资源经理眼中，并不是所有实践和活动经历都是有价值的，要按照相关性的原则，与应聘岗位相关的内容重点写，与应聘岗位不相关的轻描淡写或者不写。描述方法与工作实习经历相似，每段经历的描述同样遵循 STAR 法则。

（六）其他个人信息

1. 求职意向

若你的求职目标已经确定，则建议在简历中明确写上你的求职意向，同时简历正文部分也要围绕求职目标来突出自己的优势和竞争力。

填写求职意向能够让简历内容更有针对性。简历围绕求职意向展开，填写的教育背景、工作实习经历等都与求职意向相匹配，能够提高求职成功率。当公司同时招聘多个岗位时，写明求职意向便于人力资源经理快速进行简历筛选和分类，快速为你匹配一个合适的岗位，从而获得更多面试机会。此外，大多数公司喜欢目标和方向感明确的员工，写明求职意向可以给用人单位留下良好的印象。

求职意向一般只是简历开始处短短的一行字，但我们要懂得充分利用这个小小的空间，向人力资源经理展示你对这个职位的无比向往及独特优势，第一时间吸引他的注意力。写求职意向要针对应聘的公司和职位，书写一定要具体明确，相当于明确告诉雇主，我在寻找什么样的工作机会，包括职位类型、角色定位等，让对方相信你准备充分，完全能够胜任这个职位。

若意向岗位在多个行业都有（如运营岗位、销售岗位等），而不同行业的岗位用人标准有比较大的差异，则建议标注行业，如互联网产品运营、医药销售代表。若该岗位以技术为导向或大概率属于某一特定行业，则可以直接写岗位，如 UI 设计师、Java 软件工程师、股票交易员等。

　　一份简历只能有一个求职意向，若有多个职业目标，则最好分别撰写不同的简历。求职意向不能过于宽泛，过于宽泛的求职意向看似给用人单位很大的选择余地，其实是求职者自我定位不明确、个人优势不突出的表现。此外，每份简历都要针对求职意向进行适当修改，如经历的排序、每段经历要突出的亮点等，以尽可能贴合该岗位的招聘需求。

示例

〖**精确的求职意向**〗

求职意向：行业研究/证券分析。

求职意向：计算机软件开发工程师，熟练掌握××等语言。

〖**广泛的求职意向**〗

求职意向：企业内部支持相关岗位。

求职意向：教育行业相关岗位。

---

2. 专业技能和证书

　　专业技能和证书是我们某一阶段所取得成果的量化表现。有的技能学校不会教，但是工作中使用频率很高，包括英语技能、计算机技能和专业技能，可通过与专业相关的技能、资格、认证证书等体现。掌握这些额外的专业技能，会让你更容易从茫茫人海中脱颖而出。

　　工科类毕业且应聘对口岗位的同学，若这些技能能够突出自己的专业胜任能力，则可以将其放在简历的"黄金广告区域"。非技术类岗位一般也会涉及一些岗位相关的技能，如与岗位相关的软件和通用办公软件的使用等。在技能后可以加括号进行备注，说明自己对该项技能的熟悉和掌握程度，尽可能用一些可量化的词汇进行描述。若你的技能很多，则应该遵循相关性原则，重点描述那些与应聘职位最相关及未来最有用的能力，无关的可以从简历中删除。

3. 荣誉和奖励情况

　　在校期间获得的"三好学生"荣誉称号、奖学金和参加比赛所获奖项，可以证明你在学校是一个优秀的学生，却无法证明你在工作中也有同等优秀的表现。因此，尽可能将在校期间取得的荣誉放置在教育背景模块或项目经历模块。例如，获得奖学金可以放在教育背景模块中，与个人成绩相关部分一起展示；参加比赛获奖可以放在项目经历模块中。

不建议在简历中将荣誉和奖励逐条列出，要分清主次，进行整理归纳。一些特别重要的荣誉或获奖经历可以单独列出，代表性的奖励可注明获奖难度和奖励范围，突出所获奖项的含金量。

4. 兴趣爱好

若招聘方没有明确的要求，则不建议在简历中写个人兴趣爱好，因为兴趣爱好主观性较强，很难保证投其所好。若招聘方在招聘信息中列明，优先考虑拥有某些特长的求职者，则此时写上相应的兴趣特长，可以增加简历的网申通过率。

若要写的话，则兴趣爱好最好和所应聘的岗位或行业有一定的相关性。例如，喜欢看电影、写影评，应聘影视娱乐行业会加分；喜欢足球、篮球等运动，表示阳光健康、有团队精神，适合多数岗位；喜欢旅游，应聘旅游类 App 的产品运营类岗位有一定的优势。

介绍兴趣爱好要具体化，不能只是"读书、音乐、运动"等概括性罗列，写在简历上的兴趣爱好总数不建议超过 5 个，挑个人比较擅长且与岗位比较相关的来写，同时加括号进行进一步的描述。

示例

> 爱好：钢琴（业余十级），跑步（参加过 3 场以上马拉松比赛），羽毛球（校队主力成员）。

5. 自我评价

简历中的自我评价是非必要填写的内容，撰写自我评价的真正目的是对自己的职业优势进行总结，突出自身与所应聘岗位的匹配度，比较适合跨行业、跨专业求职或经历较少的求职者在撰写简历时使用。

在自我评价中，求职者需要将个人与岗位相关的优势，包括知识技能、工作经验、性格特点等集中展现给招聘方，尤其是一些与工作相关的能够突出个人独特性的特点，以快速吸引人力资源经理的眼球。

自我评价必须通过百余字明确传递给招聘方两个信息：我非常渴望得到这个岗位和我能够胜任这个岗位。

很多求职者看到简历模板中有这个栏目，就绞尽脑汁，用各种主观性的描述来介绍自己，如吃苦耐劳、认真负责、沟通能力强、学习能力强等，这样"假大空"的自我评价不仅不能给求职者加分，还会占据其他重要信息的篇幅，让人力资源经理觉得这个求职者没有什么经验，简历也是在凑字数。

好的自我评价究竟该怎么写呢？不妨采用以下方式来写：我非常渴望得到这个岗位——用经历证明；我有能力胜任这个岗位——用成绩说话。

为了便于大家理解，我们举一个例子说明。

示例

　　初级写法：学校证券投资协会成员，有良好的投资习惯和风险控制能力，关注每日财经新闻，了解国家大事。（点评：毫无亮点，既无相关经历又无任何成绩。）

　　中级写法：作为学校证券投资协会核心成员，举办和参与了3次模拟股票大赛；阅读过10本以上证券投资类书籍，崇尚巴菲特的价值投资理论；熟练使用各类股票交易软件。（点评：只突出了对行业的喜爱，没体现自己的能力。）

　　高级写法：参与了3次全国股票交易大赛，均排名前十；熟悉A股/港股市场，拥有3年实盘投资经验，年化收益率达12％；拥有3家知名证券公司研究所实习经历，累计撰写研究报告超10万字，对家电行业、建筑装饰业进行过深度研究，得到××证券研究所首席研究员××先生的推荐信。（点评：既有经历又有成绩，令人信服。）

数字化的表述能让你的成绩更为量化、更具说服力，也更容易抓住阅读者的眼球。对人力资源经理来说，与其用华丽的辞藻来描述你的品质，不如直接用可量化的结果来证明你的品质。

自我评价既能体现求职者对所应聘岗位的了解程度，也是对自身相关经历和技能的总结。例如，应聘的岗位要求具有良好的学习能力，可以举例说明，如跨专业通过注册会计师（Certified Public Accountant，CPA）考试、用1个月的时间学会Photoshop并用得驾轻就熟，这些都比写一句"学习能力强"更有说服力。

自我评价篇幅不宜超过200字，用词务必简洁凝练。在排版时，建议针对岗位胜任要求逐行证明，使用段落符号进行标注，并根据重要性对每段文字进行排序，将重要的部分放在前面，将核心的关键字用加粗的形式重点标记出来，确保人力资源经理一眼扫过去能够快速抓到关键点。

二、简历的排版规则

撰写规范和排版规则对提升简历的竞争力非常重要，尤其在应聘一些非技术类的岗位（如咨询、投资银行岗位等）时，遵循相应的撰写规范和排版规则，可以给人力资源经理留下态度严谨、做事细心的第一印象。

一般而言，简历在排版上需要遵循以下几个规则。

（一）一页纸规则

好的简历一般是一页纸。肯定有求职者会说："我的经历太多了，别说一页，三四页都放不下。"但是，在这么多经历里面，与岗位相关的有多少呢？能表现你核心竞争力的有多少呢？是不是有很多经历属性雷同？一份三四页的简历，意味着人力资源经理要花费三四倍的时间去阅读，而且增加了筛选关键信息的难度，这是求职者不会换位思考的表现。因此，这个时候我们需要做减法，将无关的经历删除，不写或者少写薄弱的经历，以保证把最有效的经历在一页中展现出来。

（二）经历倒叙

简历可以划分为多个模块，每个模块里面的经历都应该按照时间顺序倒序排列。随着时间的推移、阅历的增加，我们在工作中担任的职位、所做项目的规模及所获奖项的分量都会不断变化，越接近当前时间点的经历越能反映当下的状况。因此在每个模块中，我们要先筛选出与这个职位相关的经历，再按照倒序进行排列。

（三）字体和字号

一份简历的字体建议不超过 2 种，最好是全篇只使用一种字体，过多的字体会让简历显得杂乱。最好不要使用那些时尚的连体字、英文的圆体字等，同时考虑到计算机自带字体的兼容性，建议选择常规的字体。

（1）字体选择：推荐宋体、黑体、楷体等计算机系统自带的字体。

（2）字号选择：①姓名要放在简历的最顶端，应该是简历中最大的，一般采用 22 号（二号）。②各个模块的标题一般需要比正文大 1～2 个字号，最小不能小于 12 号字体，每个模块的标题文字都要加粗，以示强调。③经历标题建议加粗，字体大小与正文保持一致即可。④正文内容的字号最好是 12～14 号，正文中建议使用项目符对经历进行分列，把工作重点和取得的成绩逐条列示。若正文有要突出的关键字，则建议加粗显示，但也不建议过多使用，仅突出最核心的内容即可。

（四）对齐和留白

简历中每个模块每一竖行的标题应当保持对齐，这样整体视觉上会更显美观；内容上建议用段落符分段排布，行间距保持一致，简明扼要说明经历关键点，整体居左对齐。适当的留白是非常有必要的，要给简历留有适当的页边距，同时不建议将基本信息部分排布得太满，若整页都是密密麻麻的文字，则会让阅读者产生窒息感，影响他们对简历的第一印象。

（五）简历印刷与传播规范

发送给人力资源经理的简历最好使用 PDF 格式，这样可以确保对方看到的就是你精心制作的干净简洁的简历。若是 Word 格式的，则在不同的计算机上格式可能会变乱，而 PDF 格式的简历就不会出现这种情况。

另外，面试前要携带 1~2 份纸质简历，以方便招聘方阅读。简历最好用 80 克以上的白色 A4 纸打印，黑白或彩印均可。

三、简历中的求职信

（一）求职信的作用

求职信通常随简历一同投递给招聘方。在当前互联网时代，求职者通过邮件投递简历时，求职信已经演变成邮件的正文部分，是求职者推荐自己的必不可少的宣传文案。

求职信的目的是吸引招聘方的兴趣，让对方了解自己、相信自己、录用自己。求职信具有对简历内容进行综合介绍、补充说明和深入扩展的作用，主要说明三个问题就可以：一是表达自己的求职意愿；二是详细描述和重点展示自己与岗位相匹配的核心能力及工作经历；三是请求对方阅读自己的简历、给予面试机会。

相比于简历的客观全面，求职信可以融入个人情感，表达自己想要加入这家公司的主观意愿和感情色彩，也可以直接针对某个公司的某个岗位，不求全而求精。

（二）求职信的结构和内容

求职信一般分为开头、正文和结尾三个部分，正文部分包含三段内容。

1. 开头

在求职信的开头要有称谓，一般为"尊敬的××，您好"，"××"代表公司（部门）和职位，如"尊敬的腾讯人力资源经理，您好""尊敬的开发部领导，您好"等。若对方的招聘信息中留有联系人及联系方式，则可以写成"尊敬的陈女士，您好""尊敬的王先生，您好"。不管收件人是谁，礼节都很重要。

2. 正文第一段

正文第一段开门见山，自报家门，告诉对方我是谁、要干什么，即告诉对方自己的姓名、学校、专业等信息，以及你要应聘哪个岗位和通过什么渠道获得招聘信息的。个人核心的亮点可以用一句话阐述。例如，应聘投资银行岗位时可以说"通过了 CPA 考试，在券商投行部/律所/会计师事务所实习了××个月，曾参与××类型的项目"，力求快速抓住对方眼球。

> **示例**
>
> 我是上海财经大学研二金融专业的王东东，已通过 3 门 CPA 考试，现在每周可实习 3 天并可连续实习 3 个月以上，非常希望能够获得贵公司股票研究岗的实习机会。

3. 正文第二段

正文第二段介绍自己与工作岗位相匹配的能力、经验，以及个人优势，告诉对方自己的经验和技能能够帮其解决什么问题。

正文第二段是整个求职信的重中之重，我们可以从教育、证书、院校、实习和工作经历、核心技能、所取得的成就和奖项等多个方面展开描述，以证明自己与这个岗位有很好的匹配性。可以将与招聘岗位相关的经历单独凸显出来，尽可能突出个人的亮点，尤其是那些在简历中无法直观看出的与岗位相关的技能和能力。

4. 正文第三段

正文第三段描述的是入职动机，表达个人的职业规划、对公司的了解程度和加入公司的强烈意愿，恳请对方给予面试机会。可以用一句话表达对公司的成就、历史、地位、产品或领导的敬意，同时表达加入公司的强烈意愿。

寻找和一家公司的情感交集可以从很多角度入手。例如，一直在使用这家公司的产品、曾经在这家公司实习过、得过这家公司赞助的奖学金、曾在学校听过该公司总经理的讲座分享等，越有细节越好。基本的句式：

因为 A 原因，贵司的产品/服务/管理文化让我非常向往，相信凭借我的能力和进取精神，能够为团队的成长贡献自己的力量等。为了达到这种效果，需要在撰写求职信前做好调研工作。调研内容包括求职公司的主要业务、竞争对手、市场地位等，同时包括所要申请的职位的具体工作内容，而这些也是招聘方在面试中很大概率要考察的问题。

5. 结尾

求职信的结尾以简洁为主，不要写类似"风雨同舟，共创辉煌""你是伯乐，我是千里马"这类大而空的话，仅需要简单地致谢，并表明希望得到面试机会即可，如"真诚期待能有机会和您面谈""感谢您的阅读，衷心期待您的回复""非常期望能有一次面试的机会。祝您身体健康、工作顺利"等。若招聘启事中有具体的入职时间，则可以写上个人最早入职时间，以及可以接受面试的时间等。

最后，留下自己的联系方式，包括姓名、电话、邮箱等，方便对方与你联系。

（三）求职信的撰写规则

一封效果良好的求职信，首先，必须有完整的内容结构；其次，撰写人要掌握一定的撰写规则，以免走入误区，收到反效果。一般来说，求职信的撰写规则主要有以下几条。

1. 量体裁衣，度身定做

面对不同的招聘单位和具体职位，求职信在内容侧重点上有所不同，必须有很明确的针对性。求职信不能像简历那样"千篇一律"，否则很容易被有经验的招聘人员识破并弃置一旁。

2. 突出主题，引人入胜

求职信一般只有很短的时间吸引招聘人员继续看下去。在求职信中要重点突出求职者的背景材料中与未来雇主最有关系的内容。通常招聘人员对与其公司有关的信息最为敏感，因此要把自己与企业或职位之间最重要的联系表达清楚。

3. 言简意赅，避免冗长

求职信最好不要超过一页，而且内容要短小精悍，避免空泛和啰唆。因为招聘人员的工作量很大，时间宝贵，所以求职信过长会使其效度大大降低。

4. 语句通顺，文字规范

一封好的求职信不仅能体现求职者清晰的思路和良好的表达能力，还能考察出其性格特征和职业化程度。因此，一定要注意精雕细琢信中的措辞和语言，切忌有错字、别字、病句及文理欠通顺的现象发生。

5. 实事求是，切忌吹嘘

从求职信中看到的不只是一个人的经历，还有品格。诚实是进入职场最基本的要求。有的求职信没有任何豪言壮语，也没有使用任何华丽的词汇，却让人读来觉得亲切、自然、实实在在。

6. 先让身边的人查看

在求职信正式发送之前，先给身边的人看一下，这也是求职信撰写中的一个重要技巧。这样做的目的是避免歧义的产生，让求职信能更好、更准确地传达出求职者所要传达的信息。

第二节　简历制作的原则

简历是求职者进行自我推销的最重要文件，在制作简历的过程中应遵循相应的原则，这样制作出来的简历可以极大地提升简历的投递成功率，帮助求职者获得面试的机会。

一、相关性原则

相关性是简历制作中最重要的一个原则。对于工作经验多的人来说，相关性更重要，无关的工作经验、项目经验等不仅不会成为求职者的优势，反而有可能成为成功应聘的障碍。从求职者的角度出发，更多的经验和资历意味着更高的薪酬期待；而对于招聘方而言，只有与招聘岗位高度相关的经验才是真正有效的经验。

相关性可以分为招聘岗位的相关性和内容排序的相关性。

（一）招聘岗位的相关性

人力资源经理阅读一份简历一般不超过半分钟，他们对简历的审查不是"阅读"而是"扫描"，扫描的对象就是关键词。在筛选简历过程中，人力资源经理会快速对关键词进行提取，判断其与岗位的契合度。如果我们的简历中包含这些岗位的关键词，那么必然会引起他们的关注，并有非常大的概率进入面试环节。

如何获取这些关键词呢？招聘公告就是我们获取这些关键词的主要渠

道，要"复制"招聘公告中的关键词，并让它们多次出现在简历当中。

以某企业的科技、媒体和通信（Technology，Media，Telecom，TMT）行业分析师的招聘公告为例，看一下如何从中提取关键词。

示例

〖××公司 TMT 行业分析师岗位职责〗

（1）负责 TMT 行业（包括但不限于互联网、新媒体、通信、传媒出版、文化消费等子行业）相关公司的研究与分析，对行业进行调研、跟踪与预测，并撰写相关报告，提供投资建议。

（2）对 TMT 行业发展现状及未来发展趋势进行研究，提供相关行业研究报告和投资策略。

（3）构建 TMT 行业及相关公司的数据库，并定期维护数据库。

（4）为公司相关项目和业务提供 TMT 行业相关专业支持。

（5）完成领导交办的其他工作。

〖××公司 TMT 行业分析师任职条件〗

（1）理工科硕士及以上学历，要求 TMT 相关专业背景。

（2）三年以上工作经验，具有 TMT 行业工作经历、产业基金工作经历、TMT 行业研究员从业经历者优先。

（3）熟悉 TMT 行业相关领域专业知识，能独立撰写研究报告。

（4）通过 CPA 考试者优先，熟练使用 Wind、东方财富 Choice 工具。

（5）工作细致耐心，具有良好的职业操守和较强的团队合作精神；能承受工作压力；品行端正，对公司忠诚，服从工作安排。

对示例招聘公告中的关键信息进行提取，并检查我们自己的简历中是否有这些关键信息。

（1）行业相关性：在工作经历和项目经历模块中，有没有行业研究的工作经历，有没有互联网、新媒体、通信、传媒出版、文化消费行业的从业经历或者项目经历。

（2）岗位技能相关性：在工作经历、项目经历、组织和活动经历模块中，是否有行业研究、研究报告撰写、投资策略制定的经验，有没有使用过 Wind 和东方财富 Choice 等工具。

（3）教育背景相关性：教育背景是否是硕士学历、是否是理工科；如果不是，那么有没有学习理工科相关的辅修课程；兴趣爱好里有没有写看过 TMT 相关的书籍；证书技能里有没有写通过 CPA 考试。

（4）能力品质相关性：在工作经历、项目经历、组织和活动经历模块中，有没有突出自己的团队精神和抗压能力。例如，作为团队成员或者领导，将某一项任务完成得极为出色，在时间短、任务难度高的情况下圆满解决问题。

从招聘信息中提取出来的关键字要尽可能多地在简历中出现，必要时可以将字体加粗来凸显它们，相关性越高简历越容易脱颖而出。

（二）内容排序的相关性

一般而言，简历中各个模块的内容是按照时间顺序倒序排列的，但是如果与相关性冲突，则相关性的优先级更高。随着人们实习、工作阅历的增加，能写入简历的内容越来越多，必然需要进行删减，将与所应聘岗位无关的经历删除掉，只保留与应聘岗位最相关的工作经历、项目经历、培训经历等。同时，对剩余的经历进行综合排序，将相关性强、能够展现个人成绩的经历放在前面，占据简历的黄金位置，将相关性弱的经历放置在后面，甚至可以只用一行标题来代替，这样面试官若恰好对这方面感兴趣，则可以针对这个细节进行提问。

二、简洁性原则

在简历制作过程中，简洁非常重要，工整的字体、清晰的段落层次可以给用人单位以舒适的阅读感受，从而让我们获得更高的分数。

（一）排版简洁

简历上最引人注目的应该是求职者想重点突出的经历内容，花哨的色彩和另类的设计会分散人力资源经理对核心内容的关注度。因此，简历的排版应该尽量简洁，背景可以统一设置为白色，不需要校徽、校训及其他多余的图标。

每个模块的标题都是人力资源经理寻找模块信息时率先看的地方，可以用下划线或浅底色等进行强调。各模块标题保持垂直方向上的左对齐，整个版面的行间距、段间距、页边距等都保持一致。最好使用简历工具对整体的排版格式进行调整，避免因局部调整发生错乱而影响整体的美观和简洁。

（二）文字简洁

制作简历时切忌将所有经历都用一整段的长篇文字来描述，因为语句越长，信息越不容易提炼。正确的做法是，先将一段经历按照工作内容、职责、成绩等进行分类，再使用段落符分行填写，通过简明扼要的短句，将自身的核心能力、核心价值、核心成就用数据和关键词的形式表述清楚。

三、客观性原则

简历是应聘者对自己过往经历的综述，在用词上可以进行适当的修饰，但前提是这段经历是真实发生的，如果无中生有或过度夸大，就会涉嫌简历造假。制作简历时无须说谎，诚信问题是大多数企业的底线，优秀企业的人力资源经理往往经历过无数次的招聘，在这方面具有足够丰富的经验，千万不要有蒙混过关的想法。招聘人员可以凭借推荐书或背景资料查核你所呈交的资料，即使只撒了个小谎，也很容易被人发现，从而使自己的名声完全败坏。

另外，简历中的语言描述不建议出现"你""我""他"这样的人称代词；撰写的角度应力求客观，尽量用简短的语句；避免用"乐观""幽默""有趣"等无事实依据的情感性词汇，而应使用具体的事例和数字化的表达方式。写完简历之后，可以把自己当作招聘方，用第三方的眼光评价下简历是否合格，直到觉得无法再修改。

四、结果导向原则

结果导向原则是制作简历的大原则，在日常的职场工作中也极为重要。我们不仅要在简历中以结果为核心去陈述我们的过往经历，还要在工作过程中刻意培养自己的结果导向性思维，多问一下自己"这件事情我已经做得足够好了吗""这件事情还有更好的解决方法吗""这件事情还有什么改进的空间吗"，只有这样才能不断取得职业上的进步。

那么如何在简历中通过结果导向式的表达来凸显个人的能力呢？这里介绍两个技巧：数字化表达和善用行为词。

（一）数字化表达

制作简历时，我们要善于挖掘自己所有经历中能够用数字说话的部分，一定要把包含数字或百分比的陈述用量化方式表达出来，数字化的描述会让表达更加准确、更有冲击力和说服力。数额（如任职当年完成了多少销售额、个人的销售业绩在团队中占比多少等）、效率（如通过改进某个程序的算法结构，执行效率提升了多少个百分点等）、数量（如运营的公众号达到了多少阅读量、日活用户的数量达到多少等）都是比较容易数字化的点。教育经历里的成绩、排名，工作经历和项目经历里的个人成就、晋升速度，组织活动经历里所获得的成果和奖项，这些都可以用数字化的方式来表达。

（二）善用行为词

在描述过往经历的时候，简历中的行为词能够起到至关重要的作用，这类词汇能够直接、简洁地体现出个人的能力及其在团队中的作用。采用行为词开头的短句，结合数字化的表达方式，可以将以往经历精准有力地描述出来。

案例对比

〖修改前的经历〗

曾经做过一段时间的外汇行业销售，做过半年的 Top Sales，后来转到市场部做市场策划和文案策划，负责公司自媒体运营、媒体沟通、新闻稿撰写、品牌推广、线下展会及沙龙和线上活动的创意策划。

〖修改后的经历〗

入职前 8 个月负责集团大中华区外汇销售工作，任职期间超额50％完成销售指标，获得 2 个季度销售冠军，归属客户资产平均增长率达 40％。

因家庭原因转岗市场部，负责市场及文案策划工作，主导 5 场大型品牌展会（平均参与人数高达5 000人），参与 3 次线上活动创意策划，累计覆盖人数超 20 万，将原有 10 家合作媒体渠道扩张为 50家，撰写 25 篇品牌推广及媒体文章，公众号粉丝数量半年增长80％。

通过案例对比可知，修改前的内容描述了求职者近两年的工作经历，既包含了销售工作，也包含了市场工作，并且用了非常口语化的表达，以结果为导向的内容在简历中均未提及，就更不用说将具体经历用数字化的方式表达了。修改后，使用"负责""完成""主导""扩张"等词汇反映了求职者在整个工作过程中所扮演的角色和所实现的价值，结合数字化的描述，让整段经历显得更加具体、更加吸引眼球。

我们在选择动词的时候，要优选"强动词"，规避"弱动词"。例如，"领导""负责"就会比"协助""参与"这些词更有张力一些。若无特别需要突出的原因，则句式可以以动词开头，前面无须加任何主语和修饰性词汇。

五、劣势规避原则

对于在校大学生或应届毕业生来说，缺少实习经历是非常普遍的现象，很多同学还存在一些"硬伤"，如专业不对口、学习成绩不好、学校不知名等。这些劣势，有的可以通过自身的努力来改善，有的则无法在短期内弥补。这就要求我们在保证客观真实的前提下扬长避短，尽可能回避自己的劣势、突出自己的优势。

（一）缺少相关实习或工作经历

根据相关性原则，如果工作或实习经历与应聘岗位不相关，那么没必要写在简历中。但是如果求职者实习或工作经历比较匮乏，那么没有必要删减这些经历，而应客观地把这段经历中与应聘岗位相关的部分重点突出一下。例如，自己是学设计的，但是想应聘产品岗位，那么就重点突出自己在设计过程中如何与产品经理进行沟通，以及自己的一些想法或创意、所参与的产品工作流程等。虽然是同段经历，但是因为我们描述和突出的重点不同，传递给应聘企业的信息也是不同的，这将会直接影响简历筛选的结果。

1. 用项目经历、培训经历、比赛经历突出自己的硬实力

与实习经历相比，项目经历、培训经历、比赛经历会有更强的灵活性和主动性。实习一般会要求一个比较长的时间，而项目和培训的时间一般较短。实习通常需要经过多次面试筛选，而项目和培训的门槛较低。多参加一些业界认可的学科类竞赛、创新创业大赛或科研项目都可以为自己的经历加分。此外，所参加的导师的研究课题、自己专业领域的课程设计和毕业设计、在校园里兼职或者在某个创业项目中承担什么角色等，都可以写在简历中，只需针对招聘信息修改一下重点突出的部分即可。

其实很多经验和学习机会是需要自己来创造的。例如，想做新媒体运营，可以自己建个公众号，练习编辑、排版、策划活动等；想学编程开发，网上有很多课程，图书馆有大量的书籍，甚至一个复杂的练习都可以看成一个项目；想做商业和公司分析，学校有各种经济数据库，有合作的

商业分析软件，完全可以支撑你去撰写一份感兴趣的商业报告；等等。这些事情都可以利用自己闲散的时间去完成，其成果也都可以写在简历上。

2. 学会从不相关的工作经历或校园经历中提取软实力

在简历中，企业最看重的是求职者以往经历中的数字化成果。但是在校生因缺乏对应的实习及工作经验，加上学校所学课程与工作实操存在脱节，想要完全与岗位匹配是非常困难的事情。用人单位对此也很清楚，因此在招聘应届毕业生时，会更加注重软实力的筛选。

软实力反映的是求职者自身固有的品质，如我们通常所说的沟通能力、创新能力、组织管理和计划能力、领导能力、学习和总结能力等都属于软实力的范畴。不同于外语能力、数据搜集能力、编程能力等硬技能，软实力由于它的可迁移性，往往决定了一个人在职场的最终高度，即"发展潜力"，因此在招聘过程中受到企业的高度重视。但因为软实力具有隐蔽性，所以无论是招聘方还是求职者，都需要利用一定的方式或技巧去挖掘这些隐藏的实力。

常见的软实力包括沟通能力、应变能力、时间管理能力、团队协作能力、解决问题的能力、领导能力、抗压能力、学习能力、规划能力、分析能力等。

不同岗位对软实力的要求大不相同。例如，营销类岗位比较看重沟通能力、抗压能力；产品类岗位比较看重分析能力、规划能力；项目管理类岗位则比较看重规划能力、领导能力和团队协作能力。

对于大学生而言，校园活动经历也能直接反映出这些软实力和相关品质。例如，担任过社团、学生会等组织的干部，就会涉及开会演讲、团队招募建设、活动策划和组织落地、经费筹集、新闻稿撰写等。从一个人所担任的职位和所做的事情，可以直接看到其领导能力、沟通能力和团队协作能力。

往往一段不错的经历可以突出不止一项软实力，在撰写时，一般是先把自己有成就、印象深刻的一些经历都罗列出来，再比对要应聘的具体岗位和公司，将经历中的事项对应到具体的软实力上。如果是经历不匹配、跨行跨专业求职，那么除了要在各个模块刻意突出这些软实力，还建议单列"个人总结"或"自我评价"模块，把硬实力和软实力一并按照项目列表的方式提炼出来，好让招聘方产生更为直观的印象。例如，某运动品牌市场类岗位招聘应届毕业生，要求应聘者有创新能力、策划能力、沟通能力、领导能力。某应聘者从来没有相关的实习经历，但是在大学期间举办过一场讲座，该场讲座的参与人数非常多，可以说是座无虚席，嘉宾对此也很满意。那么该求职者就可以通过深度挖掘此次活动的组织策划和宣传推广的方式，来凸显个人的软实力。

> **示例**
>
> 　　领导力：带领学术部4人，在10天内成功吸引500人参与××讲座，负责宣传方案制订、人员分工、预算投放、第三方合作、执行落地全流程工作。
>
> 　　策划能力：利用××平台抽奖工具，配合巨幅海报，在课间走进每个班级发放抽奖券；抽奖结果在讲座现场公布，最高奖可去××企业总部参观；设计H5传播页，讲座前期该页面的阅读量高达5 000次。
>
> 　　沟通能力（资源整合能力）：说服校方微博和本校拥有10万粉丝的大号发布此次讲座的信息，累计曝光达2万次。

　　一定要善于从以往的经历中挖掘与应聘岗位相对应的技能点，这些经历可能只是生活、学习、工作中的小事，但是因为你的参与促成了这件事情或者让这件事情发展得更好，那么都值得写出来。

3. 通过技能证书突出自己的学习能力

　　若求职者的学习能力比较强，则可以将考取的与岗位相关的证书列在简历的醒目位置。若阅读过与岗位相关的书籍，则可以重点写出来，这既代表了你的知识储备，也代表了你的兴趣所在；但是如果没有认真看过，那么就别写了，因为如果恰好考官也读过这些书，那么有可能面试的考题就来自其中。

（二）专业不对口

　　新东方《2018年高校应届毕业生就业报告》的数据显示，54.9%的高校应届毕业生表示自己的就业岗位与大学所学专业毫无关系。由此可以看出，专业不对口是一个相对普遍的现象；同时，企业对专业的要求并没有那么严格。当然，这并不是说专业是否对口无所谓，而是在拥有企业需要的能力这一前提下，你的原生专业相对而言没有那么重要。

　　因此，在大学期间，如果你对某种知识、行业、岗位感兴趣，那么就大胆地去了解、去尝试，即便错过了转专业的最佳时期，也可以去其他院系旁听一些课程，辅修一个专业，到图书馆借一些书，考一些与目标行业相关的证书等。很多领域的达人都不是科班出身，不要让专业成为你求职的障碍，只要你肯吃苦、能持之以恒，你的能力不会逊色于科班出身的那些求职者。

在制作简历时，我们可通过以下几种方法来提升自己跨专业求职的竞争力。

（1）重点突出相关专业的学位和课程信息。若选择跨专业求职，则应尽早进行职业规划，弥补相应专业的基础知识，申请第二专业、辅修或选修一些课程都是很好的途径。

（2）突出与应聘岗位相关的实习和项目信息。如果已经有了一份相关岗位的实习或工作经历，那么专业背景相对而言就显得不那么重要了。因此，如果专业不对口，那么就要尽早通过一切可能有效的手段参加与目标岗位相关的实习和项目。

（3）突出考取的证书及阅读的书籍。跨专业求职时，应该多阅读与目标求职方向相关的书籍，抽时间考取与目标岗位相关的职业证书。每年有很多人通过司法考试进入法律行业，也有很多人通过 CPA 考试进入金融行业，证书虽然不能等同于胜任能力，但却是你拥有相关行业知识的证明，也是一些行业的刚性门槛。

随着工作经验的增多，专业背景的重要性会逐步下降，企业会越来越关注求职者在过往工作经历中所取得的成就。

（三）学习成绩不好

学习成绩的"好"与"不好"是一个相对的概念，因为不同行业、不同公司、不同岗位对成绩的要求是不一样的。例如，一些投资银行、咨询机构对成绩的要求高，而一些营销类、运营类的岗位对成绩的要求相对没有那么高。不少企业在面试前，都会用图形推理、计算、阅读理解等相关的测试题目对应聘者进行评估，在面试过程中甚至不会问及大学成绩，而是注重对工作实习经验和综合素质的考查。因此，如果成绩一般且无法改变，那么也不用太紧张，很多成绩一般的同学也都找到了心仪的好工作。当然，好的成绩会让自己处于更加主动的地位，不至于因此而错失好机会。

成绩一般写在简历的教育背景模块，如果成绩不好，那么没必要写出绩点和排名；招聘方对此很在意的话自然会问，提前准备一个足够充分的理由即可。可以将自己与岗位相关的分数比较高的课程成绩列在"主修课程"或"相关课程"中，突出自己在部分学科领域扎实的功底。同时突出自己的实习经历、项目经历、校园组织经历，与学习成绩比起来，这些更有可能成为你获得工作机会的决定性因素。

（四）学校不知名

有些行业（如金融、咨询等）确实对应聘者的毕业院校有着严格的限制，若你的学校不是名校，则要正视而不是回避这一点。但也绝不该自怨自艾，而应当奋起追赶。2021 年，全国本硕博毕业生达 909 万，其中"双一流"高校的毕业生占比仅为 10％，可见名校的学生数量只占很少一部分；更何况对于绝大多数用人单位而言，名校只是一个标签，更重要的还是个人能力。

如果既非名校背景又想在毕业时有一个较高的起点，那么一种方式是通过读研或读博刷新自己的最高学历背景，另一种方式就是增加自己的实习和项目经验，让该方面的优势取代教育背景方面的劣势。这两种方式相辅相成。不用太在意自己的起点，你能努力争取的是未来，每天缩短一些差距，可能有一天一回头，那些原本看起来高不可攀的目标已经被你甩到了身后。

在简历的布局上，应届毕业生一般将教育经历放置在最上面，但是那些学校普通但是实习经验丰富的同学可以将教育经历放在最下面，因为工作经历和在工作中所取得的成就是企业更为看重的部分。有的同学因为学校差，索性不填写学校信息，这种做法在学生求职阶段不太恰当，因为对于即将毕业的同学来说，母校是他们当下最重要的标签之一，懂得感恩和正视自己的过去是一种良好的品质。这种逃避就好比你因父母贫穷而嫌弃他们，或者因你任职的企业规模不大就避而不谈它带给你的成长，一个正直的面试官是不会喜欢这种做法的。

第三节　简历的投递与企业的选择

企业发布招聘信息的平台主要有招聘网站、企业官网及面向校园招聘的学校就业信息网，对应的投递方式包括求职网站投递、企业官网投递、邮件投递、招聘会及宣讲会投递等。对于刚开始寻找实习机会、经验欠缺的同学来说，遇到自己感兴趣的岗位，不妨多投一些简历，尽快积攒早期职业经历，同时进行职业规划定位。但是越往后期，职业方向应当越明确，简历投递也应当聚焦到某个行业、某个岗位甚至是某个企业。

一、简历投递的方式

通常来说，不同简历投递方式的通过率从高到低排列为内部推荐、招聘会现场投递、邮箱投递、企业官网申请、第三方招聘网站投递。曝光量越大的岗位吸引的申请者越多，竞争也就会越激烈。

根据简历投递的不同方式，了解简历投递过程中需要注意的要点，以提升简历通过审核的概率。

（一）内部推荐

很多大企业有内部推荐机制。内部推荐方式大大降低了企业的招聘成本，节约了招聘时间、宣传经费及因选错人而浪费的工资成本等，因此越来越受到企业的推崇。不少企业针对内部推荐制定了激励措施，员工推荐他人成功入职，可以领取推荐奖金。《第一财经周刊》上有一篇报道称："以网易为例，其内推人才的录取通知占比为40%左右，而在阿里巴巴，这个比例是49%，百度和腾讯的内推比例则超过了50%。顶级互联网公司的很多岗位都通过内部推荐解决，甚至不公开发布招聘信息。"在国内，可以通过校友、朋友、前同事等实现内部推荐。

（二）招聘会现场投递

招聘会的主要形式有企业的校园宣讲会、大型的人才双选会等。在招聘会上，多数企业会现场安排进行简短的面试；在宣讲会上，多数企业会现场收简历并有私下答疑时间。使用这种方式投递简历，可以有效提升简历的通过率。

（三）邮箱投递

企业会将招聘信息公布在多个平台，如企业官网、官方微信公众号、目标院校的就业信息网、相关专业领域的论坛社区等。在有招聘方邮箱的前提下，建议将简历直接投递到招聘方邮箱，而不通过第三方平台，这样会更直接更高效，招聘方也方便通过直接回复邮件的方式联系你。

（四）企业官网申请

一些大型企业往往搭建了自己的网申系统，一般而言企业对自身的招聘渠道会投入更多的精力去维护，同时因为招聘系统可以对简历进行筛选和分类，所以提升了人力资源经理筛选的效率。但是也有些企业官网的招聘信息存在一定的滞后性，有的岗位可能已经招满了，但是相应的招聘信息仍然没有撤下来。

（五）第三方招聘网站投递

大部分的企业会使用第三方招聘平台进行招聘，因为这类招聘平台上聚集了大量的求职者，招聘信息在发布后会得到大量的曝光。同时招聘平台往往自带招聘管理系统，可以利用系统关键词对简历进行初步筛选，过滤掉不符合预设关键词的简历。这也意味着如果求职者不注意在简历描述中加入应聘岗位的关键词，那么简历很可能就被系统过滤掉而无法到达人力资源经理的手中。

二、简历投递的注意事项

围绕邮箱投递，校园招聘网申投递（官网、第三方招聘平台），以及招聘会、宣讲会现场投递，讲解简历投递的注意事项。

（一）邮箱投递注意事项

通过邮箱投递简历是一种比较高效的简历投递方式，需要注意的事项如下。

1. 邮箱的设置

优先选择网易126、163等大品牌的邮箱，不建议使用高校教育网邮箱或其他小众品牌邮箱，因为所发邮件容易被部分企业邮箱系统当作垃圾邮件过滤掉。

务必将邮箱名称设为与自己的真实姓名一致，或与个人中文名称相对应的英文名，使用 QQ 邮箱的一定要更改昵称。

建议使用自己的中文名或英文名的全拼或缩写；若已经被注册，则可以采用英文名＋中文姓氏、中文拼音＋数字（注册日期、生日数字、幸运数字）等形式，整体字符建议不超过10个。好的用户名可以让对方一看到就能与你本人对应起来。

2. 邮件标题

邮件标题直接决定了简历被打开的概率，标题应突出自己的姓名、应聘岗位及其他有助于你申请到这个职位的要点，而且这些要点是必须满足的刚性要求。例如，企业要求有相关工作经验，你就要在标题中突出自己在某个领域有多少年的相关经验；企业对学校或者专业有明确的要求，你就要在标题里写上学校名称。

示例

王小华—上海财经大学—数据分析岗（突出学校）

牛萌萌—上海交通大学—咨询师助理—每周可实习 3 天（突出学校和实习天数）

张大力—Java 开发岗—2 年工作经验，曾就职于华为（突出工作经验）

李明—同济大学—车辆工程—产品开发岗（突出学校和专业）

很多招聘信息会明确说明邮件标题的命名格式，若有格式要求，则按照招聘方要求的格式书写。此外，若在邮箱中添加简历附件，则简历名称要和邮件标题保持一致。

3. 邮件正文和签名

邮件正文就是求职信，在使用邮箱投递简历时务必要撰写邮件正文，否则很容易被邮箱自带的反垃圾系统屏蔽。

邮件签名一般包括个人姓名、联系方式、所在单位等信息。如果是学生，那么一般还需要包含学校、学院、专业等信息。

为了防止部分企业邮箱无法接收附件，或企业办公计算机因版本老旧打不开求职者的简历，建议除了将简历作为附件上传，还应同时粘贴到邮件正文。这样人力资源经理不用下载即可查看附件，更加高效便捷。

4. 邮件附件

常见的求职邮件的附件有个人简历、作品集等。

简历是必须要有的文件，命名格式可以参考邮件标题，如"姓名—毕业学校—应聘岗位"，优先使用 PDF 格式，以保证排版格式不会错乱。

应聘设计、策划、咨询等相关岗位时，作品集、相关的研究报告是必需文件。作品应尽可能合并在一个文档中，仅挑选有代表性的即可，质优于量。作品集最好以"作品名称—姓名"命名。

附件的整体大小建议不超过 20 MB，尽量不要上传与应聘不直接相关或对方没有要求发送的文件。若作品所占空间比较大，则可以将其放置在网盘里，或者做成能够在线观看不用下载的形式。

5. 邮件发送时间的选择

相关调查显示，网易邮箱的登录高峰区间为 9：00—11：00 和 15：00—17：00，11：00 和 17：00 是一天中的发件高峰期。选择合适的时间发送邮件，最好既避开每日收发邮件的高峰期，又要让人力资源经理最先看到你的简历。因此，邮件发送时间最好为每天 8：30—9：00，这样可以保证每天早晨人力资源经理打开邮箱时，你的简历可以出现在最前列。

（二）校园招聘网申投递注意事项

网申最常见的场景是校园招聘。校园招聘的特点是时间点比较集中、应聘人数比较多，招聘人员要在短时间内完成简历筛选、笔试、面试等一系列工作。针对这种情况，很多企业采用了个性化的网申系统。利用该系统，企业不仅可以通过设置诸如工作地点、毕业院校、专业之类的关键词对简历进行初步筛选，还可以对申请的邮件进行统一存储和分类管理，从而有助于搭建企业的人才库系统。

对于应届毕业生而言，网申是耗时最长、淘汰率最高，但是又不得不使用的一个求职通道。因为应届毕业生的职业发展方向往往没有完全定型，企业会放低对其工作经验的要求，所以他们可申请的行业和岗位的范围会相对宽泛。这也意味着大多数应届毕业生会同时申请多家企业的多个岗位。最初的网申一般只需要填写一份在线简历；随着招聘系统的完善，现在很多企业在原来的基础上增加了开放式问题、网络测试等环节。对于应届毕业生而言，一天能做完3～5个企业的网申已经十分不易。企业通过这种方式提高了申请的门槛，可以让一些盲目投递者知难而退。

1. 校园招聘网申前的准备

在校园招聘季到来之前，要确定自己的职业规划，找出自己在特定行业和岗位的竞争优势；同时聚焦自己感兴趣的岗位，确定网申范围。

一般每年的秋招旺季是9—11月份，为了避免措手不及或错过招聘时间，建议在8月前就制订申请计划表，同时选择30～50家企业作为重点目标，制订申请计划，计划表中需要包含公司名称、预计网申启动时间、网申地址等信息。

在网申进程中，为了有效地对申请进度进行管理，制作一份"简历投递记录跟进表"是非常有必要的。利用"简历投递记录跟进表"对所有网申过的企业进行较为详细的记录，包含公司名称、岗位名称、申请链接、网申截止日期、对应网站的用户名和密码、现在所处状态、企业来电等信息，每进行一次网申即记录一条。

需要注意的是，一般网申的时间是一两个月，申请的时间段建议安排在开放日期的5天后和截止日期的5天前。刚开放申请时，往往申请人数众多，会存在服务器拥堵、网页打开慢的现象，同时晚几天申请可以通过前面申请的同学分享的一些经验了解该企业网申和在线测试的基本情况。

千万不要压着截止日期进行网申，因为招聘方并非到日期才开始筛选收到的简历，大多数企业采用的是滚动录取的方式，开放时间进行到一半就开始批量通知面试了，而每个岗位的招聘名额都是有明确规定的，如果前面满足条件的人足够多，或者已经招聘到了合适的人，那么即便没有到截止日期，后面的申请他们也都不会再看了。因此，压着截止日期去申请会极大地降低网申的通过率。

2. 网申信息的填写

网申是校园招聘的第一个环节，也是淘汰率最高的一个环节。根据对各个行业的初步统计，网申平均通过率不足 30%，一些极其热门的岗位甚至低于 5%。毫不夸张地说，如果通过了网申环节，整个求职就成功了一半。随着信息技术（Information Technology，IT）系统的完善，越来越多的企业将传统的线下笔试转移到线上，同时根据企业自身的特点设置了各种测试问题，这些构成了完整的网申流程。

网申需要填写的基本信息和个人简历非常类似，一般包括个人基本信息、教育经历、项目经历、工作和实习经历、技能证书等。尽量将每个模块都填写完整，因为网申简历的完整度有很大概率会直接影响到简历的得分。内容尽可能地靠近关键词，这能够让你的人岗匹配度得到提升。

一些大型招聘网站（如智联招聘、前程无忧），都会有关键词筛选功能，大中规模的企业多数对接了申请人跟踪系统（Applicant Tracking Systems，ATS）。该系统可以对接智联招聘、前程无忧等招聘平台，将简历导入企业人才库。因此在填写网申信息时要注意关键词匹配。校招时，招聘方会选择一些关键性的信息进行打分，将各个分数加权求和后再计算最终的排名。在个人硬性条件无法短期提升的情况下，更要注意关键词的匹配，某些重要的关键词，可以在网申信息的项目经历、工作和实习经历、技能证书等多个模块以不同的表达形式重复出现。

3. 开放式问题的回答

网申中的问题一般分为封闭式问题和开放式问题。封闭式问题有固定答案，仅回答 Yes 或 No 即可，这类问题在性格测试环节较为常见。开放式问题一般是要求职者依据给出的场景进行作答，没有标准答案。大部分企业的开放式问题每年不会有太大的变化，因此在答题前可先去相关求职论坛看看这些企业往年的问题，分析和思考自己应当怎么回答。

开放式问题主要考察的是求职者的求职动机、解决问题的能力、创造力等软实力，即根据求职者过去的行为及解决问题的思维方式，判断其对未来岗位的胜任能力。

比较典型的开放式问题就是"宝洁八大问"。"宝洁八大问"是宝洁公司在高校招聘时采用的评价测试方法，主要是根据一些既定问题来考核应聘者的综合素质和能力。宝洁的面试由以下八个核心问题组成。

（1）请举例说明你如何制定了一个很高的目标，并且最终实现了它。

（2）请举例说明你在一项团队活动中如何取得主动权，并且起到领导者的作用，最终获得你所希望的结果。

（3）请详细描述一个情景，在这个情景中你必须搜集相关信息，划定关键点，并且决定依照哪些步骤能够达到所期望的结果。

（4）请举例说明你是怎样用事实促使他人与你达成一致意见的。

（5）请举例证明你可以和他人合作，共同实现一个重要目标。

（6）请举例证明你的一个创意曾经对一个项目的成功起到至关重要的作用。

（7）请举例说明你是怎样评估一种情况并将注意力集中在关键问题的解决上。

（8）请举例说明你怎样获得一种技能，并将其应用于实践中。

回答开放式问题时，第一步要做的就是分析问题，明确招聘方要考察的是什么，然后对自己的经历进行提炼和总结，把自己与问题相关的经历和活动都罗列出来。往往一个活动、一个任务的完成会涉及多种能力，同一种能力往往也有多段经历可以证明，这时候从中挑选最具说服力、最让自己自豪的经历予以描述即可。切忌编造经历，即便侥幸通过网申，面试阶段也很容易被拆穿。

如何让回答的内容逻辑严谨、通俗易懂呢？我们可以应用 W＋STAR 法则。STAR 法则在之前已经提到，即背景、任务、行动和结果；而 W 代表 What，即在开始的时候用一句话描述整件事情。

我们以宝洁面试的第一个问题为例：请举例说明你如何制定了一个很高的目标，并且最终实现了它。

能力点提取：目标设定能力、执行能力。

问题拆解：设定目标，实现目标。

What：参加××移动产品设计，赢得区域赛四强。

背景：××互联网巨头举办的比赛，比赛进入前十名可获得面试直通卡，并且可以参加该集团的实习培训营，全面学习互联网产品设计知识。

任务：需要在 3 周内完成跨平台组建团队、产品市场调研、产品原型设计和制作、产品 PPT 展示。

行动：通过同学介绍和论坛发帖等形式，找到了用户界面（User

Interface，UI）设计和开发的队友，统筹人员分工、日程规划、市场调研、原型设计等全过程，2 周时间内自学 HTML 并制作出产品展示交互原型，代表小组进行最终展示。

结果：不仅取得了不错的比赛成绩，还学习到了互联网产品设计相关知识，并获得了××公司暑期实习机会。

如果应聘的是非技术领域，那么"宝洁八大问"就是非常好的练习题。虽然网申的开放式问题千变万化，但是将"宝洁八大问"中对应的经历稍加变换就可以应对。

经过对常见开放式问题的综合分析，我们可以将其归纳为以下几类。

（1）考察求职动机类。通过考察求职者的职业规划和加入意愿的强烈程度，判别其职业发展的内在驱动力和稳定性。例如，你近三年的职业发展规划是怎样的？为了胜任这个岗位，你付出过哪些努力？

回答此类问题时，逻辑性和说服力会显得比较重要。求职者可通过公司的官网、微信公众号等了解其产品业务、发展历程、企业使命等信息。若应聘的企业是上市公司，则可以查看其近期的财务报表等信息，用数据和事实说服别人。

（2）考察经历背景类。通过考察求职者以往经历过的事例及其应对方式来判断其在某一方面的能力和发展潜力。例如，大学期间你做过的最有成就感的事情是什么？描述一下你为实现某个目标所付出的努力。

回答此类问题时，可应用 W+STAR 法则，同时明确对应工作岗位所要具备的性格特点和能力，判断企业想通过此问题深层次了解你的哪些素质，是沟通能力、团队协作能力、领导能力、时间管理能力、抗压能力、解决问题的能力还是学习能力，然后选择与目标岗位最契合的经历去作答，并且通过一次次的网申不断优化自己的回答。

（3）考察性格爱好类。通过对求职者性格、爱好的考察来判断其是否适合当前岗位。例如，你认为自己最大的缺点是什么？最大的优点是什么？平时双休日的时候你在做什么？

回答此类问题时，首先明确企业提出此类问题的动机，然后重点挖掘自己相对应的优势去回答。例如，说优点的时候尽可能描述对于所应聘岗位来说至关重要的优点，说缺点时则优先选择那些对岗位胜任能力影响不大的缺点。如果在应聘会计或者数据分析类的岗位时说自己的缺点是粗心大意，那么大概率无法通过面试。

网申中的开放式问题一般会有字数限制，在回答时建议采用段落符＋

短句＋关键词的形式。若是考察经历背景类的问题，则尽可能在结果中多用数字化表达方式。

4. 在线测试的完成

在线测试主要包括性格测试、综合能力测试、技能测试三类。

（1）性格测试主要用于考察个人与工作岗位的匹配程度，考察内容包含性格、能力、动机、价值观等。性格测试的多数问题没有绝对的对错之分，测试往往有测谎功能，在回答的时候建议按照个人真实的情况和想法作答，否则可能会因前后回答不一致而被淘汰。

（2）综合能力测试常规的题型分为语言推理、数值推理和归纳推理。语言推理类型的题目类似于常见的阅读理解，给出一段文字及对应的问题，让求职者判断该问题阐述的观点是否正确；数值推理类型的题目类似于应用数学题，通过简单的计算从多个选项中选出正确答案；归纳推理类型的题目主要是图形推理题，根据前面的示例图形，推断下一个图形的样式和特点。综合能力测试有着严格的时间限制，在答题的时候一定要选择安静的环境以帮助自己集中注意力，准备好笔、纸、计算器等相关工具，保证网络状态良好，断网或者网页崩溃都可能导致答题失败。

（3）技能测试一般针对研发、工程、设计、产品等岗位，有的企业会通知求职者到指定地点参加机考；有的企业会直接发送笔试链接，求职者可在任意地点完成；有的企业仍采用线下统一组织答题的形式完成。

（三）招聘会、宣讲会现场投递注意事项

招聘会、宣讲会现场投递与其他方式最大的不同就是可以面对面地与招聘方进行交流，更容易在现场就给对方留下良好的印象。

1. 招聘会现场投递

在求职季，大部分高校会组织校园招聘会。招聘会开始前，主办方会在多个平台公布当天参会的企业，求职者可提前了解清楚招聘会的性质（社招、校招、暑期实习招聘、某领域专场招聘会），选择适合自己的参加。很多企业会参加多个高校的招聘会，因此提前了解清楚可以少跑冤枉路。

在前往招聘会前，应当提前根据所要投递的岗位打印足够多的简历；若打算投递多个类型的岗位，则须分别准备几份不同的简历；同时携带纸笔便于现场记录所投递过的公司和岗位。尽可能穿正装，男士提前剃好胡须，女士可化淡妆，若没有正装，则要确保穿着干净得体。

招聘会现场一般设有参展企业的大型展架，以及现场平面地图，可以

先全部浏览一遍，并用手机拍个照片，确定自己准备沟通和投递简历的企业，并了解其具体的展位地点。切忌一到会场就冲进去，不分重点、走马观花似的乱转一气。一些热门企业的展位往往会排很长的队伍，如果这些企业是你计划重点沟通的对象，那么早些赶过去会为你节省不少时间。

招聘会不光是收简历，招聘方也会在现场进行简单的面试，对求职者进行初步的筛选。因为人数较多，往往沟通的时间只有一两分钟，若求职者满足招聘方的要求，则他们会将其简历单独放置或进行标记，后续安排进一步详谈。

现场参展的企业一般会用海报或者易拉宝介绍自己的企业和所招聘的岗位，在排队时要认真阅读，挖掘自己与所招聘岗位的契合点。在轮到自己的时候，先礼貌大方地问好，再有针对性地进行自我介绍，并围绕着个人简历向人力资源经理展示自己与对方所招聘岗位的契合点，这样往往更容易给对方留下深刻的印象。

在投递简历的时候，若没有写目标岗位，或者简历上所写的目标岗位和对方企业展示的岗位不太一致，则可以在简历上方的空白处用笔标注上所要应聘的岗位，便于人力资源经理进行后续的筛选。若在招聘会现场有人力资源经理名片，则可礼貌地向对方索取；若双方在现场相谈甚欢，且对方没有公开摆放的名片，则也可以主动礼貌地询问对方是否可以留下名片或其他联系方式，以便在招聘会后与其进行联系，了解最新的情况。

2. 宣讲会现场投递

很多企业每年都会选定若干所高校作为目标高校进行巡回宣讲，有的企业在宣讲会结束后会现场接收简历。

企业宣讲会能够帮助求职者更好地了解该企业的企业文化和岗位需求，有部分企业在宣讲会结束后会直接安排笔试，并要求笔试试卷和简历一并提交，如果这恰好是你中意的企业，那么务必要准时参加。

若企业明确告知在宣讲会后有集中的笔试和面试，则建议正装出席。若在宣讲会开始前没有其他事情，则建议提前半个小时到达宣讲会地点。一般企业会提前半个小时到一个小时抵达现场进行布置，校园内开展的宣讲会一般会有公司总监以上级别的嘉宾到场，甚至不少企业的创始人等高管也会在场和学生进行互动，早到后可以先占个前排的位置。但不建议直接坐下来等宣讲会开始，若看到对方还在布置会场，就前往看看有没有可以帮忙的地方；若会场已经布置完成，则可主动上前进行自我介绍，简单询问岗位招聘情况，以及后续的笔试和面试安排等，或聊一下自己的职业规划，并重点表达对该公司的憧憬与喜爱。

宣讲会开始后要认真倾听，有问题及时记下来，等到自由提问环节，选择两个优质问题进行提问。提问前先进行自我介绍，尽可能通过这些环节给招聘方留下良好和深刻的印象。

宣讲会正式环节结束后，往往会有双方私下交流的时间。此时先不要忙着投递简历，若自己心仪岗位的部门领导在现场，则可以前去询问下自己感兴趣的问题，主动介绍一下自己的实习经历、教育背景、专业情况，让他看一下自己是否满足企业要求。若现场问问题的人不多，则可尝试向对方索取名片。在投递简历时，要在简历上标注自己所要应聘的岗位，晚一些投递能够保证自己的简历在靠上面一些的位置。

最后提一点，不少企业在招聘信息中会提出有 3 年工作经验、5 年工作经验之类的要求，如果你经验时长不够，但是又觉得自己的水平满足岗位要求，那么放心大胆地直接投递即可。因为在工作年限方面，多数企业会有很大的弹性，如果你学习能力强，责任心又强，本身能力也不差，期望薪资还比其他有经验的求职者低，那么企业怎么可能不选你呢？

三、企业的选择

我们经常会在网上看到这样一些新闻：求职者去参加面试，却被骗入了传销组织；求职者向求职中介交了一大笔中介费，但是付完钱后就再也联系不上对方了；求职者刚入职还不到一个月，企业就破产倒闭了，拖欠员工工资……可见，求职前对企业进行调查非常重要，可以避免很多风险隐患。

初步判断一家企业是否可靠，一是要看其是否合法合规，二是要看该企业的经营模式是否具有可持续性。

（一）判别企业的合法合规性

我们可以通过以下几种渠道判别企业的合法合规性。

1. 国家企业信用信息公示系统

通过国家企业信用信息公示系统，可以查询全国范围内企业的注册登记、许可审批、年度报告、行政处罚、抽查结果、经营异常状态等信息，企业是否真实存在、是否触犯过国家法律、每年的年度报告情况等都可以查得到。如果通知你面试的企业主体在这里查询不到，那么就需要提高警惕。

2. 天眼查、启信宝等第三方信息平台

天眼查、启信宝等第三方信息平台通过对全网数据检索、与政府公示

系统信息对接等形式，汇集了企业经营相关的各类数据，如企业管理团队的背景、企业现在员工的数量、企业有没有涉及法律诉讼、企业的社保缴纳情况等。例如，某企业有 100 个员工，但是你查到其社保缴纳人数只有 10 个人，那么该企业就有可能存在用工不合法的情况；你发现某企业被起诉了，原因是该企业拖欠供应商货款，那么就要进一步调查该企业的可持续经营情况了。

（二）判别企业的经营情况

通过天眼查等平台，我们可以查询到企业的经营情况，但是这类数据往往比较滞后。那么如何更直观地判断一家公司的经营状况呢？主要看其商业模式和盈利模式是否具有可持续性。

选择应聘企业前，务必要了解清楚这家企业提供什么服务、生产什么产品、靠什么赚钱，现有的产品和业务的回笼资金能不能支撑企业运营。例如，有的企业一个月的销售额只有 30 万元，而一个月的员工工资就要发出 100 万元；有的企业承诺给投资人的收益率是 20％，而实际回报率只有 15％。在这种情况下，除非有源源不断的风险投资加入，否则这些企业很难持续经营下去。

若应聘的是上市企业，则可以到财经新闻网站看看该企业最近几年的盈利情况怎么样。如果这家企业的利润增长率或利润率一直在下滑，甚至好几年都是负数，那么说明企业的经营环境可能在恶化。最好在面试前了解一下企业最近发生的重大事件，这不仅有助于了解企业近况，还可以将这些信息作为面试中的谈资。

（三）国有企业、民营企业、外资企业的区别

在很多人的心目中，国有企业意味着"铁饭碗"，但是存在着体制僵化的可能；民营企业能够快速成长，但是很多企业以"996"的工作节奏闻名；外资企业福利好，待遇也不错，但似乎职业天花板过于明显……其实，这些想法带有很大的片面性，企业所处的行业比企业体制更能体现出差异。例如，在咨询行业，外资企业明显优于内资企业；在互联网及科技型行业，大型民营企业占主导地位；而在关系国民经济命脉的重要行业，如金融、石油石化、电信等，则以国有企业为主体。当然，在薪酬和福利、工作压力和稳定性、管理制度和组织文化方面，不同体制的企业会有一定的差异。

1. 薪酬和福利

从基本工资来看，民营企业和外资企业通常比国有企业更有竞争力，

但是国有企业也有自己的优势，如社保、公积金全部足额缴纳，有的国有企业还会帮助员工购买额外的商业保险。

2. 工作压力和稳定性

民营企业的工作压力往往最大，员工跳槽频率也最高，稳定性较差；其次是外资企业，工作压力相对较大，稳定性一般；国有企业的工作压力相对较小，稳定性相对较高，有相当比例的员工可能会从入职干到退休。另外，工作压力也跟行业有关，如金融、咨询等行业的工作强度往往比较高。

3. 管理制度和组织文化

外资企业的管理制度一般比较完善，培训机制健全，成长路径清晰；国有企业的工作流程相对严格，有明确的上下级分工；民营企业的管理制度相对灵活，人治现象普遍存在，但是个人的想法和创意更容易实现。

第六章 ▶▶▶ 自荐信与书面沟通

学 习 目 标

1. 了解自荐信与书面沟通的含义和功能。
2. 了解写作自荐信的具体格式要求和内容。
3. 掌握书面沟通的写作规范与要求。

就 业 思 考

1. 书面沟通是一种重要的沟通方式，如何培养大学生正确的求职沟通态度和能力？
2. 自荐信的核心是说服，就业自荐中如何将自己的劣势转化为优势？
3. 结合实际情况，如何选择适合自己的表达模式？

第一节　自荐信与书面沟通概述

　　求职应聘是一种公平的竞技，用人单位会给求职者足够的机会通过自荐信的方式展示自己，聪明的求职者常常是撰写自荐信的行家，他们知道用人单位在寻找什么。一份好的自荐信，能使人感觉到一种积极的人生、一种坦诚的态度、一双作为队友的有力的手。一封成功的自荐信是求职路上的好帮手，然而要写得好，并非一件容易的事。求职自荐信是求职者根据自己的条件和意向，通过自我推荐的方式向可能聘用自己的目标单位展示自我，以谋求理想职位的书信体求职文书，常简称自荐信。

一、自荐信与书面沟通的意义

（一）准备简历和自荐信是求职的第一步

自荐信是在简历的基础上，进一步做与所求职位相关的介绍，使用人单位确信求职者有能力和经验胜任该工作。自荐信是求职者写给用人单位的信件，陈述自己的学历、才能和经历等情况，说明自己适合担任某项工作或从事某种活动，以期获得对方录用。

自荐信常与简历放在一起，是用人单位最先接触的材料。自荐信往往放在学生的求职书面材料最前的位置。

简历通常是比较客观地反映应聘者的自然情况和学业情况，而自荐信给了应聘者一个机会，用书面语言去生动表达主观愿望并反映个人的素质和能力。

写好自荐信是打开职业大门的第一个重要步骤。

（二）书面沟通是一种比较经济的沟通方式

书面沟通是一种比较经济的沟通方式，沟通的时间一般不长，沟通成本也比较低。这种沟通方式一般不受场地的限制，因此被我们广泛采用。大学生如何从求职过程中脱颖而出，引起用人单位的注意，从而获得就业机会，求职材料起着重要的作用。据统计，在美国、日本等发达国家，通过求职材料而获得的职业机会占全部求职机会的 25％。在高校毕业生就业形势严峻的今天，求职材料已经成为谋求职位的重要手段。自荐信作为高校毕业生的求职材料之一，是与用人单位进行联系的最简便、最直接的方式，是一幅自我描述的"彩照"，其写作质量的高低直接关系到择业的成功与否。用人单位通过自荐信可以了解自荐者的文化修养、知识水平、工作能力，甚至思想、性格。因此，自荐信是所有求职材料中最为关键的支柱性文件，被称为大学生求职的"敲门砖"。掌握好自荐信的基本内容和写作技巧是十分重要的。自荐信的重点在于"荐"字，在构思上一定要围绕着"为何荐""凭何荐""怎么荐"的思路来写。

二、自荐信与书面沟通的含义与特点

（一）自荐信的含义与特点

1. 自荐信的含义

书信是人们在日常工作、学习和生活中运用较广泛的应用文体之一，它分为一般书信和专用书信，自荐信和求职信属于专用书信。

自荐信是向有关单位、部门或者领导者个人推荐自己从事某项工作、承担某种任务时使用的书信。自荐信是比较系统、全面地介绍自己的学识、才能和经历的一种专用书信；求职信是为求得某一具体职务而突出介绍自己与职务相关方面的才识或条件的一种专门书信。两种书信都是通过叙述自身有关信息，促使用人单位能够对自己感兴趣，从而提供面试和就职机会。

2. 自荐信的特点

自荐信是求职者向用人单位自我推荐的信件，它通过表述求职意向和概述自身能力，引起对方的重视和兴趣，是求职者生活、学习、工作、经历、成绩的集中概括，也是与用人单位沟通交流的文字媒介。准备自荐信的目的是让用人单位全面地了解自己，从而为自己创造面试的机会，最终实现就业。用人单位通过求职者的自荐信初步了解求职者，进而翻阅求职者的履历表，决定是否对其进行面试。因此，写好自荐信是求职者首先要做好的工作，语言文字运用得好坏是其关键所在。因为用人单位在自荐信中看到的不仅是你的生活、学习、工作、经历、成绩等，还可以从中看出求职者的语言表达能力。语言文字的表达和运用能力是一个人进行社会实践活动的一项基本能力，也是用人单位比较注重的素质之一。自荐信在语言运用上具有以下特点。

（1）主动性和先发性。与求职信的写作不同，自荐信是采取毛遂自荐的姿态和方式，因此从与目标的互动关系上看具有相对的主动性，从写作的时间形态上看具有明显的先发性。

（2）独立性和展示性。自荐信在存在方式上具有完全的独立性，一份得体的自荐信就可以是一份完整的求职书面材料，求职者在其中就"个人形象"全面地展示给用人单位。

（3）遵照体式。自荐信属于事务语体，有一定的格式要求，写作时必须掌握并熟练运用。自荐信一般包括标题、称谓、正文、落款四个部分。标题一般写"自荐信"或"求职自荐信"；称谓要顶格写，要有礼貌；正文部分是对自身情况的概括介绍，包括个人基本情况、教育背景（主要指大学及以上的教育经历）、社会经历、所获奖励、外语和计算机水平、爱好特长等；落款部分除写明姓名、时间外，一定要注明联系方式。没有注明联系方式的自荐信写得再好也无用，因为用人单位根本无法联系到你。自荐信只有在文体上和内容上给阅读者留下良好的印象，求职者才有可能进入面试过程。

（4）语言规范。规范使用语言，做到文从字顺，能准确地表情达意，是一切文章的基本要求，自荐信也不例外。自荐信中一定不要出现错字错句、词不达意的现象，否则会让人怀疑你的语言表达能力。为此，平时一定要注意语言文字的积累，加强语言修养，提高语言表达能力。多阅读经典的作品，还要学习一些必要的语音、词汇、语法、修辞知识。为了避免出现错句，建议写作时多用短句，少用长句。因为短句词语少，结构简单，好驾驭；而长句词语多，结构复杂，稍不注意就容易出现结构混乱、层次不清的现象。

（5）繁简得当。面对一个空缺的职位，通常会有几十名甚至上百名应聘者，用人单位不可能逐字逐句地读长篇大论的自荐信，因此自荐信不能过长，要言简意赅。要在不长的篇幅中包含尽可能多的内容，语言一定要简洁，切忌啰唆，否则会让人感到你说话做事拖沓。所谓简洁，就是用较少的词句表达较丰富的思想。自荐信的读者大多是公司的招聘领导，他们事务多、时间宝贵。因此，自荐信在重点突出、内容完整的情况下，应该尽可能简明扼要，不要进行无关紧要的说明，更不要长篇大论，这样会节省阅读者的时间，以此为自己求职争得良机。但是如果语言过于简单，那么可能无法说清楚问题，让人怀疑你的语言表达能力。因此，自荐信写作应当繁则繁，该简则简。例如，大学生在谈到英语水平时，若仅说"大学英语四级"，则无济于事，因为这是很多学校要求大学生必须达到的水平。若说"大学英语四级，能用口语会话，能翻译一般的文章"，则能较好地表达你的英语水平。在描述爱好和特长时也要具体。例如，写"体育"，就不如写"爱好体育，是校篮球队主力队员"来得具体，使人印象深刻。工作成就也要具体化，避免使用"一些""大量""许多"这样的模糊词语。例如，写"参与了撰写计划书的大量工作"，就不如写"在计划书的撰写中完成了30％的工作"更具体，更让人信服。

（6）措辞讲究。平实质朴是事务语体的共同特征，自荐信也不例外。在平实质朴的基础上，用语要典雅、有文采。恰当地运用比喻、对偶、对比等修辞手法是提高语言表达效果的重要手段，但要注意不要使用夸张、双关等修辞手法。例如，"你若给我一棵树，我会还你一片森林。""虽然我很平凡，但我不甘平庸。尽管在众多的应聘者中，我不一定最优秀，但我仍然很自信，天道酬勤是我的信念，自强不息是我的追求。"这样的语言不但是你自信心的展示，而且是你语言素质、语言能力的体现。最后的祝福语也可以为你的自荐信增色添彩。一封自荐信最后只写了"此致敬礼!"而另一封自荐信最后写道:"祝贵单位事业蒸蒸日上,兴旺发达。如蒙赐爱,不胜感激!"二者效果肯定不一样。

就业的竞争,从实质上讲是人员素质的竞争,而语言是一个人内在素质的外在表现,语言能力是打开职业大门的金钥匙。

(二)书面沟通的含义与特点

1. 书面沟通的含义

书面沟通是以文字为媒体的信息传递,形式主要包括文件、报告、信件、书面合同等(口头沟通是以口语为媒体的信息传递,形式主要包括面对面交谈、电话、开会、讲座、讨论等)。

根据不同分类标准,书面沟通可以划分为不同类型。按照沟通目的不同,书面沟通大致分为四种类型:通知型书面沟通、说服型书面沟通、指导型书面沟通、记录型书面沟通。按照书面材料的用途不同,书面沟通可以分为五种类型:通用公文、事务文书、专用文书、生活文书、涉外文书。

2. 书面沟通的特点

书面沟通作为一种正式沟通形式,主要具有以下五个特点:一是书面沟通的信息可以长期保存;二是可以促使信息发送者对自己要表达的东西进行认真的思考,使其更加条理化;三是书面沟通是一种多样性的有形展示;四是耗时较长;五是不能及时提供反馈信息。

(1)书面沟通的优点:①可以是正式的或非正式的,可长可短;②可以使写作人从容地表达自己的意思;③词语可以经过仔细推敲,还可以不断修改;④书面材料是准确而可信的证据,即所谓的"白纸黑字";⑤书面文本可以复制,同时发送给许多人,传达相同的信息;⑥在群体内部经常受限于约定俗称的规则;⑦书面材料传达信息的准确性高。

(2)书面沟通的障碍:①发文者的语气、强调重点、表达特色,以及发文的目的经常被忽略,从而使理解有误;②信息及含义会随着信息内容所描述的情况,以及发文和收文时的情况而有所变更;③若发文者选择的格式或时机不当,则收文者很可能因为发文者采用的格式不当,而不太注意其信息内容。

三、自荐信与书面沟通的功能

(一)信息功能

信息功能要求着重传播文本读者所感兴趣的概要信息。一是回顾大学生活，再次认知自我。把岗位要求与个人实际结合在一起思考，就是一次重新自我认知、自我定位的过程。二是为面试提供素材。如果有机会进入到面试环节，那么自荐信上呈现的内容可能会引导面试官提出求职者想要展示的能力和素质。

（二）表达功能

自荐信与书面沟通是应聘者的一次积极、主动的展示机会，通过使用自己所掌握的材料，正确而灵活地把语言材料组织成话语，从而准确地表达自己求职的愿望，进而达到自我举荐的目的。

（三）诉求功能

自荐信材料主要是简介自身情况并表达求职愿望，最终目的是希望通过自我举荐得到招聘方的认可和接纳，从而应聘成功。因此，自荐信文本的预期功能主要体现为传播信息功能和诉求功能，以此获得面试机会。在应聘材料中，自荐信是第一块"敲门砖"；与单位需求相契合的自荐信，能成功地唤起阅读者进一步浏览简历的兴趣，并可能获得面试的机会。

四、求职信与自荐信的区别

事实上，可以将自荐信看作求职信的一种特殊形式，但是二者又有着鲜明的不同，必须区分清楚。

（一）不同的写作缘起

求职信的写作缘起一般是求职者从报刊等媒体上获知招聘单位的招聘信息，认为自己的条件符合某个职位的招聘要求，针对这个具体职位而写作一封表达求职意愿的信函，然后和求职简历一并寄送给招聘单位。因此，从与招聘单位的互动关系上看，与自荐信不同，求职信的写作具有相对的被动性；从写作的时间形态上看，求职信的写作具有明显的后发性。自荐信的写作缘起则不然，求职者大多采取的是毛遂自荐的姿态和方式。求职者通过向一家、几家、几十家甚至上百家自己心目中的目标单位寄送自荐信的形式，展示自己、推销自己，从而力争谋求到适合自己的某种或某类职位，而求职者心目中的这些目标单位可能并未招聘或并未公开招聘。因此，从与目标单位的互动关系上看，自荐信的写作具有相对的主动性；从写作的时间形态上看，自荐信的写作具有明显的先发性。

（二）不同的受文对象

求职信的受文对象一般是传统的人事部门或现代的人力资源部门，具体情况取决于招聘单位在招聘广告中所发布的相关信息或要求。可能是笼统一些的"人事处""人事科"或"人力资源部门"等，也可能是具体的负责人或联系人；并且求职者通过寄送求职信谋求的是某个明确的职位，寄送的求职信的内容的针对性很强，因此在具体写作形式上一般采用"尊敬的李先生"之类的专称。自荐信的受文对象除前述提及的人事部门或人力资源部门外，还包括求职者心目中的目标单位的高层领导，而且将后者作为自荐信的受文对象的效果可能会更佳。因为求职者心目中的目标单位可能不是一个、几个，而是十几个、几十个甚至更多，并且求职者通过寄送自荐信谋求的不是某个具体职位而是某种或某类职位，寄送的自荐信的内容往往是相同的，所以在具体写作形式上一般采用"尊敬的领导"之类的泛称。

（三）不同的内容构成

求职信的正文内容比较简单，一般应该包括以下三个部分的内容。一是求职意愿。这部分表明自己对所申请职位的浓厚兴趣，并可以附带说明获知招聘信息的渠道。二是求职理由。这部分陈述求职者个人胜任所申请职位的条件，即表述自己所具备的与所申请职位有密切关系的经验、技能等内容，也可以附带介绍一些兴趣、爱好等内容。三是求职期待。这部分表达求职者期待招聘单位能够给予面试的机会，也从另一个角度强化自己的求职意愿。求职信的正文在内容上要追求言简意赅，情真意切，讲究礼仪，不宜罗列求职者的个人情况、荣誉成就等内容，更不能妄作自我评价。

自荐信的正文内容与求职信相比要丰富，一般可以包括以下五个部分的内容。一是写信目的。这部分表达求职者想谋求某种或某类职位以期有所发展的心情或动机。二是个人信息。这部分可以写求职者的姓名、性别、年龄、籍贯、民族、婚姻状况、政治面貌、教育程度、专业方向、职业范围、技术职称等，当然这些信息一定要根据具体情况选择使用，要选择对求职有利的内容，而且要力求简洁地叙述。三是自荐条件。这部分内容一般包含两个方面：一方面是"硬件"条件，如基本技能指标、进修培训情况等，具体内容有计算机操作能力、外语水平、写作能力及相关考核证明等；另一方面是"软件"条件，如求职者对自己的自我认识、自我评价等，具体内容有求职者是否具备组织能力、协调能力、合作精神、吃苦精神等。这些评价性内容一般不能写进求职信中。四是已有成就。这部分用列出真实的事实或数据的方式说明和验证前面所述的素质和能力，这对于一个有着丰富的职业经历并有所成就的求职者来说是必须充分利用好的自荐条件，在具体表述时要注意把握好成就事实的详略程度，尤其不能涉及曾经离职单位的忌讳之事。五是自荐期待。这部分表达求职者期待目标单位能够给予回复、面谈或面试等机会的心情。尽管自荐信的内容比求职信丰富，但是总的篇幅也不宜过长，尽量保持在一页内。

（四）不同的存在方式

求职信在存在方式上具有极强的依附性。求职信一定要依附于求职简历，必须和求职简历配合使用，二者相辅相成，构成一份基本完整的求职书面资料。离开求职简历，求职信的价值无从谈起；离开求职信，求职简历就缺少来由。写作求职信的直接目的就在于引起阅读者对求职简历的注意，祈请用人单位进一步阅读求职简历并能够给予面试的机会。从这个意义上讲，依附性使求职信蕴含强烈的礼仪功能。自荐信在存在方式上具有完全的独立性。一份得体的自荐信就是一份完整的求职书面资料，求职者可以将它独自寄送给目标单位，因为求职者在自荐信中已经把"个人形象"全面地展现给了目标单位，所以无须附加求职简历之类的说明了。若没能达到这个效果，则说明自荐信的写作是不成功的。从这个意义上讲，独立性使自荐信具备了显著的展示功能。

综上所述，我们应该辨析清楚看似相同实则不同的求职信与自荐信这两种具体的求职信函文书，应该明确什么样的求职者宜使用求职信，什么样的求职者宜使用自荐信；什么时候使用求职信更好，什么时候使用自荐信最佳，以实现最佳的求职目标。

第二节　自荐信写作与自荐注意事项

自荐信是向有关单位、部门或者领导者推荐自己从事某项工作、承担某种任务时使用的书信。自荐信的核心是说服。"自荐"本身含有"自我推销"的意思。推销的核心是说服，没有说服就谈不上"推销"。试想，在众多的求职者中，你的条件未必是最好的，即使你是最优秀的，但与你条件相同的人会有很多，对方肯定要"货比三家"，因此要想让对方选中你，就必须在"说服"上多动脑筋。正如劣势可以转化为优势一样，优势也可能成为劣势。活泼好动、善于交际的性格特征，对于应聘公关人员或推销员来说是优势，但对于应聘会计、仓储保管人员来说就未必是优势。因此，个人优势的介绍必须与岗位工作需要统一起来。也就是说，优势应该是相对于工作而言的，它必须与工作需要有相当的关联性，否则这种优势可能会成为劣势。

自荐信写作中常出现的问题是只顾埋头陈述而忘了说服。当然，陈述与说服并不是截然分开的，陈述本身包含一定成分的说服，而说服又必须在陈述的过程中展开。如果仅仅是一般地陈述个人情况，那么即使这种陈述非常清晰、简练，也不会收到理想的效果。

自荐信就写作内容而言，不是盲目的自我夸赞，而是应该首先考虑"对方想要什么"，这需要仔细研读岗位信息以获取有意义的内容。要了解单位的岗位职责、任职要求，了解自己的兴趣、能力、价值观，获取有意义的内容，并重点呈现匹配的内容。

自荐信是与用人单位沟通你如何看待自己、如何描述自己与岗位相匹配的素质的工具，如果你的自我认知是零散的、不清晰的，那么在界定自己的应聘范围时就可能是模糊的、不准确的，也很难客观地告诉对方为什么你是适合的。

一、自荐信的写作内容

（一）必要陈述

必要陈述是对个人基本情况的陈述，如毕业学校、所学专业和通过课程学习反映出来的知识结构等。

（二）重要陈述

重要陈述是对个人竞聘优势的陈述，如学业优势、技能优势、综合素质优势、经历优势、性格优势等。需要展开说服的正是重要陈述部分，但必要陈述在某些情况下也可以成为重要陈述，这一点需要酌情把握。

（三）丰富自荐信的正文内容

自荐信的正文内容已在第一节中讲解，在此不再赘述。

二、自荐信的写作过程

（一）自荐信的写法

自荐信通常由标题、称谓、正文、敬语、署名、日期、附件组成。

标题于首页居中书写，要求简明、醒目。称谓即自荐信的受文对象，一般要写用人单位全称或规范化简称；若是送达个人的，则一定要在姓名后加上职务或职称，以示庄重、严肃；若没有明确的受文对象，则可以省略称谓。正文是自荐信写作的重点和核心，一般包括自荐理由、自荐人的基本情况、优势特长及愿望决心等，要求准确简洁、尽现优势、彰显自信。敬语、署名和日期与一般书信的格式一致。学历证书、资格证书、获奖证书、学术成果证书等的复印件可以作为自荐信的附件。

示例

标题（自荐信）

称谓（尊敬的××经理／先生）：

　　问候语（您好！）

　　自荐目标

　　自荐原因

　　自荐条件（专业知识；专业技能；参加社会实践的实际表现和成效；实习内容及单位的评价鉴定；主要成绩和优势；曾取得的成果；获得的证书和奖励；对自己的综合素质的评价，如责任心、道德品质、工作态度、团结协作等方面；针对自荐目标简略介绍自己的性格类型、健康状况、特殊经历及个性。）

　　希望（正文的结束语。常用"热切地盼望着贵公司肯定的答复""盼望着贵厂的录用通知""希望给予面试的机会"等。）

　　祝福语（"此致敬礼！"等。）

落款（自荐人：××
××年××月××日）

　　附件：①个人基本情况（姓名、性别、年龄、政治面貌、学历、职称、职务、与求职目标有关的专业工作经历、通信地址等）；②毕业证书；③成绩登记表；④各种技能证书；⑤论文、奖励等成果；⑥单位、学校或专家推荐信。

范 例

自 荐 信

尊敬的人事部总监:

　　您好!

　　我是××大学工商管理专业的应届毕业生,在即将毕业之际,我怀着十分激动和对未来充满憧憬的心情向贵单位自荐,渴望能在贵公司获得一份学有所用的工作。在三年专业的学习生活中,我学习了现代管理学基础、财务管理、旅游英语等专业课程并取得良好成绩。在××公司实习时,曾做过对接洽谈、财务管理等工作,这些实习,不仅仅丰富了我的专业知识,更使我积累了涉外公司的工作经验。在实习期间,我能用英语直接同来华旅游、工作的客商会话交流,锻炼了我的口语能力,多次得到外宾和公司领导的赞扬。专业学习和涉外公司的实习经历,不但锻炼了我的专业学习能力,提高了我的涉外工作水平和我在相关工作上的能力,而且让我懂得了很多做人的道理,深刻认识到在职场中恪守职业道德和敬业精神对自身进步、树立公司形象的重要性。我性格开朗、乐观向上,善于与人相处,喜爱文体活动。在学校举办的交谊舞大赛上,曾获得三等奖。我热爱社会,热爱生活。我恳切地希望能到贵单位工作,为贵单位贡献我的所学,为贵单位的发展和我自身的成长,勤奋工作。

　　此致
敬礼!

自荐人:××

2022 年 5 月 20 日

　　附件:个人简历、学历证明、身份证、奖状的复印件各一份。

　　联系地址:××

　　邮编:××

　　联系电话:××

（二）自荐材料的制作

首先，自荐材料作为一份文件资料，需要一个名称，并将其醒目地写在材料的封面上。翻开封面后的第一页是目录，告诉读者这个自荐材料文本有哪些内容，以方便阅读。目录之后，就要向读者致以问候、表达诉求，这就是自荐信。自荐信和个人基本情况表这两个板块，集中力量刻画自我形象、呈现自身能力和体现个性魅力，涉及诸多自我描述、自我评价和自我定性，但鉴于体例和篇幅限制，不能展开证明和插入说明，因而由附件担此重任。因此，建议自荐材料设置的板块有封面、目录、自荐信、个人基本情况表、附件。

1. 封面

关于自荐材料文本封面上的名称，常见的字样有自荐材料、应聘材料、自荐书、应聘书等。从概念上看，"书"是"材料"的下位概念，"书"是"图文材料"，用以自荐的材料如果是"图文材料"，那么可以用"自荐书"；"应聘"暗含"回应""应缴"意味，如果没有招聘、要约前提，那么使用"应聘书"便不太合适。

2. 目录

如果自荐材料篇幅页数较多，那么应制作目录，方便翻阅。但要注意书写格式。

3. 自荐信

正文是自荐信的重点，要写得紧凑、合理，要写明自荐目标；选择对方单位的理由可以简述，重点介绍自己求职的各种有利条件，以引起对方的注意与兴趣。自荐信的写作重点注意以下三个方面。

（1）开头要出众。自荐信的开头不过寥寥数语，但作用非常大。开头段如同乐器定调，它是建立求职者和用人单位之间关系的一座桥梁。开头段出众，定能吸引用人单位的注意力，给用人单位留下美好的第一印象。如何写好开头段，应该根据具体情况而定。针对自荐目标，有选择地说明自我，可以达到开门见山的理想效果。

例如，我叫徐××，出生于 1991 年 5 月，现年 22 岁，五官端正，身体健康，性格活泼开朗，亦不失庄重沉静。现就读于××职业学校××专业，将于今年 7 月毕业。大学几年是我思想、知识结构及心理成熟的几年，也使我成为一名复合型人才。

（2）主体要丰厚。主体是自荐信的最重要部分，它的好坏直接关系着自荐的成功与否。因此，这一部分要写得丰厚。这一部分主要针对用人单位的征召信息或者根据自己了解到的用人单位通常的要求来具体地介绍自己，要把自己的专业特长、业务技能、外语水平及潜在的能力和优点全部表达出来，以使用人单位意识到你是他们的最佳人选。要针对所求工作的应知应会去写，充分展示求职的条件，从基本条件和特殊条件两个方面解决凭什么求职的问题。基本条件应写清政治表现和学习经历两个方面的内容。

政治表现要从活动和绩效两个方面来写。例如，到了三年级，我以优异的成绩与表现，光荣地加入了中国共产党。加入这个先进的组织，是我人生的一次升华。在党史学习教育中，我严格要求自己、团结同学、一起进步，曾获"精神文明先进个人"称号。在参加义务献血后，让我更加懂得珍惜生命、热爱生活。我决心要把全部精力投入到党的教育事业中去。

学习经历要写清主、辅修专业课程和成绩状况，说明英语、计算机、普通话证书等的情况。例如，"在学校，我时刻按照'宽专业、厚基础、强能力、高素质'的标准锻炼及发展自己；学习刻苦努力，圆满完成了汉语言文学、教育学等课程，每科成绩均为优良，可以说对从事教育工作所需相关知识有了相当程度的理解和掌握；并且在一个多月的教育实习工作中表现出色，获得了学校最高级别的'双优'实习成绩，相信有能力胜任中学语文的教学工作。我深知'万丈高楼平地起'，因此对师范生'三字一话'的基本技能尤为重视。通过努力，我顺利通过了全国普通话等级考试，并获得一级乙等证书；我平时坚持练书法，钢笔字、粉笔字尤佳。课余，我还通过书刊网络等媒介涉猎各方面的知识，不断扩充知识面，以优异的成绩通过了国家英语六级考试、全国计算机等级考试，并且能娴熟操作 Word 等办公软件及制作计算机辅助教育课件，网络检索信息的能力也较强。"

特殊条件应写清个人的特长，以展示自己的能力，突出个性特征。例如，"我一直担任学生干部工作，曾当过三年班长和社团部部长，有较强的班级管理能力、活动组织策划能力和人际交往能力；同时积极参加各种公共文体社会实践活动，在文艺和体育方面较有特长；因品学兼优，被评为校级'三好学生''优秀团员'。在假期中，我根据专业特长，在计算机公司参加社会实践，积累了不少经验。我还考取了机动车驾驶证（C 型）。"

（3）结尾要有力。精彩的结尾能使自荐信锦上添花，给用人单位留下难以忘怀的印象。因此，在简短的结尾处一定要精心设计，真切地表达加入用人单位的热切愿望，展望单位美好的前景，期望得到认可和接纳。例如，"我的人生信条是'天道酬勤'""给我一次机会，还你一分收获""别人不愿做的，我会义不容辞地做好；别人能做到的，我会尽最大努力做到更好！""我会发挥自身优势，为贵单位的发展竭尽全力。"

4. 个人基本情况表

个人基本情况表用来与用人单位对话，简要介绍自己，表达谋职诉求。这一部分应进行详细自我介绍，呈现个人基本信息，刻画描述个人的诸多要素参数。若用语段式表述，则要素会零零星星、内容拉拉杂杂，不利于语篇衔接，阅读也不方便，故采用表格形式体现。表格无须语篇衔接，简洁直观，信息容量大，担此重任最为合适。

5. 附件

附件就是对自荐信和个人基本情况表中自我描述、自我评价和自我结论的印证，证明自荐者的经历和能力，增加自荐材料的厚重感和真实性，以期得到用人单位的认可和聘用。除荣誉证书、资历证照片外，刊发在纸质媒体的署名文章也能直接体现作者的思想水平和书面表达能力。若是实名作者，则直接附上就行；若是笔名作者，则要通过用稿通知或其他方式加以说明。同时，有些工作成果（如调研报告、规范性文件、日常公文等单位文件）是不能标识个人作者的，但也可作为附件，此时可出具证明"某文件系某同志起草撰写"。此外，重大活动的策划筹划、主持组织、协调执行或普通参与，都能反映个人的能力水平，可提供直接证明某人开展工作的现场照片或新闻报道，或说明某人系某活动的策划筹划、主持组织、协调执行或普通参与人。

（三）自荐信详解

1. 标题

开篇致信，建议标题用"自荐信"或"求职自荐信"，不必花哨、冗长。因为自荐信一般很简洁，所以标题文字也不宜过多。从格式上一看便知是自荐信，标题在这里更多的是发挥要素性、形式性功能。

2. 称谓

自荐信的称谓就是信的受文对象，有个人称谓（受文对象是个人）和单位称谓（受文对象是单位）之分，也有具体称谓（受文对象是具体的某个人或具体的某个单位）和概括称谓（受文对象是概括的某类、某些单位，概括的某类、某些人）之分。例如，称谓"××文化服务有限公司"，是单位称谓、具体称谓；称谓"××文化服务有限公司××董事长"（或

"××董事长"），是个人称谓、具体称谓；称谓"××有关企业"，是单位称谓、概括称谓；称谓"××有关企业领导"，是个人称谓、概括称谓。需要注意的是，具体称谓比概括称谓更有对象感，更有尊重感；个人称谓比单位称谓更好行文，更好措辞；个人称谓常冠以"尊敬的"以示尊重，紧随"您好"表示问候，若是单位称谓，就不必如此；若呈送单位不明确，还是"传单式"投递，则建议用概括性个人称谓"尊敬的领导"。

3. 正文

正文包括引据、事由和结尾。

（1）引据是自荐信的开场（第一段），自然、简洁地叙明致信的缘由。通常，先自报家门，再言为何致信。例如，"我是××大学××专业本科毕业生××，欣悉贵公司拟聘用××，故特呈自荐信以应聘。"若收文单位并无招聘通知，而我们又想谋求进入发展，则可以这样表述"我是××大学××专业本科毕业生××，渴望到贵公司××，实现××，故特呈自荐信以求职。"引据要过渡自然、干净利落。常有人在引据部分表达谢意，如"谢谢您在百忙之中浏览我的自荐信"，是否合适，视情况而定。如果有碍于衔接，致谢就放在结尾部分表述。短短的自荐信，大可不必就此致谢两次。

（2）事由是自荐信的重点。行文思路：第一步是简叙对收文单位的认知，体现对象感，表明高度认可用人单位；第二步是用一两句话表述自己有意向、有条件为之奋斗，以此承上启下；第三步是叙明自己的匹配性条件，最好分条款列明。在自我描述、自我定性和自我结论时，切忌零乱杂碎没有清晰脉络，切忌干瘪抽象没有鲜明个性，切忌盲目拔高把话说得太满，要做到有观点、有层次、有支撑。

（3）说完事由，应用简短的一个自然段来结尾。一则，应该及时低调下来，缓和一下在叙明事由部分的自我拔高或自我表扬，给可能产生的负面情绪"消消炎"；二则，可以表达信心和决心，给人传递积极向上的正能量；三则，可表达谢意，如"冒昧呈书添扰，谢谢您收阅"；四则，可以表达期待，如"坦诚接受您的挑选，真诚期盼您的回复"。

4. 署名

常见的署名形式是在姓名前加上"自荐人："自"求职人："，或可写成"××呈""××敬呈"。署名若是手写的，则建议写规范些，并且与正文字号大小相当。署名写得龙飞凤舞、张牙舞爪，都可能会被认为是不得体、不庄重的表现，影响自荐效果。

5．日期

针对日期，一种是理解为成文时间，也就是文稿制作时间；另一种是理解为呈文时间，也就是投递时间。不管怎么理解，落款日期应尽量靠近投递时间。因为这两个时间跨度太长不合适，可能会给人留下拖沓、时效观念不强的不良印象。

三、自荐注意事项

（一）积极主动

自荐是求职者的主动行为，自荐信、个人基本情况表等自荐材料的呈交、寄送要尽量及时进行。在了解到需求信息时，更不能迟疑，否则会错失良机。为使用人单位更全面地了解自己的情况，事先应准备好各种自荐材料。应做到：不等对方索要，主动呈交；不等对方提问，主动向对方介绍；不消极等待回音，主动询问结果。这样往往给人一种"态度积极、求职心切、胸有成竹"的感觉。

（二）重点突出

在介绍自己的情况时，要重点突出自己的能力和知识。可以详细介绍自己的专长、经验、能力、兴趣等，本人和家庭情况简单介绍即可。为了取得对方的信任，有时还要举例说明。例如，在大学期间发表的论文、参加的有关研究课题、获得的奖励、承担的社会工作、获取的某些工作经验、取得的社会阅历等。要突出自己的优势和闪光点。平铺直叙、过分谦虚有碍用人单位对自己的全面了解和全面评价，而且易失去求职的机会。

（三）如实全面

在介绍自己各方面情况时，一定要实事求是，优点不虚谈，缺点不掩饰，客观全面，不能吹嘘或夸大，尤其是在介绍自己以往学习、工作上取得的成果时，一定要恰如其分。否则，效果将适得其反。同时，自我介绍材料要全面、完整，切忌丢三落四；个人基本情况、社会关系、工作经历、学习成绩、业务特长及爱好，不能缺少其中任何一项，否则会有不全面的感觉。只有自荐信、推荐表、个人基本情况表、证明材料一应俱全，才能给用人单位以系统全面的整体印象。

（四）有的放矢

针对用人单位的具体要求，强调自己的社会经验和专业所长，做到"适销对路"，这样使招聘者相信你就是最理想的应聘者。例如，用人单位招聘文秘人员，自荐时应着重介绍自己掌握文、史、哲知识及具有写作才能；用人单位招聘科研人员，自荐时应着重介绍学习成绩和科研成果；用人单位招聘管理人员，自荐时应着重介绍做学生干部和在工作期间当领导的经验及组织管理才能。强调针对性的同时，不能抹杀相关知识才能的作用。专业特长加上广泛的知识面和兴趣爱好会更受用人单位的青睐。

总之，自荐时既要积极主动、重点突出，又要如实全面、有的放矢。只顾如实全面，就会变成流水账，缺乏吸引力；只图"闪光点"，难免会有哗众取宠之嫌。因此，只有综合考虑各方面的因素，才能有助于实现自己的就业意愿。

第三节　书面沟通的写作规范与要求

一、内容表达要求

（一）目标要明确

自荐信和求职信都是通过书信的形式来推销自我，以期达到引起对方注意，博取对方好感和重视，而最终被对方所录用的目的。因此写信者的意图要在信中直截了当、明确无误地提出来，一切扭捏作态或含糊其词都可能直接影响写信者最终目的的实现。要想引起招聘人员的注意，给其留下深刻印象，就必须在写信时采用"换位"思维，即从一个招聘人员的角度来写自己的信。招聘人员希望看到的是有本单位急需的专业才能的、有实践工作经验的、了解本单位情况并能和本单位同事共同奋斗拼搏的、能表现出任劳任怨工作态度的自荐信和求职信。据此便可做到目标明确、重心突出、精益求精，自然就能写出较高质量的信件。

（二）要有针对性

自荐信和求职信的撰写必须要有针对性，其撰写内容不但建立在对自己了解的基础上，而且建立在对招聘单位了解的基础上。要想通过信件使对方对你感到满意，必须要深入了解招聘单位及所要应聘工作的情况，针对所应聘工作的性质、需要和特点，有针对性地介绍自己的能力和特长，使对方感觉你的信件有一种亲切感。"放之四海而皆准"的通用型自荐信和求职信的内容缺乏针对性，难以取得谋职效果。

1. 针对用人单位所需

用人单位所需的是能适应本单位需要的、能为本单位创造更多效益的员工。因此，在写信时，一要认真分析对方的用人要求，注意自己所学的专业知识、自己所掌握的技术技能与招聘单位的需要是否相吻合，明确自己适合哪种类型工作，自己能否为要应聘的单位创造效益。但仅仅表明自己掌握的专业技能适合对方所需还不够，因为大多数人写自荐信或求职信时都能注意到这一点，这往往不能给招聘人员留下深刻印象。二要在大方恳请提供机会中充满诚意。从自荐信或求职信的写信者和收信人来看，两者在绝大多数情况下存在着地位上的高低之别、声望上的强弱之差、权力上的有无之异，而且总是写信者处在收信人之下。这就决定了自荐信或求职信的写作，应当自觉讲究与师者、长者和尊者交往之道，努力做到得体而不失分寸、有礼而不失人格。具体来说，要注意"三应"。一应力争挺直腰杆而不要自我矮化。虽然写自荐信或求职信内在地存有仰仗和求助于人的特质，但是也有说明自己满足对方需求的沟通性质。自荐信或求职信通常是写给与自身所在单位、所在部门、所在岗位并无领导关系、管理关系、隶属关系（特别是上下级关系）的单位或部门的领导、名家与权威的，因此对对方的尊重应当自然而然、发自肺腑、由内而外，而不是平常上下级关系中产生的那种带有强制性甚至强迫感的尊重。这种尊重体现在自荐信或求职信的字里行间，应当是建立在人格自重基础上的敬重，也就是说，在自荐信或求职信中应尊重对方，但没有必要以矮化自身的办法去抬高对方。否则，一旦过犹不及，反而可能让收信人感到其中掺杂了投机成分和虚假水分而不被认可。二应恳请公平对待而不求私相授受。从社会生活实践来看，智慧、聪明大气的收信人最终总是按照本单位、本部门的规矩和程序，把自荐信或求职信纳入公事对待的范围来处理。这提醒自荐信或求职信的写信者在写信之初，就应当把握好私信公办的特殊属性，可以恳请收信人提供参与竞争、参与选拔、参与应征应试的机会，但不宜提出希望收信人给予特殊照顾、特别方便、特意倾斜的请求央求，这样既能防止和避免给收信人带去不必要的麻烦，也能让收信人看到写信者坦荡自信的底气，从而使收信人感受到写信者确实有求于人但绝不仅仅只为一己之私的诚意。三应确保谦敬有加而不能肉麻奉承。写好自荐信或求职信，无论称呼对方还是落款署名，无论开篇问好还是信尾祝词，都要正确得体地使用谦辞、敬辞，表达谦敬之心、崇敬之意和尊敬之礼，这是文字与礼节上不能含糊和忽视的细节，必须始终遵循、处处体现。但在希望对方提供机会而提出请求恳求的时候，要始终把握客气不是肉麻、尊敬不是吹捧、礼貌不是拍马的朴实道理，少说那些吹捧、拍马的话，以清清爽爽、利利索索、坦坦荡荡的谦敬之语、谦敬之礼，表达写信者的诚心和虚心，从而真正使发出的自荐信或求职信让对方接收得了、接受得了，更好地达到介绍、推荐自己的初衷。

2. 针对自身特长

要想使自己成为招聘人员百里挑一的对象，还必须更进一步，即结合自身的专长来写。也就是说，除介绍自己的专业技术技能外，还要介绍自己与众不同之处，多介绍自己的其他特长，尤其要注意重点介绍自己能为用人单位创造效益的潜在特长，表明自己的潜在能力。只有这样，才能使自己鹤立鸡群，吸引招聘人员的目光。

示例

〖A公司人力资源的岗位职责〗

（1）组织人力资源分析、人员统计，并上报各种报表，办理员工岗位变动手续。

（2）完善工资分配制度，编制各类工资预算，对预算执行过程进行控制，审核部门工资发放。

（3）组织对劳动纪律、绩效考核、人员管理等制度执行的监督检查。

〖A公司人力资源的任职要求〗

（1）拥有全日制本科及以上学历，所学为人力资源管理、工商管理等相关专业。

（2）具有较强的使命感和责任感，事业心强，富有工作激情。

（3）具有良好的学习能力、研究分析能力、文字表达能力、组织协调能力、团队协作能力。

（4）通过英语六级考试（四级择优）。

〖了解单位〗

（1）专业知识和能力：人力资源管理、工商管理。

（2）通用能力：学习能力、研究分析能力、文字表达能力、组织协调能力、团队协作能力。

（3）语言能力：英语。

（4）态度方面的要求：使命感、事业心和工作激情。

【个人情况匹配】

（1）若不是人力资源或是工商管理专业毕业的，则可以通过选修过的课程、参加过的竞赛活动或是实践活动来表明所具有的相关知识和能力的情况。

（2）如果没有通过英语六级考试，那么可以通过提交过英文写作的报告，担任过外教的助理等经历来证明自己的能力。

（3）特别强调你对工作负责的态度和强烈的使命感。

（三）克服书面沟通的心理障碍

自荐信和求职信是提供给对方、使其认识求职者形象的工具，是给对方的第一印象。实践证明，第一印象的作用是十分重要的，其可以成为被录用的条件、被淘汰的理由。通过自荐信给对方以深刻的第一印象，对争取面试及面试成功无疑是重要的。因此，自荐信和求职信的撰写要实事求是，既要注重以情动人，又要以诚感人、以诚取信，力求给用人单位留下良好的第一印象，从而争取到面试机会。毛遂之所以敢于自荐，就在于他具有不辱使命的充分自信，只有充分认识自我、扬长避短，才会脱颖而出。要相信对方有赏识和录用你的可能，因此要充分展示自己。当然自信不等于自吹，对自己所做的绝不是自吹自擂，必须是有充分根据的和客观的。

（四）重点内容突出

写自荐信相比于写求职信更注重重点内容突出这一要求。写自荐信的目的在于让对方对自己感兴趣。这里有两个关键因素：一是对方感兴趣的是什么？二是自己使对方感兴趣的是什么？自荐信要突出那些能引起对方兴趣、有助于获得工作的内容，主要包括专业知识、工作经验、特长和个性特点等。在介绍专业知识和学历时，切忌过分强调自己的学习成绩。用人单位看重的是大学生的认知水平和学习能力，而不仅仅是学习成绩。为自己的优秀学习成绩而自豪的大学生只能给人以幼稚和书生气的感觉，是不成熟的表现。因此要一般地写知识和学历，而重点写能力和水平。很多大学生对用人单位要求工作经验这一现象感到困惑。事实上，任何人都有一定的工作经验，只要与做好这一工作有关系的事情或活动，都属于这方面的工作经验，如与人相处的感受、担任学生干部的收获、社会实践活动的经历等。介绍经验要写得具体、真实、可信、有说服力，要始终围绕着能胜任工作这个中心来介绍自己的经历和经验。同样，在写自己的特长时，也要真实、具体，避免高谈阔论、给人以狂妄自大的感觉。陈述自己的特长，需要谦恭的态度，最好让事实来说话，避免用类似"有很强的组织能力"的语言，使人感到空泛不实。例如，描述科技创新、专利发明等时附上一些具体材料，会大大增加可信度和说服力。大部分用人单位希望录用充满热情和活力的人。因此，在自荐信的字里行间要反映出你的热情和活力，可以用具体事例直接表明自己是一个充满活力的人，并体现自己与人交往的能力、克服困难的意志、助人为乐的品格等。表现个性要适度，点到为止，不要过分渲染。

（五）要注意撰写时的有的放矢

在写信时能做到有的放矢、多方挑剔、精益求精，自然也就能写出较高质量的信件来。要在介绍契合对方需求中加深诚意。作文如做人，修辞立其诚。写自荐信或求职信更是应当始终贯穿以诚近人、以诚感人、以诚动人的追求取向，只有这样才更有可能以诚心赢得收信人的信任与认可。做到这一点，既要靠说心里话、实在话来证明，也要靠说有谱的话、能够以事实证明的话来支撑。这就提醒自荐信的写信者，在向收信人自荐的过程中，要注意做到自信而不自夸、自谦而不自卑、自强而不自大。具体来说，有三点要求。一要通过说明自身条件给对方留下直观印象。这种说明一定要紧紧围绕和针对对方公开发布的招聘人才广告或求贤选能公告中列出的标准，最大限度地把握核心、抓住要点、简明扼要，但要逐条对应地介绍自身条件及符合对方标准要求的情况。介绍过程中，要注重介绍自身符合共性要求的个性特点，追求内在契合的深层对应而非原文照抄的浅层对应；要注重介绍自身具备达到甚至超越对方设定标准的能力特征，追求筋骨相符的实质对应而非皮相相似的表面对应。注意并做到这两点，可能更容易让收信人直观感受到自荐者的条件达到了其期待要求，从而更愿意把自荐者纳入考察识别、选拔引荐和关注吸纳的范围。二要通过讲述自身优势让对方产生更大兴趣。在自荐信或求职信中讲述自身优势既是赢得关注之需，也是自我介绍的理所当然，更是可能决定自荐活动能否成功的关键之处。在很多人看来，讲述自身优势似乎是非常简单甚至是人人都会的事情，基本套路无非是把自己过去取得的成绩列一列。如果写信者的认识停留在这种层次上的话，那么确实还是有很大的不足和需要开掘的空间。较为正确的做法是少讲过去的辉煌而多讲对想要投入甚至曾经投入过的事业持有的激情热爱，少讲过去的成功而多讲对想要参与甚至曾经参与的挑战的认知理解，切实把自身相对全面的素质、相对深刻的领悟、相对高超的研究，向收信人加以呈现，从而展示自身的突出优势，以便对方在众多应聘者中发现和识别写信者的独特价值。三要展示自身努力增加被对方关注的可能。天行健，君子以自强不息。细心观察各行各业各个领域能干事、能成事的英才俊杰，不难发现他们都有一个共同的鲜明特点，那就是凡能成事者绝不只是偶然打败对手、击垮敌人之人，而是能够不断超越自我、战胜自己之人。作为求学者、求职者、求助者，在写给学术界名师名家、商业界老板老总、政治界领袖领导等表达拜师学艺、加盟共事、追随发展意愿的信件中，适度地介绍自身无畏艰难、求知进取、不怕吃苦、修身强能的不懈追求与恒久坚持，恰到好处地让收信人感知到自身的优良品质，当然属于合理而且必要的，把握好这一点更容易赢得对方的认可。

二、语言表达要求

（一）简洁性

1. 期望陈述应直白而不模糊

陈述直白而不模糊既能快速切题，又能突出根本目的，更能节约对方时间。这就要求我们在撰写自荐信和求职信的过程中，必须做到目的明确，表述直白，尽量避免说那些看似谦虚客气、礼多人不怪的客套话，以免让收信人看了半天，还不明所以甚至根本不知道写信者到底想要干什么。

2. 想法陈述应彻底而不吞吐

既然是求学者、求职者、求助者向师者、尊者和身处高位者"推销"自己的书信，那么不妨在讲清自己意愿的同时，提出希望对方能够给予什么样的机会、提供什么样的平台或做出什么样的关注。

3. 态度陈述应简洁而不磨叽

在通常情况下，不管出于哪种情况的书面沟通，都要考虑到收信人可能有很多繁忙公务要处理，自觉地把简洁陈述个人求学、求职、求助意愿作为遵循恪守的准则确立起来、贯彻进去。这就要求写信件时，应时刻注意抓住要领、把握要害、凸显要义。必需的话，说到而不说过；必要的话，说精。

（二）准确性

所谓准确性，就是要求信件能确切传达求职者的目的、具体情况等，让收信人对你的求职意向、基本素质、能力准确把握，从而做出决策。这就要求求职者在写信时，一要考虑收信人的知识背景和身份特征，正确处理口语与专业性术语之间的比例关系。收信人可能不是你这个专业的行家，但若过多使用口语，则其会对你的能力表示怀疑。二要考虑自己的实际情况，使用自己熟悉的、已掌握的语言，不使用自己不熟悉的词语，更不能运用一些方言词语或随意编造一些自己明白而别人难以理解的词语，少用陈词滥调，慎重使用热门网络语。三要在信件的初稿完成后，认真反复修改，或是采取冷却法，或是请他人帮助修改，力求语言准确，切忌草率从事、急于求成，否则欲速则不达。四要避免使用模糊性语言，应多使用实例和数字说明。五要正确使用规范文字，不写（打）错别字；正确使用标点符号。

案例对比

【修改前】

寻物启事

本人于 2018 年 9 月五日，在电梯内遗留了一件古井贡酒品牌的手提袋，里面一个面膜盒，其中有个废弃的火车票，对你而言可能只是一个没有用处的东西，但对我而言是一件珍贵的宝物。希望拾到的好心人可以将面膜盒归还本人，谢谢！

电话：××

【修改后】

失物招领

2018 年 9 月 5 日下午一点多，本人在电梯内遗留一个古井贡酒手提袋，里面有一个红色的面膜盒，面膜盒里是废弃的车票，那对于我是十分宝贵的回忆。希望拾到的好心人可以将面膜盒归还于我，手提袋内其他东西将作为答谢，谢谢！

联系方式：李女士

电话：××

（三）礼貌性

在涉及人的称谓时，不使用蔑视性的称谓，不使用批评性的词语或句子，不使用限定性的词语或句子。例如，"本人于某年某月要赴外地实习，敬请贵经理某月某日前复信为盼"，这是为对方限定时间；"本人谨以最诚挚的心情，应聘于贵公司，盼望贵公司抓紧与我联系，我是您公司的最佳人选"，这是为对方规定义务等。不要使用以上压下的语言或句子，如"贵公司总经理某先生要我直接写信给你""某长很关心我的求职问题，特让我写信给你"。自荐信和求职信的语言要礼貌，要尊重对方，但切忌曲意迎合、恭维或表现得过分热情，态度要不卑不亢。

（四）谦虚性

谦虚是中华民族的传统美德，写自荐信和求职信时，要尽量避免使用一定、第一、绝对、肯定、完全可以、保证这一类词，不要使用"我能够适应各种工作"等句子。在运用语言表达内容时不要过分夸大自己的能力或表现得过分自信，尤其不要说出与事实不符的能力或特性来。自荐信和求职信要求语言谦虚，这与要有自信并不矛盾；当然也不要过分谦虚、故意贬低自己，那就会失去被录用的机会。

（五）层次性

自荐信和求职信的语言要有逻辑性，内容上层次分明，使阅读者一目了然。有的人写自荐信或求职信像记流水账或写随感录，想到哪写到哪，没有提纲、没有计划、没有主题，语言的逻辑性和层次感很差。这就降低了收信人对求职者写作能力、逻辑思维能力的认同感。缺乏条理的文字，易让人产生厌倦感、疲劳感，从而忽略信中的一些重要信息，也会让人对求职者的能力产生怀疑。

写作实训

〖A公司的汽车性能分析工程师岗位职责〗

（1）从事整车性能目标设计、管控和达成验收。

（2）研究本领域相关技术开发的潜在故障模式与影响分析。

（3）对整车动力性、经济性进行仿真分析并提出优化方案。

（4）负责整车系统匹配计算分析等。

〖A公司的汽车性能分析工程师任职要求〗

（1）拥有本科及以上学历，所学为车辆工程、机械等相关专业。

（2）了解汽车理论、汽车设计、汽车构造。

（3）具备良好的沟通能力和团队合作能力。

（4）通过英语六级（四级择优）。

〖**写作实训注意事项**〗

（1）针对岗位信息（或者你的求职目标），纲要性地列出想要呈现的主要内容。

（2）针对岗位信息（或者你的求职目标），根据自荐信想写的主要内容，在语法、内容、格式上进行编辑。

（3）检查与修改。

三、电子邮件的规范使用

电子邮件是一种重要的职场沟通方式。随着求职者越来越多，人力资源经理每天面临着众多电子简历的筛选问题，因此在发送自荐信或求职信的电子邮件时，求职者应重视电子邮件的规范使用。只有这样才能更好地凸显自己的才能，赢得人力资源经理的青睐，从众多简历中脱颖而出，最终获得面试机会。

（一）标题醒目

通常人们会根据标题判断电子邮件的重要性。标题是收件人了解电子邮件的第一信息，因此要提纲挈领，使用有意义的标题，以便让收件人迅速了解电子邮件的内容并判断其重要性。标题尽量写得具有描述性，反映电子邮件的内容和重要性，切忌使用含糊不清的标题；一定不要是空白标题，这是最失礼的；标题要简短，不宜冗长；一封电子邮件的内容尽可能围绕一个主题展开，拟定一个标题。大学生用于求职的电子邮件标题可以包含自己的姓名、学校、电话、求职岗位等信息。着重强调的是，求职岗位一定要写清楚，并且要是匹配公司招聘信息的求职岗位：一方面，说明求职者对公司招聘岗位的了解；另一方面，有利于人力资源经理分类简历，给人力资源经理留下好的第一印象。

（二）称呼妥当

电子邮件的开头要称呼收件人，这既显得礼貌，又明确提醒收件人，此电子邮件是面向他的。一般公司发布招聘信息时，会明确电子邮件联系人；若没有明确给出电子邮件联系人，则可以称"招聘负责人"等统称。电子邮件的开头、结尾最好要有问候语。

（三）正文写作规范

1. 邮件正文要简明扼要、行文通顺

电子邮件正文要简明扼要地说清楚事实，若具体内容很多，则可只做摘要简介，其他单独以附件形式进行描述。

电子邮件正文要行文通顺，多用简单词汇和短句，准确清晰地表达，不要出现晦涩难懂的语句。

2. 注意邮件论述语气

根据收件人与自己的熟络程度、等级关系等的不同，选择恰当的语气进行论述，以免引起对方的不适。尊重对方，"请""谢谢"之类的语句可以经常出现。

3. 正文可采用分段式说明

若想要说明的事情较多，则最好分段落进行清晰明确地说明；每个段落尽量简短不冗长，避免长篇大论，以把更有价值的信息更加高效地提供给对方。

4. 邮件信息尽量全面、准确

发送邮件前需要仔细检查，尽量在一封电子邮件中把需要说明的信息全面、准确地说清楚，不要有错别字；尽量减少短时间内的信息补充或更正之类的邮件。

5. 重要信息适当标注

合理地提示一些重要词汇、语句，可采用大写字母、粗体、斜体、颜色字体、加大字号等手段进行重点提示，但切忌全文或大段落使用，让人抓不住重点，影响阅读和观感。

案例对比

【修改前】

××老师您好，我叫××，是某某专业的学生，想申请调剂进入××科研院，请问这个流程是怎样的？十分渴望进入科研院后跟随您学习。期待您的回复，谢谢！

【修改后】

××老师您好！很冒昧地给您发邮件，耽误您的宝贵时间了。首

首先自我介绍下，我叫××，男，今年 21 岁，籍贯是安徽合肥，现在是××大学××专业的学生。在今年的研究生考试中我报考了合肥工业大学的××专业，初试成绩为 318 分，我深知这个成绩不太理想，但还是想争取一下，因为我出生在合肥，从小到大一直很向往这个学校，希望老师能给我个机会，我一定会在研究生期间跟在您后面好好做研究。

本科期间我成绩良好，课余时间积极参与学校的科研实践，在老师的精心培养及大学良好的学术氛围下，我在基础知识、设计实验、操作能力等方面积累了一定的经验，为读研打下了坚实的基础。通过在网上查看您的有关资料，对您的研究方向非常感兴趣。例如，……因此非常希望能加入您的课题组。我相信通过自己的努力，能很好地完成硕士期间的学习任务。

再次希望老师您能给我这个机会，敬候老师佳音。

6. 结尾签名切勿忘

每封电子邮件在结尾处都应有签名，以便收件人可以清楚地知道发件人的信息。此处签名信息不宜过多，只需要将一些必要信息放上即可，如姓名、单位等。签名文字应与正文文字匹配，统一使用简体、繁体或者英文，以免出现乱码；字号一般比正文字号小一些。

(四) 附件添加合理

若电子邮件带有附件，则发件人须在正文中提醒收件人查看附件。若带有多个附件，则发件人须在正文中对附件内容做简要说明。附件应按有意义的名字命名。添加附件后，为避免出现乱码等情况，还需要进行确认，以保万无一失。

电子邮件就如同名片，不仅反映发件人的业务水平，还可体现其为人处事的态度和风格。使用得当会给发件人带来效率、机会及竞争优势；使用不当则会成为障碍，耗费时间、损坏印象或带来误解。在发送电子邮件之前，问问自己这几个问题：我和收件人什么关系？就我们的关系而言，我对对方的称谓是否妥当？传递的信息是否完整与清晰？语气是否与内容相匹配？写完电子邮件校对了吗？格式上有无问题？有无错别字？

第七章 >>> 个体面试与表达能力提升

1. 熟悉面试流程与面试礼仪，了解并掌握常见面试题型的应答思路和面试技巧。

2. 综合运用个体面试准备策略，提前做好面试准备；强化个体面试训练，提升语言表达能力和职业胜任力。

3. 以朋辈激励为主要手段激发自主学习兴趣，通过刻意练习，降低面试过程中当众演讲的紧张感，在面试中发挥应有水平。

就业思考

1. 为更好地应对个体面试，个体面试前应做好哪些准备工作？

2. 在个体面试中有哪些注意事项？

3. 在个体面试准备中如何总结并形成个性化的面试素材库？

第一节　个体面试的准备策略

个体面试是求职者和用人单位双向选择的重要方式。随着社会的发展和应届毕业生人数的日益增加，就业竞争压力及企业选拔人才的压力都越来越大。求职者应如何做好面试前的准备，应从哪些方面着手准备面试，以及如何掌握个体面试的准备策略，显得尤为重要。

一、企业背景调查

个体面试前要充分了解用人单位情况和职位信息，对企业进行认真调研，调查企业背景，了解该行业的现状和前景，目标企业的企业文化、产品和业务，应聘岗位的用人要求，等等，做好充足准备，做到有的放矢。这是基础性工作，也是打开面试话题的金钥匙，还是与面试官产生共情的重要前提，求职者必须把功课做足。

（一）企业调查要点

1. 企业文化

（1）正确理解企业文化。面试前首先要明确一个道理：文化就是人类行动的结果，不要抛开企业管理单独看待文化，而要识别企业是否在管理中体现文化。因此，检验一个企业的企业文化到底怎样，要看团队的凝聚力、向心力和战斗力达到了怎样的程度。从这些结果反推企业文化建设应该怎样做，以及做的成效。

（2）明确企业文化的主要功能。企业文化主要用来解决企业现存的、必须解决的问题，而不是另起炉灶、避重就轻。这一特点非常重要，是检验企业文化的重要标准。例如，一家企业或一个团队刚刚组建起来，这时候最需要的是信任文化和团队精神的建设，而不是创新和绩效；一家曾经犯过错误、栽过跟头的企业，首先要强调的是合规与审慎，而不是创新与冒进；一家转型中的企业，最需要的是危机意识和创业精神，这个时候就无法更多地关注和谐、温情等方面的内容。

（3）明确企业文化的主要特色。在一家企业中，要明确各个分支机构是否都在力争做出自己的特色和贡献，都希望在某一个方面有突出的成绩。优质的企业文化一定要有自己的管理特色，如服务文化、创新文化、绩效导向、团队精神等。总之，若要创建新的文化，则要做一些新的事情，包括改变规则与制度、改变流程、改变激励方法等。

（4）明确企业是否注重方法的积累。要了解企业在文化建设过程中是否注意逐步积累好的方法，公司内部各单位之间是否持续密切地相互交流与学习，他们是否用集体的智慧持续创造好的方法，这是企业文化能否持续发展或者保持的重要标志。

（5）明确企业文化建设是否有成效。这可以用企业的业绩和员工的成长来检验。好的企业文化一定会促进企业的健康发展和员工的持续进步。

一家企业暂时有较高的绩效，未必是好的企业文化造就的；但如果企业节节败退，那么一定说明企业文化是不合理的。

2. 行业定位

（1）企业所属行业。行业是指从事国民经济中同性质的生产、服务或其他经济社会的经营单位或者个体等构成的组织结构体系。企业所属什么行业需要进行调查判断，可设置一些问题进行层层抽丝剥茧，深入了解企业所处行业的情况。可以从以下六个问题入手。

➤ 企业所处的行业是什么？

➤ 企业所处行业的主要产品是什么？

➤ 企业所处行业的历史是什么？当前主要倾向是什么？影响企业发展的主要限制是什么？

➤ 企业所处行业的主要经济技术知识型数据是什么？表达的方法是什么？

➤ 企业所处行业的主要角色是谁？主要角色的经营战略是什么？

➤ 企业在本行业生存和发展的关键因素是什么？

根据以上问题，可以初步理清和判断企业能够生存发展的内在逻辑和规律。

（2）企业的业务体系和同行业定位。进一步了解企业业务体系方面的情况，如企业的主营业务、在同行业内所处的地位、竞争对手的实力。此外，进一步了解企业的文化、历史与价值观，以及未来的发展战略，如企业在行业中的发展历史、未来的发展方向。可以从以下几个方面入手。

一是企业产品的调查研究。通过市场调研具体了解企业所处行业的产品，制作产品演化表，了解产品技术演化情况，对产品进行简要的历史分析，对产品技术水平、国际合作情况、行业影响进行分析。

二是行业发展史的调查研究。行业的发展一般会经过非常复杂的过程。行业危机、行业结构变化都与行业发展相关联。通过调查研究行业发展史，可以发现一些比较明显的行业发展规律。通过走访咨询企业老员工、查询互联网信息及论文等资料，可以探索行业发展规律。

三是行业中的主要角色研究。行业中的主要角色是指某些行业内具有绝对话语权的行业发展引领者或者具有一定竞争力的潜力企业。在梳理清楚企业名单之后，按照规模和影响力大小梳理竞争对手名单，对企业生产内容有初步了解和定位。摸清同行业主要企业情况，将企业名称、地理位置、市场占有率、产品质量和种类、企业职工数、企业利润等进行横向对比。

四是企业分类。同行业企业分类有的根据企业性质进行，也有的根据企业规模或者职工人数进行。从严格意义上来讲，对企业进行详细划分是必要的，可根据市场范围、产品性质、工艺水准等进行有针对性的划分。

（3）最近的新闻动态。最近的新闻动态包括口碑、员工的幸福感、媒体的报道和社会的评价，要用理性平和的心态从容面对与辩证看待，用发展的眼光看待问题，做好职业定位和规划。例如，辩证看待加班和薪资待遇的关系，尤其是平衡好生活休闲和主要工作诉求之间的关系。

3. 岗位及部门

调查企业背景，应了解应聘岗位及部门的相关情况，具体内容如下。

（1）明确岗位招聘要求。明确做好该岗位工作需要具备哪些软硬实力。这需要对岗位工作职责进行调查分析，在行业发展和企业背景调查的基础上，结合自己所学专业、个人特点等对标招聘要求，列出该岗位人员需要具备的基本素质。人岗匹配度越高，越能发挥优势、扬长避短，越容易获得岗位。

（2）了解岗位工作内容和价值链。要深入了解目标岗位的工作内容。积极探索岗位价值链，如为什么需要设置这个岗位？该岗位提供了什么价值？该岗位给谁提供价值？

（3）了解岗位所在部门的职责。要弄清楚岗位所在部门的职责内容，具体包括工作职责、工作内容，以及做好该岗位可能遇到的潜在挑战和困难。

（二）行业发展浅析

1. 行业发展前景

（1）了解行业结构将发生的变化，主要从以下几个角度分析。①从职业的角度分析。未来分工会越来越细，拥有技术的人会比那些没有技术的人有更多的选择机会和发展前景。②从贡献的角度分析。对社会贡献多的人会拥有更多的资产，未来不管是个人还是企业，对社会贡献越大越有可能拥有更多的奖励，社会鼓励正面形象及正能量。③从企业的角度分析。以前许多中国企业模仿欧美企业的模式起家，现在更多的中国企业注重技术研发和品牌建设，利用得天独厚的国内市场，开创独有的商业模式，培育出自己的明星企业，这些明星企业积极参与全球竞争，跟欧美企业一争高下。

（2）了解供求关系的变化对企业的影响，主要从以下几个角度分析。

①从投资的角度分析。随着房地产政策的变化，未来的商品房投资价值将会降低，文化商品的价值将会相应提高，非物质文化遗产等涉及精神文明的领域会具有较高的投资价值。②从品牌的角度分析。国货品牌崛起，国人普遍使用国货，国货品牌领域蕴含着诸多创造财富的机会。③从人口的角度分析。随着我国进入老龄化社会，养老产业发展潜力巨大。同时，国家生育政策的调整，对有关婴童的产业利好。

（3）了解行业主要角色对战略的影响，主要从以下几个角度分析。①从国家的角度分析。我国将会成为全球第一大消费国和出口国，制造业是国家基础产业，未来的制造业将会不断升级，成为高端行业的代名词，满足国内及国外市场的需求，与进出口相关的行业前景较好。②从文化的角度分析。中国文化会越来越流行，中国的电视剧、电影、网文、动漫将会流行于世界，从事与中国文化相关的产业前景光明。

2. 企业发展优势

要考察企业发展在行业中是否存在优势，需要根据企业优势特点进行判断。一个企业如果具有前瞻性、相对性、动态成长性、需求性等特点，那么我们初步判断，这个企业是行业优势企业或者潜在优势企业。企业发展优势的判断需要根据以下几个特点进行分析。

（1）前瞻性。有前瞻性的企业更能创造有利的平台和机会，紧跟行业前沿，有更多机会引领行业发展。它可以是行业巨头，也可以是规模不大、市场占有率不高的中小型企业，但其一定顺应了市场发展的需求。但是也不能太过超前，否则会导致当前生产力跟不上设想。

（2）相对性。要明确企业选择是一个相对的概念，任何一家企业不可能完全符合我们的选择要求，因此在发掘企业优势的过程中，要明确企业不同发展阶段的主要目标和潜在成就。优势企业必然在行业发展进程中的多个方面处于领跑地位，其他企业在其他方面也必然具有一定优势，只有弄清楚这个问题才能择优选取。

（3）动态成长性。要正确看待企业发展的动态性。企业若不具备持续努力保持既有优势的成长性，则有可能被其他企业超越，从而丧失优势地位。企业需要努力提升相对弱势的短板，争取成为一个具备全面优势的企业，形成全面占优的系统性优势，并在此基础上不断强化优势地位、不断前进发展。

（4）需求性。企业优势表现在该企业拥有强大资源力量的支撑。在信息收集的时候多了解企业在品牌、资本、人才及市场方面的资源，了解企业如何借助这些资源不断打开通往成功的通道。基于这些研究就能明白，原本可能长期处于较为弱势地位的企业，是如何在不断的积累中强势反超的。

（三）背景调查案例

1. 企业文化调查——以美的集团为例

（1）企业文化：美的集团始终坚持通过技术创新提升产品品质和服务，并以此贡献人类，提高人类生活质量，促进人类生活更舒适、更轻松、更美好。美的集团营造了一种开放、公正、公平的工作环境，提供平台和资源激励员工创造价值、成就自我，与企业共同发展。企业使命为"联动人与万物，启迪美的世界"；企业愿景为"科技尽善，生活尽美"；企业的价值观为"敢知未来（志存高远、客户至上、变革创新、包容共协、务实奋进）"。

（2）企业规模：美的集团是以家电制造业为主的大型综合性企业集团，2013年9月18日在深圳证券交易所上市。在2013年"中国最有价值品牌"评价中，美的品牌价值达到653.36亿元，名列"中国最有价值品牌"排行榜第5位。

（3）战略目标：①科技领先，即构建研发规模优势，加大对核心、前沿技术的布局和投入；②数智驱动，即通过全面数字化、全面智能化，内部提升效率、外部紧抓用户；③用户直达，即与用户直接联系互动，重塑产品服务及业务模式；④全球突破，即重点区域寻求市场、渠道和商业模式等维度突破，服务全球用户。

2. 行业发展浅析——以美的集团为例

（1）经典行业发展剖析如下。

➢ 企业所处的行业是什么？答：家用电器制造业、家用电器批发和零售业。

➢ 企业所处行业的主要产品是什么？答：智能家居、楼宇科技、工业技术、机器人与自动化、数字化创新。

➢ 企业当前主要倾向是什么？影响企业发展的主要限制是什么？答：美的集团当前主要倾向智能制造相关内容，影响企业发展的主要限制为核心人才和技术。

➢ 企业所处行业的主要经济技术知识型数据是什么？答：智能制造技术、传统制造业交叉学科和软硬件信息技术。

➢ 企业所处行业的主要角色是谁？主要角色的经营战略是什么？答：

主要角色是行业领军企业；经营战略主轴全面升级为科技领先、数智驱动、用户直达、全球突破。

➤ 企业在本行业生存和发展的关键因素是什么？答：美的集团重塑价值链精进效率，外移能力圈驱动成长，不断创新布局，逐渐探索先进企业文化，促进企业不断发展，形成龙头。

（2）企业的业务体系和同行业定位：美的集团的竞争对手有海尔、方太、格力、奥克斯等家电企业。美的集团的优势在于布局较早，形成了家电产业集群，创新领先、智能互联，服务业务广；逐渐形成了首选领先家用电器品牌，广受青睐。

（3）职业价值：美的集团平台广阔，优势明显。因此，进入企业大平台，可以整合资源，在学习先进企业文化、智造技术和管理经验的基础上，最大化激发创新引领行业发展革新的动能，实现价值体验最大化。

3. 岗位及部门解析——以美的集团技术部为例

（1）空调开发工程师招聘要求：掌握电子器件相关知识；了解三极管/MOS管/IGBT电参数测试原理；至少熟悉使用 1 款电路板图设计软件；动手能力强。对标自身实力和兴趣，若有实力没兴趣，则可以调整目标；若没实力有兴趣，则可以提升实力；若没实力没兴趣，则可以转向具有实力且感兴趣的岗位或者部门。

（2）岗位工作内容和价值链：美的集团比较重视市场部、研发部、财政部等部门。只有拥有好的产品、市场开拓得好，企业才能得到更好的发展。研发部一直是公司的核心部门，肩负着研制与开发新产品、完善产品功能等任务。产品研发就是实际制造、开发产品。产品研发是制造型企业生存的根本。因此，产品研发岗是关键岗位之一，需要不断加强学习、开拓创新、持续提升研发能力。

（3）技术部的职责：负责对新产品的设计和开发进行把控及编制各类技术文件；参与产品实现的策划；参与合同评审和对供方的评价；负责对质量管理体系的日常管理工作；负责对监视和检测装置的管理工作；负责产品的监视和测量控制工作；负责对质量管理体系过程的监视和测量；负责不合格产品的归口管理；负责数据分析管理工作及纠正、预防措施的评审工作。

二、面试印象管理

礼仪在社会人际交往中往往起到不可轻视的作用，正如俗话所说，第一印象很重要，十分之一秒的瞬间形成的第一印象可能带来晕轮效应，也可能带来成见效应。在影响第一印象的各要素中，仪表与着装起到的作用约占50%，语气与声音起到的作用约占40%，言谈与举止起到的作用约占10%。因此，求职者应重视面试印象管理，在面试中应遵守以下基本原则：时间管理恰当、着装得体、自信大方、礼节适宜、表情自然、学会倾听、适度赞同对方、正确使用肢体语言。

（一）面试着装要求

1. 服装选择要求

根据行业、职业的特点和要求，服装选择要求如下。

（1）商务行业：银行、证券、基金、外贸等行业，要求从业人员穿着正装，具有严格的正装要求（打领带）。若从事广告、销售、中介、渠道等方面业务的工作，则可以穿正装不打领带。

（2）非商务行业：技术类、设计类、中后台类的工作，可以不穿正装，但着装应简洁、大方、得体。

2. 着正装的注意事项

（1）男士着正装注意事项：正装不超过三种色系，正装包括西服、衬衫、西裤、皮鞋、配饰等。在西服选购上，优先选择深灰色、深蓝色、藏青色、纯黑色等深色系西服；西服应保持合身、平整。

衬衫穿着注意事项：露出袖口，衬衣袖口应露出1～2厘米，双手自然下垂时看不见袖口；藏好下摆，衬衫下摆不宜露出；露出领口，衬衫的衣领要整洁立挺，高出西装领约0.5厘米。

衬衫系扣注意事项：非常正式场合，通常打领带，衬衫纽扣全部扣上；一般场合，允许解开第一颗纽扣；比较随意场合，允许解到第二颗纽扣。

其他注意事项：领带长度一般以末端刚好在皮带扣上为宜；西裤的长度要合适，以刚好盖住鞋带和脚跟为宜；正装一般搭配皮鞋，袜子颜色与鞋子颜色相同或相近。

（2）女士着正装注意事项：女士可以穿西装或套裙；正装不超过三种色系；女士正装不宜过紧、过露、过透，以合身、整洁、简约、干练为宜。此外，女士化妆不宜过艳，香水味道不宜过浓，配饰不宜过多；鞋跟不宜过高过细，不要露脚后跟或者脚趾；正式场合不宜光脚，建议穿着肉色丝袜；发型以干练大方为宜。

（二）面试行为表现

1. 基本礼仪

（1）面试状态。求职者应注意自己的仪态，展现出自信大方、自然得体、精神饱满、理性平和的状态，保持自信的面容、舒缓的声音及放松的心态，不宜做出紧张的动作与微表情。

（2）时间管理。提前抵达面试地点是面试的"潜规则"。面试迟到是大忌，往往会造成极其不利的影响，甚至可能被取消面试资格。建议至少提前 10～15 分钟到达现场。

（3）进门离场。求职者进门前应先轻轻敲门，得到面试官许可后方可进入面试会场；进门后转身轻轻带上门，从容自然地走向座位；面带微笑地问候面试官，获得面试官回应后再缓缓落座。面试结束时，礼貌地致谢和道别，出门时轻轻带上门。

2. 仪态举止

（1）正确的握手姿势。双方握手时，上身微微前倾，面带微笑，目视对方，右臂自然向前伸出，虎口相交，全掌相握，力度适中。

（2）男士标准式坐姿。坐姿端正，上身挺直，双眼平视前方，一般坐椅子的 2/3；两腿自然分开，小腿垂直于地面，双手自然放在两膝上方或桌面上方。

（3）女士标准式坐姿。女士标准式坐姿与男士标准式坐姿的主要区别在腿部，女士双腿应合拢，小腿可垂直于地面，也可倾斜 15°，双手自然交叠于膝盖上方或桌面上方。

（4）正确的行姿。正确的行姿主要有从容、平稳、直线三个要点。走路时身体不要前俯后仰；两个脚尖不要呈内外"八"字形；步幅不宜过大或过小；双手不宜反背身后或乱摇晃。

3. 细节管理

（1）表情管理。面试官可以通过应聘者的面部表情判断其情绪、性格、心理等，因此应聘者应做好表情管理。在面试过程中，保持适度微笑是自信、友善的体现，与面试官始终保持眼神和目光的交流是加分项。为避免过度紧张，目光可以聚焦于面试官的面容中央，即眼睛、眉毛与鼻梁附近的三角区域。但是不要一直盯着面试官的眼睛看，可以每 20 秒左右移开一下目光。可以对着镜子进行微笑及眼神等日常训练，也可以将模拟面试录制下来，与高分示范视频做对比，更快、更精准地找到面试过程中的表情问题。

（2）语言表达。语言表达应简明扼要、逻辑清晰、流利顺畅，用词要通俗易懂，语速要保持平缓，音量要保持适中。避免答非所问、无效沟通等情况出现。面对难题时先思考1~3秒后再回答，可以适度减缓语速。对于自己关心的问题，如加班情况、薪酬待遇及发展空间等，提问时要注意表达方式。平时可通过模拟面试训练自我介绍和结构化面试答题技巧，提升逻辑思维能力和语言表达能力。

（3）压力面试。压力面试指有意制造紧张，以了解求职者将如何面对工作压力。一旦遇到压力面试，要有意识地提醒自己不要紧张，仅仅是种测试而已。首先，保证情绪、心态稳定。用微笑的方式、舒缓的语气回答问题，是面对压力面试时的首要原则。其次，要能够坚守自己的观点，耐心地与面试官沟通，可以通过提问、反问的形式加强沟通力度，尝试表明自己观点的合理性，争取获得面试官的认可。平时可在陌生场景或高压场景下进行脱敏训练，如参加演讲等。

（三）线上面试表现

1. 线上面试特点

（1）沟通顺畅度。线上面试对网络信号有一定要求，若信号不稳定，则对面试影响比较大。也就是说，线上面试环境干扰程度对面试结果影响比较大。为保证良好的线上面试环境，需要提前准备好适合的软硬件配备。

（2）成本。线上面试成本远低于线下面试成本。对于求职者来说，线下面试的时间成本和开销更高。

（3）面试效率。线上面试的沟通效率相对更高，但求职者无法实地观察办公环境，且面试过程中的面貌展示和语言表达不太直观。

（4）面试场景。线上面试非实物和非全场景，远不如应聘者坐在面前那么直观，双方可能都进行了适度包装，不是那么拘谨，但线上面试对自我介绍内容的吸引力、在视频中呈现出的样貌等要求更高。

2. 线上面试形式

（1）电话面试。电话面试一般为20分钟左右，面试官主要通过通话了解比较感兴趣的事宜。例如，核实应聘者简历上的受教育情况、个人兴趣爱好及特长、价值观与企业文化契合度，以及应聘者的语言表达能力和逻辑思维能力。这种形式方便快捷，不需要场景设置，不需要控场，不需要过多的面部表情，不需要特定场地，可以较为便捷地对大量人员进行初步筛选或者根据需要进一步沟通应聘者的具体情况，较大地节约了成本。这种形式还经常应用于接线员的招聘过程中。

（2）网络视频面试。网络视频面试是指求职者只要进入视频会场，就能通过视频、聊天等形式接受用人单位考核的面试。这种形式目前应用较为广泛，能够极大地节约成本。网络视频面试较电话面试要求更加严苛，不管是场景布置还是双方着装要求，都直接决定双方的第一印象。通过摄像头双方能够更加直观地观察到对方的面部表情、肢体语言，沟通交流更加深入、具体。同时，网络视频面试技术与时俱进，得到了现代年轻人的青睐。

（3）录制视频面试。录制视频面试不是实时反馈的，面试官只能看提交上来的视频，即使他们有想进一步了解的信息，也没办法实时补充。因为没有追问、补充回答等环节，所以应聘者必须在视频中直接把有价值的信息说出来，但不能过于冗长。

3. 线上面试准备内容

（1）设备调试。线上面试前，要考虑使用什么样的设备。有专业的设备，如互联网线上视频会议等；也有常用的即时通信工具，如 QQ 视频、微信视频等。总之，线上面试的环境由招聘人员与求职者共同打造。线上面试最需要重视的是网络速度与质量是否有保障，不要出现网络中断、卡顿等现象；其次要保证面试场地有适宜的光线与合适的背景设置，以免影响视频效果。

（2）个人形象。因为有时候线上面试设备与信号等会出现小问题，可能会在传输形象时不如现场看到的那样真实，所以在面试前要注意着装搭配、化妆等方面的事宜，如妆容比平时稍浓一点、重视面部阴影的打造，保证在面试时展现出相对真实、良好的个人形象。和线下面试要求一样，线上面试应做到着装得体、仪表整洁。因为线上面试需要通过面部表情传递信息，所以面部表情幅度可以稍大一点，可用"拟声词"辅助表达，交流时学会看着摄像头而非屏幕说话。受摄像头视角的限制，头部的摆动等动作会异常明显，这会给面试官带来不适感，让人觉得不够沉稳，因此要控制好身体动作的幅度和范围，有意识减少肢体动作。

（3）镜头表现。线上面试时，对面试环境要求比较高，这里包括物理环境、网络环境等。在正式面试前，要提前准备一个相对安静和整洁有序的物理环境，可以选择一面白墙做背景，也可以选择一块黑色或灰色的吸光布做背景，保证光线充足。选择顺光位（面对光源，摄像头在人和光源之间），然后调试好网络环境。在镜头前保持放松状态，如同线下面试一样，注意目光交流，避免不必要的小动作。可提前进行镜头前的模拟演练，积累线上面试经验。

（4）语言表达。与现场对话不同，线上面试会有一定的延迟和声音的减弱，因此要注意突出重点、舒缓语速，并做到坦诚沟通，保持正常交流的状态。答题要始终围绕面试问题、突出重点，这是影响线上面试成绩比较重要的因素。

（5）面试礼仪。线上面试与线下面试不同，线下面试完成后可以握手道别，而线上面试无法做到这一点，但可以用语言或肢体进行表达，以展示自己的职业化和妥当的礼仪。因此，不管面试进展情况如何，结束时都要注意礼仪，以显示自己对对方的尊重。

三、面试通用技巧

（一）准备策略梳理

1. 面试要量身定做、精心设计

（1）建立良好的第一印象。在通常情况下，面试的第一个环节是自我介绍，很多面试官用求职者自我介绍来热身。因此，求职者需要在自我介绍方面下功夫、做文章。这里有个技巧，即提前了解目标公司有没有模范人物，提取这个人物身上的良好品质，把自身的优势相靠近，争取给面试官留下良好的第一印象。

（2）突出价值观。越是大型的公司越讲究公司的价值观，甚至将员工价值观上的契合度看得比员工本身工作能力还要重要。因此，在面试前应详细了解目标公司的价值观、经营理念等。在自我介绍或者回答问题时，要时刻谨记尽量贴合公司的价值观，不要说任何违背公司价值观的观点。

（3）突出优势，引发兴趣。这个策略有点复杂，比较难以掌握，建议新人谨慎使用。这个策略指在自我介绍或者与面试官的交谈中，通过突出个人优势让其对自己产生兴趣，并产生想进一步了解自己的冲动。做到这一点需要一定的谈话技巧及经验，建议进行专项练习。

（4）变被动为主动，向面试官发问。这里的发问不是指直接提出多少薪酬、是否加班、是否能被录用等不宜问的问题。发问的问题最好是能引起面试官兴趣的，或者能表现出自己很了解目标公司、对公司做过很多功课的深层次的问题，这种发问会对面试产生很好的效果。

2. 在规定时间内正确审题

（1）审清题干身份。常见的审题问题之一是忽略了题干中明确的身

份。在同样的情境下，设定不同的身份，解决问题的方法会有所不同，因此要审清题干身份。例如，"某单位出台一项政策，部分员工认为个人利益受损，在网上发帖抱怨政策的弊端，领导让你处理此事，你会怎么处理?"审清题干身份，基于岗位身份进行分析，快速找到两个关键点：问题的出发点和问题的落脚点，也就是当前的实际问题和后续的发展问题。在自己能力和职责范围内去解决，切忌夸夸其谈。

（2）抓住核心问题。在理清问题的思路过程中，往往会千头万绪。要正视问题的复杂性、多变性和动态性特点，拨开迷雾，找到问题核心，这种判断力是格局和智慧的体现。此处常见的问题是抓不住题干核心关键词，抓不住问题的重点。首先，要理清题目中各问题之间的联系，找到问题的表象和根源，了解本次任务的根本目的；可通过详细拆分题干的信息，对题干中现象发生的背景、人际发生的场景、需要解决的问题、潜在的问题、计划达到的目的等进行深挖，更快更准确地理清问题的脉络。其次，对亟待解决的问题和最根本的问题进行归纳分类，分清轻重缓急，再逐条抽丝剥茧，最终将问题依次全部解决。最后，抓住并围绕"关键词"作答，常见关键词包括综合分析类题目的核心话题、人际沟通协调类题目需要解决的问题、计划组织类题目的活动目的等。

（3）审清问题主体。主体不仅指我是谁，还指这个事件中还有谁。常见问题是只审清自己是谁后就开始答题，导致没有考虑题目中的对象和特殊主体，没有照顾到所有的主体。特殊主体往往需要还原到当时的情境方能发现。例如，一次讲座人满为患，如果你是组织者，那么你会怎么办？这道题中的主体除了组织者、听众，还有藏在情境中的讲座专家这个主体。审题时不能以自我为中心，要上升到部门或者企业高度，明确问题的主体。在这个过程中，要做助推器和黏合剂，就是要积极协调沟通、及时上报，在团队共同努力下解决问题。首先，要照顾到所有的主体，考虑要不要管，管的话需要怎么妥善处理。其次，要考虑是否需要协调直接解决问题的人员，如何妥善协调能达到解决问题的目的。

此外，审题时若能审清题目到底考察什么能力、考察的动机是什么，则将助答题一臂之力。

3. 通用回答技巧

（1）STAR法则：将问题或情景分解为情境、任务、行动和结果四个部分。情境：描述发生问题的背景和环境。任务：描述你在这个情境中需要完成的具体任务或目标。行动：描述你为完成任务而采取的具体行动。

结果：描述你的行动产生的最终结果。

> **示例**
>
> 你经历过的最有挑战的一件事是什么？
>
> 情境：我曾担任项目经理，负责一个跨部门的团队。
>
> 任务：我们的任务是在三个月内完成一个复杂的软件开发项目。
>
> 行动：首先，我组织了一个项目启动会议，明确项目目标和分工。然后，我制订了详细的项目计划，包括阶段性目标、里程碑和任务分配。在项目执行过程中，我定期与团队成员沟通，了解项目进度和潜在问题。遇到问题时，我积极协调一切可以利用的资源，适时地调整计划，确保项目顺利进行。
>
> 结果：最终，我们在规定时间内完成了项目，受到了客户的高度评价。这个项目不仅提高了公司的业绩，还为团队成员带来了宝贵的成功经验。

（2）PREP 表达法：面试常见表达方法之一，所谓的 PREP 分别指的是 Position（观点）、Reason（理由）、Evidence（证据）、Position（观点）。通过这个结构表达叙事会显得逻辑清晰。

> **示例**
>
> 谈一下你对李宁开始做"宁咖啡 NING COFFEE"的想法？
>
> 观点：我个人认为宁咖啡 NING COFFEE 将会是一个成功的跨界。
>
> 理由：首先，店铺的便利性，李宁在全国有 5 000 多家店铺，覆盖面非常广，宁咖啡 NING COFFEE 可以利用现有的店铺资源。其次，有客流保证，咖啡饮料是逛街必备品，如果能在试衣服间隙或等人时顺手买一杯咖啡，对顾客来说，将会非常便利，有客流基础就不愁销量。
>
> 证据：之前其他的品牌，如香奈儿快闪店也尝试售卖咖啡，非常火爆，很多网红拿着咖啡拍照打卡，增大了品牌的曝光量。
>
> 再次强调观点：所以我觉得宁咖啡 NING COFFEE 是个不错的尝试，为运动行业提供了新的发展思路。

（二）表达技巧运用

1. 眼神坐姿从容

面试是用人单位和求职者之间的双向选择，面试官非常希望选拔出适合单位的人才，因此求职者要保持好心态，充满自信应对面试，不必过度紧张。面试时，自己的仪表、眼神、坐姿等都应符合礼仪规范，切忌做出一些小动作，如眼睛东张西望、手部动作夸张、跷二郎腿等。

2. 回答慢条斯理

求职者不用过分关注面试官的表情，不要因面试官皱眉而出现过度紧张、断片、卡顿严重等情形。回答问题时可以适度减慢语速，一边思考一边回答。遇到比较难回答的问题可以多思考一会儿，避免因过度紧张而导致答题卡停，保持自己的心态稳定，不要慌张与焦虑。

3. 表达流畅自然

面试中语言表达要自然流畅，切忌背诵痕迹过于明显，平时可以用关键词进行串词训练。此外，应聘不同的单位或岗位时，应根据需要加入针对性、定制性内容以适应不同情况，切忌千篇一律。平时在准备过程中多找一些熟人或者师长进行实战演练，请他们帮忙纠正不足，不断积累面试经验，提高自己面试的熟练度和自信心。

（三）面试反馈策略

面试的过程非常重要，是决定面试能否成功的关键；但是面试反馈也很重要，能够帮助求职者签约到更好的用人单位，是不断提升自我的重要途径，因此要重视面试反馈策略。

有一些求职者会直接问，"你对我这次面试的评价是什么？"面对这种问题，面试官无法直接回答行或不行。因为若不合适的话，则一般面试官会直接告知其不行；若面试官本身态度不错，并且有时间的话，则面试官会告诉应聘者哪里不匹配，并给出一些相关的建议；若还有其他候选人也较优秀，则面试官只会说大致符合岗位要求，需要和其他候选人做比对，绝对不会给出肯定答复。求职者如此问，通常会显得比较唐突，收到的效果反而不好。

一般来说，企业需要招聘某个岗位的人员，通常会在短时间内进行本岗位的密集面试，面试结果一般不会当时就产生，因为牵涉到企业内部流程、候选人的对比等事项，故三五天之内得到面试结果相对比较正常。抓住这个特点，求职者可在结束时顺带问一下："您这里的招聘结果一般什么时候可以出来？"针对这种问题人力资源经理一般会应答。若应答较为敷衍，则可以接着问，"那您是否方便给我留一个联系方式?"事实上，现在一般短信确认面试信息的较多，上面大多会有联系方式，并且通知你面试的电话号码一般也会显示在你的手机上，故此时可以顺便试探下人力资源经理对自己的看重程度如何，若确实不错，则人力资源经理一般会给你留个联系方式，因为毕竟招到合适的人也是他们的工作，他们也怕人才流失。再接下来，可以问下，"那您看我过两天给您打个电话询问下情况可以吗?"对此，人力资源经理若同意，那么过 2～3 天，可以打电话询问下面试结果。

第二节　个体面试的表达与应对

从面试主体流程看，开场破冰的自我介绍、面试官的提问及追问、面试交流与咨询是求职者求职和用人单位招聘的重要媒介，也是面试招聘不可或缺的必经环节。本节重点从求职者的视角解读在这些环节中通用的面试技巧及答题规律，包括求职者如何做自我介绍、如何应对面试官的提问和追问、如何向面试官咨询感兴趣的求职事宜等。

一、面试自我介绍

(一) 面试自我介绍概述

1. 面试自我介绍的基本要素

面试自我介绍主要由基本信息、所取得的成绩、个人职业规划三部分构成。基本信息包括姓名、年龄、学历、目标岗位等；所取得的成绩主要包括所学专业的成绩、所拥有的资格证书、所参与的实习成绩；个人职业规划主要阐述来公司或部门后的个人规划、自己适合该岗位的理由等。此外，面试自我介绍还包括开场的问候语，以及类似"请多指教"的结束语。

2. 面试自我介绍的主要结构

面试自我介绍的基本要点：问好＋我是谁（姓名、年龄、学校、专业、学历、应聘岗位等）＋我做过什么及我做成过什么（所学专业的成绩情况，如奖学金、主干课成绩等；获得的各类资格证书情况；实习及社会实践经历，如参加的比赛（竞赛）及获奖情况，参加的项目及结题情况，实习实践经历及取得的成绩情况）＋我想做什么（来用人单位或部门做什么、为什么适合该岗位等）＋结束语。

示例

　　面试官好，我叫××，是××大学，××专业，××级应届本科生/研究生，今天来应聘××岗位。

　　我通过 4 年的××专业学习，具备了扎实的专业知识和技能。GPA 专业排名前三，获得过国家励志奖学金一次、校一等奖学金三次，以及优秀三好学生、优秀学生干部等荣誉称号。在读书期间，我通过了 CET-4、CET-6、全国计算机二级等级考试等。我积极参加创新创业竞赛活动，所参加的××、××大赛分别获得了×奖和×奖。

　　我有较为丰富的社会实践经历。我曾担任学院学生会主席，统筹学院学生会的整体工作，当年学院学生会获得学校 A 级学生会荣誉称号。此外，我还担任过××组织××岗位，带领过学生组织实现过××成绩。

　　我曾在××公司实习，完成××任务，实现××业绩，受到领导和同事的一致好评。

　　如果可以入职贵公司，那么我个人的职业目标是成为××，以上就是我的自我介绍，非常感谢您给予我这次面试机会！

3. 面试自我介绍的撰写原则

（1）立意方面：一般主要通过简短的语句表达，让别人对自己有一个很好、很深刻的印象。在介绍时要语言简洁、展现自身的特点，给面试官留下一个较好的印象。

（2）称呼方面：在面试开始时，出于礼貌，首先要和面试官打招呼，打招呼时语言表达要准确，称呼简洁；交流时需要与面试官直视，让对方感受到真诚。

（3）基本要素方面：一是介绍自己的姓名、年龄，二是介绍自己来自哪里、所学专业，三是介绍自己应聘的岗位。

（4）关联语句方面：在自我介绍中一定要凸显自己与所应聘行业或者岗位的联系，在介绍时主要表达自己对这个行业或者岗位的喜爱或热爱，在关联语句方面要注意凸显新颖与特点。

（5）结尾表达方面：结尾时最好展示或表达自己的应聘愿望，如通过此次应聘实现个人的职业生涯梦想等。

（6）语言表达方面：个人介绍时，语速不要太快，以免面试官听不清，也不要太慢以免面试官听得比较乏累；要思路清晰、条理清楚且重点突出。

（7）写作文风方面：不要过分修饰自我介绍，行文层次清晰，用词恰当简洁。

（8）介绍禁忌方面：主题要突出，尽量口语化，避免书面语过多，禁忌使用方言或者土话。

（9）行文长度方面：字数控制为 150～500 字，介绍时间为 1～3 分钟；根据规定时长控制篇幅长短。

（二）面试自我介绍的重点

1. 面试自我介绍的表达要领

（1）在时间分配方面要合理。面试自我介绍一般会有时间限制，求职者应根据面试官的总时长要求合理分配三部分内容的时长。基本情况、所取得的成绩（学习工作经历及业绩）、其他（个人规划）三部分内容的时长比率为 15％、70％、15％左右。

（2）在内容主次方面要分明。针对所取得的成绩，可按照所学的专业成绩、所拥有的资格证书、所参与的社会实践和实习成绩的顺序进行介绍。在准备阶段，可先将社会实践情况、企业实习经历情况等内容进行罗列，再进一步梳理，在面试阶段阐述主要内容时需要重点突出、特色鲜明，确保能让面试官眼前一亮。

（3）在特长表述方面要清楚。表述特长一定要将自身的特长优势与应聘岗位密切结合，可通过事例、数据等充分展示自身特长优势。若介绍与岗位无密切关系但特别突出的技能，则一定要做到点到为止。

（4）在未来计划方面要明确。面试官一般会对个人未来规划感兴趣，可能会提出关于未来规划的问题，求职者应提前思考自己过去和未来的关系及个人未来规划，在面试回答时要有具体且合理的职业规划，以此让面试官对求职者寄予希望和期待。

2. 面试自我介绍的考察重点

（1）考察简历内容的真实性。面试官无法直接判断求职者书面简历材料的真实性，为避免被过度包装甚至造假的简历材料误导，其将会在面试环节进一步考察求职者和验证材料的真实性。对于面试官而言，大量的简历筛选后并未对全部简历有深刻的印象，在求职者展开自我介绍时，面试官会及时对照求职简历再次核对、了解求职者的基本信息，并对感兴趣的部分、有疑惑的部分、表达不完整的地方展开提问。真实的内容在个人自我展示表达环节通常不会有特别大的出入，而虚构的相关内容即使背诵得很熟练也往往会因紧张而出现纰漏。若面试官在追问环节中证实了材料的虚假，则相关求职者的印象分会被彻底拉低，甚至直接被淘汰出局。

（2）考察求职者综合表达能力。面试官一般比较看重求职者的语言表达能力、逻辑思维能力，在自我介绍的展示环节，不仅能考察这两项能力，还能通过自我介绍初步判断求职者的总结概括能力。一些求职者虽然有很丰富的社会实践经历、企业实习经历，但冗长的表述和毫无重点的长篇大论，经常会因超时被面试官叫停或者礼貌地打断。如果求职者应聘的岗位恰好需要较强的综合表达能力，那么自我介绍环节非常重要，需要多加练习。

（3）考察求职者现场把控能力。在准备面试自我介绍时，求职者一般会提前准备一个相对完备的自我介绍稿，但往往在现场面试环节，求职者无法预测面试现场的突发情况；一旦出现突发情况，求职者精简凝练的表述会让面试官眼前一亮。求职者具备较好的现场感知能力和把控能力，在面试过程中会给面试官留下较好的印象。

（4）考察求职者理解沟通能力。在面试现场，面试官一般会要求求职者结合相关情况简要展示自我，如面试开场的自我介绍，比较常见的开放式提问往往也是在考察求职者的理解沟通能力。若求职者未听清面试官的要求便急于作答，导致作答内容逻辑混乱、表达不清晰等，则会给面试官留下不好的印象。

（5）考察求职者时间掌控能力。在校园招聘面试过程中，面试官一般会要求求职者尽量在规定的时间内完成自我介绍，以便面试官初步了解求职者的基本情况后，迅速开展后续的面试组织工作。因此，恰到好处的自我介绍，能够体现强大的时间掌控能力。无论自我介绍环节是剩余大量时间，还是超出规定时间，都会让面试官感觉求职者时间掌控力不强，或者个人经历匮乏，抑或是语言组织能力不强。

3. 面试自我介绍的注意事项

（1）语言表达不能太随意。与面试官在面试现场初次见面，语言表达方面要尽量职业化，自我介绍过程中表情不要过于丰富，言行举止要端庄，以免给面试官留下轻浮的印象。

（2）内容介绍不能过于简单。若是 5 分钟的自我介绍，则绝对不能1 分钟全部讲完，剩余大量时间也就意味着失去了大好的展示机会，大量的空余时间会被面试官用来提问，甚至影响面试官对求职者的初次印象。

（3）架构方面不要头重脚轻。在面试自我介绍环节，很多求职者对时间的把控力比较差，在最开始的介绍过程中不能做到详略得当，前面介绍履历细枝末节过多，导致大量的时间被白白浪费；当被面试官提醒时间时，求职者由于内心紧张或者担心提前准备的自我介绍内容无法全部展示，会加快语速。但在加快语速的同时常会忽略一些重要内容，这就容易导致面试官对求职者的判断出现偏差。

（4）履历介绍避免忽略基本信息。在求职面试时，个别求职者为了凸显履历中的教育信息、实践经历及企业实习经历等信息，有意或无意遗漏了对个人基本信息和求职岗位意向的介绍，导致在后续的面试环节中面试官无法确定求职者的真实求职意向。

（5）避免主动介绍兴趣爱好。在面试自我介绍过程中，一般有时间限定，求职者需要利用有限的时间将需要展示的相关要素充分展示，没有必要主动提及与工作无关的兴趣爱好等，以免耽误宝贵时间，让面试官感觉求职者不务正业。

4. 面试自我介绍的技巧运用

（1）内容方面——正确真实。为了在面试自我介绍环节中凸显自我，给面试官留下一个好的印象，个别求职者往往会煞费苦心，不能诚恳地介绍个人的履历情况，在特长与岗位匹配方面虚构内容，如胡乱编造学生干部经历和实践经历，不能向面试官展示一个真实的自我。这种做法极不可取，虚假的内容很容易在面试追问环节中被识破，一旦被识破则基本丧失了成功的可能性。

（2）衔接方面——巧妙自然。面试自我介绍一定要紧扣面试官的要求组织语言，内容衔接方面要紧凑，重点介绍内容要突出，将自我介绍各部分的内容巧妙衔接，特别是在关联词和过渡词的使用方面，一定要用词得当，使面试自我介绍更有层次感和逻辑感。

（3）语言方面——精练流畅。围绕个人履历展开自我介绍时，尽量避免在介绍的过程中暴露个人不足与缺点，与面试官要求无关的话尽量不叙述，闲聊性的随意话语尽量不说。在介绍个人基本情况时避免口误或者停顿太久。与个人履历和工作岗位无关的话语，非面试官提问，尽量不提及或不展开。介绍实践经历、企业实习经历时应避免冗长，语言表达要精练流畅，切忌背书式一口气说到底。

（4）态度方面——自信大方。面试自我介绍要注意展现个人精神风貌，通过大方自信的陈述给面试官留下一个好印象，良好的精神风貌会给别人展现一个较好的基本素养，落落大方地回应考官的问题，也能够在举手投足间展现求职者的自信与胸有成竹。

（三）面试自我介绍的常见思路

1. 主动提及个人姓名信息

向面试官介绍自己时，需要主动介绍个人姓名和具体身份信息。即使在面试开始前求职者已与面试官做了简单交流沟通，或者简历上面都有基本信息，也仍然需要郑重介绍个人姓名等基本信息，以此加深面试官对求职者的印象，方便面试官记录面试情况，以防张冠李戴。

2. 简明扼要介绍个人情况

介绍个人情况时一般主要围绕个人学历信息、实践经历、企业实习经历展开，在介绍时务必根据面试官的要求将要点分层次、有条理地展开，做到详略得当、重点突出。介绍学历信息时可以以适当的关键词凸显；介绍实践经历和企业实习经历时可结合应聘公司行业及岗位情况，适当展现与之紧密相关的主要内容或重要内容，确保结构严整、内容逻辑性强、凸显个人特色，有效避免面试官因倦怠感而对求职者的兴趣及注意力下降。

3. 确保陈述内容呼应简历

介绍个人情况时没有标准答案，不存在对和错的问题，但陈述内容要与求职简历、应聘报名材料等保持一致，避免所述内容与提交材料内容有出入；个人陈述时尽量避免使用严整且拘束的书面语，灵活使用口头语表达，并且尽量确保语言表达适合正式场合。

4. 适当举例展示个人能力

当求职者展示个人能力时，可以适当列举相关例证和实践经验凸显自身与岗位的匹配度，增加有效的竞争力。对于应届毕业生而言，有学生干部任职经历的同学可以通过介绍个人在学生工作岗位上取得的荣誉或者成绩展示个人能力；实践经历比较丰富的同学可以通过罗列与应聘岗位高度贴合的实践锻炼情况凸显工作经验及收获体会；还可以通过客观的数据呈现求职者在专业学习、志愿服务等方面的突出表现。

5. 多用短句确保表达流畅

在口语表达中，多用短句可以有效避免因话语冗长而出现间歇性停顿或者反复陈述同一内容的低级性问题，避免因语言表达问题而给面试官留下不好的印象；同时能保证大篇幅的自我介绍结构层次分明、条理清晰，也便于面试官能有效接收到求职者所要表达的主要内容。

二、面试基础知识

（一）面试的基本形式

1. 问题式面试

问题式面试指面试官会根据具体的行业需求或者岗位需求提前准备面试提纲，在面试开始时，面试官会根据事先准备好的面试提纲有针对性地进行发问，通过求职者回答问题的临场表现情况判断求职者的专业知识储备情况、业务水平、解决问题的能力等，同时面试官会获得求职者的相关情况资料。

2. 专场式面试

专场式面试常见于高校、地方政府或企事业单位等组织的大型、中型、小型专场招聘会。招聘专员在招聘会现场根据求职者的简历投递情况有针对性地开展现场初筛，在时间允许的情况下甚至会直接进行现场面试海选。

3. 压力式面试

压力式面试指面试过程中面试官就某一问题或事件有针对性地进行压力式的连续发问，在刨根问底的过程中观察求职者的基本面试反应，直到求职者无言以对为止，以此来考察被面试者的思维敏捷程度和基本逻辑应变水平。

4. 随意式面试

随意式面试指面试官与求职者在一种轻松愉悦的氛围中各抒己见，漫无边际地自由交谈。这种面试的目的主要是在海阔天空的闲聊交谈中观察求职者的语言表达、个人品位、举止谈吐和气质风度，在轻松愉快的氛围中全方位考察求职者的综合素质。

5. 情景式面试

情景式面试主要围绕某种特定的情景展开，在情景内求职者需要根据面试官的要求扮演某种角色，面试官根据设定情景进行提问或者提出一项计划，而求职者需要从自身扮演角色的角度去回答问题或者提出解决方案。这种面试的主要目的是考察求职者的解决问题能力和面对特定情境的临场应变能力。

6. 综合式面试

进行综合式面试时，面试官一般会采用多种方式来考察求职者的基本素质和综合能力，如面试环节的英语交流谈话、临时性的写作考核、即兴式的演讲展示、临时性的计算机操作考核等。这种面试的主要目的是考察求职者的外语水平、语言表达能力、计算机熟练程度等。

上述面试类型主要是依据面试的形式做出的大致分类。大多招聘面试会采用一种或多种组合的面试方式进行面试，对求职者能力的考察会更全面、更广泛，主要目的是能够客观选拔出综合素质优秀的求职者。

（二）面试的基本种类

1. 个人面试

个人面试一般指面试官与求职者的单独交流，故又被称为单独面试或个体面试，是最常见的一种面试种类。个人面试分为"一对一"和"多对一"两种。

（1）一对一面试。一对一面试通常适用于规模小的机构，在招聘岗位方面往往有特殊职位要求或职位较低。

（2）多对一面试（主试团面试）。多对一面试通常适用于较大的机构，如大型企事业单位。在选聘公务员、选调生时，一般采用多对一面试，并会在现场打分。

2. 集体面试

集体面试又称为群体面试，指较多人申请同一职位，为节省时间，多个求职者共聚一堂，开展小组讨论，相互协作解决某一问题，或者轮流担任小组领导主持会议、发表演说等。集体面试主要用于考察求职者的人际沟通能力、洞察与把握环境能力、组织领导能力、团队协作能力等。无领导小组讨论是最常见的一种集体面试。

3. 测验面试

测验面试常用于速记、表演、推销等行业，指求职者参加现场技能测验或考试。

4. 综合面试

综合面试是个人面试、集体面试与测验面试的综合，面试官一般会通过多种方式考察求职者的基本素质和综合能力。综合面试通常事先拟定面试题目，以提问或自由交谈等相互交融的方式进行呈现。

5. 渐进式面试

渐进式面试一般会有多轮面试：初次面试即筛选面试，以了解个人情况、谈吐、应对能力等为主要目的，随后有二次面试、三次面试、四次面试，具体面试的次数视职位高低而定。一些正规的大型公司在员工招聘方面都会有比较完备的招聘流程和程序，大体上分为五个阶段，分别为简历筛选、笔试测验、初次面试、高级经理二次面试及最后的录取通知发放。

(三) 面试的基本程序

1. 准备阶段

（1）制定面试指南。书面的面试指南是面试指导方针，包括面试团队组建、面试准备、面试提问分工和顺序、面试提问技巧、面试评分办法等。

（2）准备面试问题。准备面试问题能够帮助面试官获得求职者是否具备匹配岗位才能的信息，包括确定岗位才能的构成和比重、列出面试问题等。

（3）确定评估方式。完整的评估方式是将面试中收集到的信息按岗位需要的标准进行系统评估，主要包括确定面试问题的评估方式和标准、确定面试评分表等。

（4）培训面试官。为保证面试过程顺利且有效实施，并保证面试结果具有客观性和科学性，面试官必须掌握一定的面试技术。面试官培训内容包括提问技巧、追问技巧、评价标准的掌握等。

2. 实施阶段

（1）关系建立阶段。这一面试阶段提出的问题一般是封闭性的，通常以问候开场，往往从应聘者可以预料的问题入手，以便创造友好、轻松的良好氛围，为下一面试阶段的沟通做好准备。

（2）导入阶段。这一面试阶段提出的问题一般是开放性的，通常问一些背景性或意愿性问题，进一步缓解求职者的紧张情绪，为进一步面试做好准备。例如，请你介绍一下自己的工作经历。

（3）核心阶段。这一面试阶段提出的问题一般是行为性的，通常与其他问题配合使用，主要围绕核心胜任力进行提问、追问，考察的测试点包括知识技能、通用能力、个性特征、求职动机、态度价值观等。例如，假设你和用人单位的主管对某一岗位用人的要求意见不一致，你会怎么办？

（4）确认阶段。这一面试阶段提出的问题一般是开放性的，面试官将进一步对核心阶段所获取的信息进行确认。

（5）结束阶段。这一面试阶段提出的问题一般是开放性、行为性的。面试官完成所有的计划提问后，往往会给求职者一个提出问题的机会。

3. 总结阶段

（1）确定面试结果。对面试获取的所有信息进行综合评价，经过规定程序，最终确定面试结果。

（2）反馈面试结果。将面试的最终结果通过一定的方式向求职者进行反馈。

本部分面试的基本程序是从用人单位的角度简要介绍的，这可以让求职者了解用人单位如何准备并实施面试，以达到知己知彼、百战不殆的目的。

三、面试交谈、提问及追问

（一）面试交谈应对

1. 面试交谈技巧

（1）谈话应顺其自然。不要误解话题，不要过于固执，不要独占话题，不要插话，不要说奉承话，不要浪费口舌。

（2）留意对方反应。交谈中很重要的一点是把握谈话的气氛和时机，这就需要求职者随时注意观察面试官的反应。若面试官的眼神或表情显示对你所涉及的某个话题失去了兴趣，则应该尽快用一两句话将话题收住。

（3）有良好的语言习惯。与表达流利、用词得当同样重要的还有良好的语言习惯，具体内容如下。

➢ 发音清晰，有些人个别音素发不准，如果影响讲话整体质量，则应少用或不用含有这个音素的字或词。

➢ 语调得体，得体的语调应该是起伏而不夸张、自然而不做作的。

➢ 声音自然，音调不高不低，不失自我，不但听起来真切自然，而且有利于缓解紧张情绪。

➢ 音量适中，音量以保证听者能听清为宜。

➢ 语速适宜，要根据内容的重要程度、难易程度及对方注意力情况调节语速和节奏。

注意，警惕容易破坏语言意境的现象，如过分使用语气词、口头语，这不仅有碍于连贯理解，还容易引人生厌。

2. 面试交谈心态

（1）展示最真实的自己。在面试过程中一定要展现自己真实的性格，不要为了迎合面试官而伪装或者掩饰自己。例如，个别求职者本身比较内向且不善言辞，却在面试过程中把自己重新塑造一番，努力使自己展现出很外向、很善于交流的样子。这样的行为极其不自然，而且容易被经验丰富的面试官发现，即使通过面试也不利于自身的职业生涯发展。在一般情况下，用人单位的人事部门会根据求职者的面试表现来安排相应的工作岗位，与个人性格完全不匹配的工作很难长期应对。

（2）以平等的心态面对面试官。在面试交流过程中一定要抱着讨论问题的心态去交流，尽量避免以考试的心态去回答问题，这样能有效缓解焦虑、紧张情绪。同时，在面试过程中能更灵活地应对变化的情境，更能理性思考面试官的问题，从而做出正确而又精彩的回答。

（3）诚恳坦诚地回应提问。绝大多数用人单位比较看重求职者的道德素养，在招聘通知中都会提及，如果有虚假情况，那么一经发现将会立即取消资格。但依然有一些求职者为了增加个人优势而虚构个人情况。例如，虚构任职经历、实习经历。事实上，虚构的情况很容易被有经验的面试官识破，更何况一时的欺骗行为终究不利于个人长久的成长和发展。

3. 面试交谈原则

求职者与面试官交谈应该把握以下"四个度"的原则。

（1）体现高度，即在交谈中展示自己的水平。一方面展示政治思想水平和强烈的敬业精神；另一方面展示专业水平。对问题回答不能满足于"知其然"，还要答出"所以然"。

（2）增强信度，即在交谈中展示自己的真诚。首先，态度要诚，交谈不要心不在焉；其次，表达要准，少用"可能""也许""大概"等模棱两可的词语；最后，内容要实，尤其是对自己的优缺点要一分为二、实事求是。

（3）表现风度，即在交谈中展示自己的气质。一方面要体现自身的外在美，另一方面要体现自身的内在气质。言语是一个人内在气质、涵养的外在体现，要注意用语言魅力展示自己。

（4）保持热度，即在交谈中展示自己的热情。做到主动问候，悉心聆听对方发言，时刻保持精神饱满的状态。

4. 面试交谈行为禁忌

在面试环节，每个求职者通常都处于高度紧张且压力比较大的状态，在面试过程中特别需要注意避免一些不经意间的小动作。常见的小动作如下。

（1）讲话时摆弄衣角或摸纽扣。求职者在面试过程中因不自觉地紧张或不适，无意间会摆弄衣角或摸纽扣。这一小动作会让经验丰富的面试官察觉到求职者的紧张和焦虑，给其留下不太成熟的尴尬印象。

（2）双手交叉于胸前或跷二郎腿。有的求职者在面试过程中频繁地交换双腿，这会让人感觉他是不耐烦或没耐心的。面试属于一种比较正式的活动，礼貌的坐姿展现出良好的精神风貌。双手交叉于胸前会给面试官一种自我保护或表达拒绝的错觉。因此，要放松心情，端正坐姿，双腿自然并拢，展现良好的个人素养和形象。

（3）反复拨弄头发或抓耳挠腮。有的求职者会有不经意间反复拨弄头发的个人习惯，尤其处于面试的紧张环节，当面对有点困难的问题时，容易出现抓耳挠腮、拨弄头发等小动作。这一举动会透露求职者的焦躁情绪和知识储备不足的信息。为避免这类情况，男性面试者尽量剪短发，女性面试者尽量将头发扎起来，这样既能呈现良好的个人精神状态，又能有效避免不经意间拨弄头发的行为。

（4）肢体动作夸张。面试交流过程中适当的手势动作能够更好地帮助求职者阐述个人观点或想法，但动作不要太过频繁、夸张，否则会让面试官把更多的注意力集中在求职者的手势动作上，而忽略求职者所讲述的内容，甚至还会给面试官留下不稳重的印象。因此，面试时应该保持平稳的状态。

（5）眼神飘忽不定。求职者在面试交谈过程中一般与面试官正对面就座，个别求职者在遇到陌生的面试官时为了缓解个人尴尬，会不停地转换个人视角方向，这会给面试官呈现出到处乱瞄、虚假回答的错觉，抑或是没有安全感的个人状态。因此，求职者在面试过程中应尽量面带微笑，在回答问题时也应与面试官有眼神的交流。

（6）频繁看手表。在紧张的面试环节中，个别求职者为了把控面试时间，在面试交谈时会不自觉地看手表，这种行为表现会让面试官不自觉地产生压迫感。因此，求职者需要培养个人的时间观念，做好面试前的模拟面试训练，有效防止频繁看手表的行为。

5. 面试交谈的结束

（1）适时告辞。从某种意义上来讲，面试不是闲聊也不是谈判，它是陌生人之间的交流和沟通。面试交流时间的长短要根据面试内容设定的情况而定。在面试结束时，面试官往往会有一些暗示性的结束话语和提示。

➤ 感谢你对我单位招聘工作的支持和关注。

➤ 谢谢你对我们招聘工作的关心，面试结果确定后会立即通知你。

➤ 你的情况我们已经了解了，非常感谢。

求职者听到上述类似结束的暗示性话语后，应该主动提出告辞。

（2）礼貌再见。面试结束时的基本礼节有时也可能成为某些用人单位考察求职者个人素养的基础考核项目。在面试快结束前尽量避免表现出焦躁不安、心不在焉、很不耐烦等状态。告辞时适当感谢面试官，若有其他人员开展了相应的接待工作，则可适当打招呼致谢。

（二）面试常见问题

1. 经典面试问题

（1）你为什么选择我们公司？

答题思路：面试官试图了解你求职的动机、愿望及对此项工作的态度。建议从行业、企业和岗位这三个角度来回答。例如，"我十分看好贵公司所在的行业，我认为贵公司十分重视人才，而且这项工作很适合我（可在此处阐述人岗匹配性及岗位胜任力），相信自己一定能做好。"

（2）对于这项工作，你有哪些可预见的困难？

答题思路：不宜直接说出具体的困难，否则可能会令对方怀疑求职者的能力。可以尝试采用迂回战术，说出对困难所持有的态度——工作中出现一些困难是正常的，也是在所难免的，但是只要有坚忍不拔的毅力、良好的合作精神及事前周密而充分的准备，任何困难都是可以克服的。

（3）你有什么业余爱好？

答题思路：业余爱好能在一定程度上反映求职者的性格、观念、心态，这是用人单位对人才的一个重要考察点。不要说自己没有业余爱好，否则会让面试官对你产生不利的猜想。可以从自己经常做的事情中梳理出自己的业余爱好，如与同学打羽毛球、和同学一起到图书馆看书等。不要说那些庸俗的、令人感觉不好的爱好。此外，最好不要只回答听音乐、上网等个人活动的爱好，否则可能令面试官怀疑你性格孤僻。建议回答一些户外的业余爱好来"点缀"你的形象。例如，我的业余爱好比较广泛，喜欢与朋友一起打篮球、参加读书俱乐部等。

（4）你的座右铭是什么？

答题思路：座右铭也能在一定程度上反映出求职者的性格、观念、心态，询问座右铭是面试中的常见问题。不宜说容易引起不好联想的座右铭，不宜说太过抽象的座右铭，不宜说太长的座右铭。座右铭最好能反映出自己的某种优秀品质。例如，"只为成功找方法，不为失败找借口"。

（5）谈谈你的优缺点。

答题思路：一般可以多说几个优点，再说一个缺点。每说一个优点，相应地举出事例证明。至于缺点，不宜说自己没缺点，不宜把明显的优点说成缺点，不宜说出严重影响所应聘岗位的缺点，不宜说出令人不放心、不舒服的缺点。可以说一些对于所应聘岗位"无关紧要"的缺点，或者说一些通过努力可以改变的缺点，如社会经验还不够丰富。

（6）谈一谈你的一次失败经历。

答题思路：不宜说自己没有失败的经历，不宜说出严重影响所应聘工作的失败经历，不宜把明显的成功说成是失败，所谈经历的结果应是失败的。可以说明失败之前自己是如何尽心尽力做事的，包括当时遇到什么困难，尝试过哪些努力，调动过哪些资源；还要说明失败之后自己的态度，以及失败后总结了哪些经验教训。例如，失败后自己很快振作起来，以更加饱满的热情面对以后的工作。通过对这件事的复盘，我总结出××的经验教训。

（7）若我录用你，则你将怎样开展工作？

答题思路：如果求职者对于应聘的职位缺乏足够的了解，那么最好不要直接说出自己开展工作的具体办法，可以尝试采用迂回战术来回答。例如，"首先听取领导的指示和要求，然后就有关情况进行了解和熟悉，接下来制订一份近期的工作计划并报领导批准，最后根据计划开展工作。"

（8）与上级意见不一致，你将怎么办？

答题思路：一般可以这样回答："我会在合适的场合与领导做进一步沟通，给出必要的解释和提醒，倘若领导仍然坚持自己的意见，若是非原则性问题，则我会服从上级的意见。"若面试你的是总经理，而你所应聘的职位另有一位经理，并且这位经理当时不在场，则可以这样回答："对于非原则性问题，我会服从上级的意见，对于涉及公司利益的重大问题，我希望能向更高层领导反映。"

（9）我们为什么要录用你？

答题思路：此题考查求职者的求职动机、岗位胜任力和匹配度。求职者最好站在用人单位的角度来思考这个问题。用人单位一般会录用基本符合条件、对这份工作感兴趣、有足够的信心的求职者。因此可以这样回答:"我符合贵公司的招聘条件,凭我目前掌握的技能、高度的责任感和良好的适应能力及学习能力(可以展开阐述),完全能胜任这份工作。我十分希望能为贵公司服务,如果贵公司给我这个机会,那么我一定能成为贵公司的栋梁!"

(10)你是应届毕业生,缺乏经验,如何能胜任这项工作?

答题思路:若用人单位对应届毕业生提出这个问题,则说明用人单位并不是真正在乎经验,而是想通过此问题考查求职者的求职动机、岗位胜任力和匹配度。对这个问题的回答最好要体现出求职者的诚恳、机智、果敢及敬业。例如,"作为应届毕业生,在工作经验方面的确会有所欠缺,因此在读书期间我一直利用各种机会在这个行业里做兼职。我也发现,实际工作远比书本知识丰富、复杂。但我有较强的责任心、适应能力和学习能力,而且比较勤奋,因此在兼职中能圆满完成各项工作,从中获取的经验也令我受益匪浅。请贵公司放心,学校所学及兼职的工作经验使我一定能胜任这个职位。"

课堂活动

两人为一组进行模拟面试。一人扮演面试官,一人扮演求职者。面试官先请求职者进行自我介绍,再抛出常见问题让求职者逐一回答。随后面试官给予点评反馈。最后,两人交换角色进行练习。

2. 不能提出的问题

面试结束前,面试官一般会给求职者一个提问或咨询的机会。求职者可以就自己关心的求职事宜进行提问,但以下问题并不适合提出。

➢ 请假会扣工资吗?

➢ 节假日加班给加班费吗?

➢ 薪酬还能谈吗?

➢ 这个岗位的工作压力大吗?

➢ 我能通过面试吗?

3. 应该关注的问题

求职者可以从以下几个角度提出问题。

(1)培训相关问题。

➢ 入职之后公司会有岗前培训吗?

➢ 正式入职后会有师傅带着我们吗?

➤ 通常公司会有哪些培训？

（2）岗位工作问题。

➤ 这个岗位的主要工作内容都有哪些？

➤ 能描述一下通常一天内这个岗位的工作情形吗？

➤ 岗位对于专业技术的级别会有考核吗？

（3）公司相关问题。

➤ 您对公司最满意的地方是哪里呀？

➤ 您能介绍下我们单位的文化价值理念吗？

（4）求职流程问题。

➤ 我多久可以获得下一轮面试的通知呢？

➤ 一般公司的新人招聘流程都有哪些具体的环节？

（5）职业发展问题。

➤ 这个岗位未来的职业发展通道都有哪些？

➤ 能否给我一些个人发展的建议？

（三）常见追问类型

1. 背景性问题

背景性问题一般用于面试的开始和结束，有助于缓和紧张气氛，营造良好氛围。

➤ 请介绍一下你受教育和工作的情况。

➤ 请谈一下自己的优缺点。

2. 意愿性问题

意愿性问题用于了解求职动机和态度。

➤ 你为什么选择这个行业/企业/岗位？

➤ 你为什么不选择专业对口的工作？

3. 行为性问题

行为性问题主要用于了解过往发生的行为，以便预测将来的表现。

➤ 请举例说说你是怎么与别人达成一致意见的。

4. 情境性问题

情境性问题指假设情境进行提问，用于考察分析及解决问题的能力。

➤ 与领导意见相左，你会怎么办？

5. 压力性问题

压力性问题用于了解求职者对压力的反应。

➤ 你为什么觉得自己能胜任这个岗位？

（四）面试追问维度

1. 知识维度

知识维度指某一职业领域需要的信息，如材料科学领域的专业知识。知识维度面试追问示例见表7-1所列。

表7-1　知识维度面试追问示例

面试问题	测试点
"冲压工艺的基本流程是什么?"	对专业知识的掌握程度
"退火和淬火的区别是什么?"	专业术语

2. 技能维度

技能维度指掌握和运用专业技术的能力，如英语读写能力、计算机操作能力。技能维度面试追问示例见表7-2所列。

表7-2　技能维度面试追问示例

面试问题	测试点
"请用英文向我推销一下这支计算机翻页笔。"	直观展现
"请现场编写一个小程序统计一下商品销售情况。"	应用考察

3. 通用能力维度

通用能力维度指完成工作的必备能力，如沟通能力、分析能力、抗压能力、适应能力等。通用能力维度面试追问示例见表7-3所列。

表7-3　通用能力维度面试追问示例

面试问题	测试点
"请用三个词描述一下自己的性格特征，并举例说明。"	语言概括能力
"当你的意见和同事不一致的时候，你将如何顺利推进工作?"	沟通能力
"举例说明作为团队负责人你将如何增强团队的凝聚力?"	团队协作能力
"你过去应对的最大困难是什么? 你是怎么应对的?"	抗压能力/解决问题能力

4. 个性特征维度

个性特征维度指对自己个性的认识与评价，如耐心、细致、责任感等。个性特征维度面试追问示例见表7-4所列。

表7-4　个性特征维度面试追问示例

面试问题	测试点
"请简单描述一下自己的性格、优势、缺点及适合什么样的岗位？"	自我认知等素质
"曾经是否有坚持很久的习惯？请举例叙述。"	意志品质

5. 求职动机维度

求职动机维度指决定外显行为的内在稳定的想法或念头，如想获得权力、成就感等。求职动机维度面试追问示例见表7-5所列。

表7-5　求职动机维度面试追问示例

面试问题	测试点
"我们公司的使命、愿景、价值观是什么？具体有什么表现？"	公司层面
"你认为应聘岗位主要的工作内容有哪些？可能会遇到哪些困难及挑战？"	岗位层面
"我们公司的竞争对手有哪些？竞对情况如何？"	行业层面
"你未来5~10年的职业目标和规划是什么？"	个人层面

6. 态度/价值观维度

态度/价值观维度指对周围客观事物的意义、重要性的评价和看法，如原则性、分寸感等。态度/价值观维度面试追问示例见表7-6所列。

表7-6　态度/价值观维度面试追问示例

面试问题	测试点
"你最崇拜谁？/你最喜欢哪句名言？/说说你最喜欢的一本书。"	价值观
"你认为'己所不欲勿施于人'正确吗？/谈谈你对'出淤泥而不染'这句话的理解。"	价值观
"由于同事的工作失误，你被领导误解批评，你将如何处理？"	态度

第八章 群体面试与结构化面试

学习目标

1. 了解并掌握群体面试的考核重点和应对方式。

2. 熟悉结构化面试的基本流程、考务安排及注意事项。

3. 掌握活动类、管理类、认知类、人际类结构化面试常见题目的答题思路。

就业思考

1. 群体面试的应试技巧有哪些？

2. 结构化面试的流程是什么？每个环节应注意什么事项？

3. 结构化面试答题高分特征有哪些？如何做好结构化面试题目的应对准备？

第一节 群体面试

面试是企业挑选员工的重要方法，是一种经过精心策划的招聘活动。从类型上讲，面试除第七章讲到的个体面试外，还有让求职者感到压力更大的群体面试。

一、群体面试概述

群体面试是一种常见的面试形式，通常用于评估求职者的沟通能力、协作能力、解决问题能力、组织领导能力等潜在特质。在群体面试中，求职者需要参与小组讨论，相互协作解决某一问题；或者轮流担任领导者主持会议、发表演说等。值得注意的是，企业要招聘的不是最优秀的人，而是最合适的人，只有这样才能发挥最优的效应。因此，在群体面试中个体的适配性非常重要。

求职者和招聘者的角色和立场不同，招聘者希望求职者能从企业团队的角度出发考虑问题，而求职者则更多是从个人角度出发。但必须要明确的是，企业招聘的最终目的是实现人才与组织的最佳匹配，以推动组织高质量发展。求职者只有深入了解职位要求的人员素质条件及企业期待的角色定位，才更有可能获得工作机会。

群体面试又可分为技术类面试和通用类面试。在技术类面试中，技术是核心，求职者重在展示个人的技术实力，不要过于表达。在通用类面试中，求职者应尽量展示个人综合素质，争取更多的表达机会。

二、审视群体面试

（一）冰山模型

企业在选拔的过程中，一般用冰山模型来对标求职者。戴维·麦克利兰构建了冰山模型，即将员工素质的不同表现划分为两个部分：一部分是呈现在人们面前的，如基础知识、资质、技能、行为等比较容易观察和测量的，被称为显性素质，对应肉眼可见的冰山部分，仅占 1/8；另一部分则是看不到的冰山部分，如社会角色、自我形象、特质和动机等内在的、难以观察和测量的部分，这部分不太容易受外界影响而改变，但对于区别人的行为表现和素质却起着关键性作用。态度、价值观、社会角色、自我形象、自我概念和内驱力等都是个体相对稳定的核心人格，是决定个体行为表现的关键性因素。企业的网申、简历筛选更加侧重显性素质评估；企业的笔试、面试则更能综合地评估求职者的整体素质。群体面试则能模拟更真实的情形，从而帮助招聘者更好地评估求职者的潜在特质。

（二）胜任力的视角

基于胜任力的人力资源管理在人员选拔时重视考察人员的人格特质和动机。只有和企业使命一致的人，才可能与企业建立劳动契约和心灵契约双重纽带式的战略合作伙伴关系，未来才可能被充分激励，具有持久的奋斗精神，并将企业的核心价值观、共同愿景落实到自己的日常行动中去，从而造就卓越的企业。胜任力指在工作情景中个体的价值观、动机、个性、态度、技能、能力和知识等关键特征。胜任力与工作绩效有密切的关系，甚至可以预测个体未来的工作绩效。胜任力是多维度、多层次、跨职业的。在组织中，不同职务系列所要求的具体胜任力的内容和水平是不同的，因此企业招聘会根据"人员—职位—组织"匹配的原则，充分考虑组织战略、文化特征及高层管理哲学风格等对职务的胜任力要求，做出层次性安排。

（1）企业关注的胜任力，具体到个体，通常可以从思维能力、成就导向、团队合作、学习能力、坚韧性、主动性等素质体现出来。在企业面试过程中，对于每个素质都有详细的定义，并且由低到高分为若干等级，招聘者根据求职者的表现给予量化评价。

思维能力又被称为演绎推理，是指个体对问题进行分析、归纳、推理、判断等的能力，包括分析推理和综合思维两个方面。分析推理指在分析问题时将其拆分成更小的部分，通过逻辑演绎，排除不相关的信息，从而找出前因后果。综合思维也称为概念思维，指在理解问题时将分散的信息综合在一起，从而找出它们之间的联系，找到现象背后隐藏的问题。

（2）成就导向指个体具有成功完成任务或在工作中追求卓越的愿望。典型的成就导向者有强烈的表现自己能力的愿望，会不断给自己设立更高的目标，不懈地追求事业上的成功。

（3）团队合作指个体愿意与他人一起协作完成任务。善于进行团队合作的人能采纳别人的意见，具有说服力，能促进合作，避免冲突，领导众人达成共识。

（4）学习能力指个体积极获取相关信息和知识，并进行加工和理解，从而不断更新知识结构、提高工作技能的能力。学习能力较强的人善于利用一切可能的机会获取对工作有帮助的信息，具有较强的好奇心。

（5）坚韧性指在不利的条件下，能克服外部和自身的困难，坚持完成所从事的工作。具有较强坚韧性的人能够在挫折情境下很好地控制自己的不良情绪，面对他人的敌意能保持冷静，能忍受艰苦的工作条件和较大的工作压力，从而使工作业绩不受影响。

（6）主动性指个体在工作中能全力投入，善于发现问题，能够预见各种可能性，并能提高工作绩效或创造新的机遇。特别值得注意的是，主动性不仅指态度，还包括行动。

三、群体面试的类型及应对方式

群体面试主要分为互动讨论式面试、对话式面试、非正式面试三种。互动讨论式面试主要包括无领导小组讨论和管理游戏面试，其中无领导小组讨论最为普遍；对话式面试主要包括一对多面试、多对一面试、多对多面试和分组辩论；非正式面试中比较常见的是餐桌面试和见习面试。

（一）互动讨论式面试

在互动讨论式面试中，招聘者会观察求职者之间的相互作用，以及求职者在无意之中显露出的自身特点，并依据其行为特征对其进行评价。这种面试方式对预测求职者在真实团队中的行为有很高的效度。

1. 无领导小组讨论

（1）无领导小组讨论的含义。无领导小组讨论指由6～8名求职者组成临时小组，在不事先指定主持人的情况下，结合给定的题目自由讨论，并最终形成一致意见。面试官通过观察和记录整个讨论过程，筛选出理想人选。这种方式的面试因效率高、考察范围广，在公务员、事业单位和企业招聘中越来越受青睐。

（2）无领导小组讨论的流程。无领导小组讨论的流程可以概括为"1＋6＋1"，即准备阶段、面试阶段（分组—入场—开场—自我陈述—自由讨论—总结陈词）和附加阶段。

第一个阶段是准备阶段，主要指确定面试场地、面试时间等。

第二个阶段是面试阶段，共有六个环节。

环节一为分组。到达面试地点后，招聘者会将同一个岗位或相近岗位求职者进行随机分组，每个小组6～8人，并用抽签的方式确定每个人的编号。

环节二为入场。求职者须按照规定的顺序入场，并按编号就座，一般不允许携带任何资料。面试现场的座位安排一般有以下几种：一是经典测试形式，求职者单独在一个房间，一般围坐在一个圆桌旁，面试官则坐在由单向玻璃隔断的旁边房间观察面试过程，求职者看不到面试官，面试官却可以透过玻璃看到求职者；二是专业测试形式，求职者与面试官在同一个房间，求职者按照座次围坐在一个桌子旁，面试官则分散坐在求职者外围进行观察；三是实用测试形式，这也是校园招聘常用的方式，即求职者围坐成一个弧形，面试官则坐在弧形对面，非常直观地了解整个讨论流程，当然这种方式也会给求职者更大的压力。

环节三为开场。入场坐定后可以看到每个座位前都有提前放好的题目和要求，面试官会先宣读面试题目和面试规则，给出 5 分钟让求职者审题。在这个阶段，求职者一方面要调整心态，掌握题目信息，读懂题目，充分理解题干背景，明确问题关键点；另一方面要快速思考，确定关键词，明确观点，列出逻辑清晰的答题提纲。

环节四为自我陈述。5 分钟之后，面试官会要求求职者随机进行 1～3 分钟自我介绍和自我观点陈述，这是求职者在团队中建立的第一印象，对之后的讨论环节有着重要的影响。特别要注意以下两点：一是自我介绍要精简，突出自身特点和优势，陈述时要观点鲜明、条理清晰、表达流畅；二是要注意掌控好时间，切忌超时。

环节五为自由讨论。这是无领导小组讨论最核心的环节，要求求职者对指定的问题展开自由讨论，讨论时间一般为 30～40 分钟，平均每人 5 分钟左右。在此期间，求职者如何发言，发言的顺序和次数都由小组自行决定，面试官会详细记录每个人的有效发言次数。自由讨论环节往往会产生四种角色，即领导者、计时者、建议者和总结者。领导者需要搭建出小组讨论框架，指明方向，组织大家围绕中心问题展开讨论，并有序推进问题的解决；计时者则根据时间把控讨论进度，引导组员简明扼要表述观点；建议者需要具备逆向思维，当讨论难以进行时，发表独到的见解，及时破局，或是在讨论出现分歧时，协调解决好矛盾和冲突；总结者则要记录每个组员的发言要点，归纳总结，形成有效观点并进行陈述。这些角色在团队中起到不同的作用，每个角色要各司其职，有效配合。自由讨论环节应注意以下几点：一是即便性格内向也一定要主动发言，阐述自己的观点；二是要有团队意识，小组讨论只有团结协作才能达成一致意见；三是要学会倾听，不要为了表现自己而轻易否定别人的观点；四是要控制好个人情绪，在他人提出反对意见时应能做到友好协商。

环节六为总结陈词。自由讨论结束后小组须推荐一人对题目答案和讨论过程进行 2～3 分钟的总结汇报；有时面试官也会给其他人补充发言的机会，若求职者有新颖的观点，则也可以提出。

第三个阶段是附加阶段，一般是提问和回答的形式，问题非常灵活，但很难回答。例如，可能会要求求职者对小组或者个人的表现做出评价，或者让求职者选出表现最佳和最差的成员，以此来考察求职者的应变能力和表达能力等。当然并不是所有的无领导小组讨论都有附加阶段。

（3）无领导小组讨论的题型。无领导小组讨论的题型主要分为开放式题型、两难题型、多项选择性题型、操作性题型、资源争夺性题型和材料分析类题型等。

开放式题型在无领导小组讨论中比较常见，问题通常是开放式的，表述简洁，限定少，没有标准答案。这类题型主要考察求职者思考问题是否有针对性，有没有自己的见解和观点。这类题型不易出现争论，但需要注重团队配合。

两难题型要求求职者在两种互有利弊的答案中选择其一，求职者无论选择哪个答案都不会错，但观点一定要具有说服力。这类题型主要考察求职者的语言表达能力、分析能力和说服力。求职者能否脱颖而出，要看求职者自身是否具备高超的掌控力、敏锐的洞察力和坚定的执行力。这类题型容易引发讨论，有利于求职者在模拟情境中展现出自己的实力。

多项选择性题型要求求职者在多种备选答案中选择其中几种或对备选答案按重要性排序，小组成员要在规定的时间内达成一致意见。这类题型主要考察求职者分析问题实质、抓住问题本质的能力。这类题型复杂性较高，需要求职者进行大量的思考，熟记他人的答案并迅速做出分析，对求职者的逻辑思维能力、条理性和大局观提出较高的要求。

操作性题型会给求职者提供特定的材料、工具或道具，求职者相互配合，设计出面试官指定的物品。这类题型主要考察求职者的合作能力、主动性，以及明确求职者在某项实际任务中所扮演的角色。这类题型对求职者操作行为的考察要多一些，情景模拟程度相对较高，但对语言能力方面的考察较少。

资源争夺性题型要求求职者对有限的资源进行分配，并提前指定角色。这类题型主要考察求职者的分析能力、概括能力、总结能力、语言表达能力，以及反应的灵敏性和发言的积极性等。求职者只有掌握一定的解题技巧才能从容应对。一般而言，求职者要把全局意识与问题解决意识结合起来，在抢夺资源的同时，需要保证团队的利益。例如，当讨论过于激烈时，要适时做出让步，确保团队顺利完成任务。

材料分析类题型是根据材料和信息设定需要解决的问题，让求职者进行充分讨论。面对这类题型一定要审好题，快速分析、总结、归纳、做出判断，对求职者提炼信息和解决实际问题的能力有较高的要求。

（4）无领导小组讨论的典型试题。

试题 1：海上救援。

寒冷的冬日，不幸发生了海难，游艇已损坏，不停地漏水，游艇上有八名游客等待救援，但直升机每次只能够营救一人。游客情况如下。

① 将军，男，69 岁，身经百战；

② 外科医生，女，41 岁，医术高明，医德高尚；

③ 大学生，男，19 岁，家境贫寒，参加国际奥数获奖；

④ 大学教授，50 岁，正主持一个科学领域的项目研究；

⑤ 运动员，女，23 岁，奥运金牌获得者；

⑥ 经理人，35 岁，擅长管理，曾将一大型企业扭亏为盈；

⑦ 小学校长，53 岁，男，劳动模范，全国五一劳动奖章获得者；

⑧ 中学教师，47 岁，女，桃李满天下，教学经验丰富。

问题：请将这八名游客按照营救的先后顺序排序。

要求：3 分钟审题，1 分钟自我观点陈述，15 分钟小组讨论，1 分钟总结陈词。

试题 2：成功的领导者是什么样的？

一个成功的领导者要具备很多特质因素：善于鼓舞人心，能充分发挥下属优势；处事公正，能坚持原则又不失灵活性；办事能力强，幽默；独立有主见，言谈举止有风度；有亲和力，有威严感；善于沟通，熟悉业务知识；善于化解人际冲突，有明确的目标；能通观全局，有决断力。

问题：请你分别从上面所列的因素中选出一个你认为最重要和最不重要的因素。

要求：5 分钟审题并将答案写在纸上展示出来，30 分钟小组讨论并得出一个共同的意见，5 分钟推举一个代表汇报小组的观点。

（5）无领导小组讨论的应对方法。无领导小组讨论的应对方法主要有以下几种。

一要学会听。在无领导小组讨论的过程中，要听取大家的观点并记录他人发言要点。只有这样才能做到心中有数，为接下来更好地控制讨论进程奠定基础。倾听的同时可以适当地予以反馈，如以点头示意对别人正确意见的支持。适时支持其他成员有助于团队按时完成任务。

二要注意说。无论是什么题型的无领导小组讨论，多发言的求职者总是特别容易引起别人的注意，但发言要有策略。面试开始后，一般不要急于表述自己的看法，先倾听别人的发言，从中获取有用的信息，不断丰富自己的应答思路和内容，再适时加以阐述。发言时要抓住问题的实质，言简意赅、思路清晰、见解独到、有理有据、层次分明，只有这样才能引发其他成员的认可和共鸣，引起面试官的重视。

三要充分读。所有求职者入座后，根据面试官的提示和要求，快速阅读材料，审好题目，建立维度，划分阶段，明确小组成员讨论框架、标准和时间分配，分工协作。在自由讨论时，应根据自己的性格特点和实际情况来选定角色，不一定非要争取到重要角色，选择合适的角色一起推动团队的发展更重要。

四要利用写。进入自由讨论环节后，要做个有心人，及时记录问题、时间等重要信息及讨论情况。另外，可以用自己习惯的符号进行标记，作为发言的重点。及时整理出方案要点，并逐条列出，便于总结陈词时使用。

五要把握时。无领导小组讨论常常会陷入争论，若求职者能把握时间，以礼貌的方式及时引导讨论顺利推进，则一定能给面试官留下"有领导潜质"的印象。可以适时提示大家时间、当前最需要解决的问题及是否应该进入下一个讨论阶段等，即便引导最终没有成功，面试官也很欣赏这种意识。求职者可以提前进行模拟练习，掌握必要的技巧；在日常工作和生活中注意培养自己的领导意识和领导能力，不断掌握领导者处理问题的艺术性，这些积累都有利于在无领导小组讨论中脱颖而出。

2. 管理游戏面试

管理游戏面试会模拟真实的工作环境和过程，面试官根据测评要素对求职者的表现进行评定。在这类面试中，小组成员拥有各自的任务，但只有合作才能较好地完成。有时还会引入一些竞争因素，如要求两三个小组同时开始。面试官会对各组的完成情况进行评价。管理游戏面试有很多种形式，其中比较常用的是小溪练习和建筑练习。

（1）小溪练习。在小溪练习中，会提供滑轮、铁棒、木板、绳索等工具，要求求职者把一根粗大的圆木和一块较大的岩石运到小溪的另一边。这个任务单靠个人的力量是无法完成的，必须全员协作。面试官可以有效地观察求职者的领导能力、组织协调能力、合作精神和社会关系特征等。

（2）建筑练习。建筑练习要求每个团队要在20分钟内运用一定的材料建造一座高塔，塔高至少为50厘米，外形美观、结构合理，不仅要能平稳移至指定位置，还要有创意。团队成员需要分享个人感受，一般每人2分钟。

通过建筑练习，面试官重点考察求职者的解决问题能力、创新能力、对团队发展的贡献度、团队合作能力、沟通能力等。具体体现在以下几个方面。在解决问题方面，是否明确理解任务书的全部信息；是否收集与完成任务有关的信息；是否抓住主要需求，考虑并提出多个可行方案。在讨论进程方面，是否果断地比较可供选择的方案并做出决定，从而顺利解决问题。在创新方面，是否积极思考，有自己的独到见解和主张。在团队发展方面，是否注意主动获得小组认同，是否使用开放性的问题或提出程序化的建议引导讨论。在团队合作方面，是否尊重他人的意见和贡献，是否拥护他人意见或帮助他人。在沟通方面，是否认真倾听他人，不急于表达自己的想法，理解他人的想法和意图；重点是否突出，语句组织是否得当，表达是否清晰、简洁，想法是否容易被他人所理解；是否进行阶段性总结。

（二）对话式面试

对话式面试的形式主要包括一对多面试、多对一面试、多对多面试和分组辩论。其中，一对多面试、多对一面试、多对多面试以面对面问答形式为主，即面试官提出问题，求职者做出回答。在这类面试中，面试官占据主动，求职者一般是被动应答，面试官根据求职者的回答及仪表仪态、身体语言、情绪反应等对求职者的综合素质做出评价。

一对多面试是一名求职者同时面对多名面试官的考查。多对一面试是多名求职者同时面对一名面试官的考查。多对多面试是多名求职者同时面对多名面试官的考查。一般求职者会被随机分为几个小组并就某一问题展开讨论，面试官在一旁观察求职者的领导能力、语言表达能力等，从而对求职者进行评价。在多对一面试中，可以先用简要的语言概括自己的观点，再辅以事例进行说明，这样能给面试官留下深刻的印象。

分组辩论主要考察的是求职者的表达能力、合作意识、知识储备、思考深度及逻辑能力。一些没有接触过辩论的求职者可能会对辩论有误解，认为辩论就是驳倒对方。实际上，分组辩论要说服的是在场的第三者——面试官。求职者要让面试官觉得己方观点比对方的观点更有道理，同时要说服面试官，自己比其他人更能胜任这个职位。在分组辩论中，可以依据"金字塔原理"，自下而上思考，即自上而下表达，做到结论先行、言之有据。

（三）非正式面试

若求职者接到"大家聚在一起随意聊聊天"的通知，则要高度重视，即便这场面试是在酒吧或餐桌上进行的，也不能掉以轻心。面试官会在聊天过程中仔细衡量求职者是否适合这个职位，一定要精心准备，即便在讨论一些正式面试中不会谈及的话题也要慎重对待，就像准备其他类型的面试一样。求职者可以根据面试官的表现决定自己是用正式的方式与他们交流，还是用非正式的方式与他们交流。

1. 餐桌面试

餐桌面试一般适用于高级职位或重要员工的选聘，求职者会被邀请与该单位的领导一起用餐。餐桌面试较容易营造轻松的氛围，减轻求职者的心理压力，可以较为全面地考察求职者的社会文化、餐桌礼仪、公关策略、临场应变能力等。

在餐桌面试过程中，需要注意以下几点。一是认真聆听，真诚回应，要时刻牢记"自己不是来用餐的"，与面试官的交谈并不是闲聊或社交上的客气话，餐桌上的表现是面试官评估的重要依据。二是积极互动，表达感谢，可以围绕业务、未来发展提问交流，但不要打断别人讲话，也不要随便转移话题。

2. 见习面试

见习面试与常规的面试不同，求职者将被直接安排参与某项具体工作，由面试官或主管领导亲自全程考察其职业素养、个人能力及其与岗位需求的匹配度。

第二节　结构化面试

结构化面试是求职过程中一种最为常见的面试方式，其是根据科学制定的评价指标，遵循固定的程序，运用特定的问题、评价方法和评价标准，通过测评人员与求职者进行面对面的交流，评价求职者是否符合招聘岗位要求的人才测评方法。

结构化面试是在工作分析的基础上精心设计与工作有关的问题，并根据求职者回答的速度和内容对其做出等级评价的面试。结构化面试是一种比较规范的面试形式，具有考官规范化、考题规范化、考场规范化、流程规范化、评分标准规范化等特点，其基本流程包括抽签、候场、面试答题、候分等环节。结构化面试常见题目主要包括活动类、管理类、认知类、人际类。

一、活动类题目解析

活动类题目考查求职者活动策划能力、组织协调能力及解决实际问题能力，通常设置与拟任岗位有很强匹配性的各种活动，主要包含调查、宣传、培训、专项整治、会议、接待、比赛等，是一种出现概率较高的题目。这类题目通常有明确的阶段特点、可供参考的通用流程、可以借鉴的成功经验，求职者要了解应聘单位业务范围与特点，平时要注重积累"办文、办会、办事"日常工作的知识技能和经验。这类题目通常采用"一个帽子三个环节"的范式来回答，同时需要结合题目类别、具体的问题情境和问题的主要内容进行深入分析并灵活应用。

具体而言，"帽子"指组织此次活动的目的和意义。"三个环节"指事前计划环节、事中实施环节、事后总结环节。组织活动前要做一个相对周密的计划，这是推进后续工作的前提和基础。计划完成之后，进入具体的实施环节，即整个活动如何安排。活动结束后，进行复盘总结，可以总结在此次活动中的成功经验和不足之处，为下次举办活动提供经验和教训；说明此次活动有何收获，未来还有哪些提升性工作等。值得注意的是，在具体答题过程中，"帽子"不宜千篇一律、过于老套，否则模板化的印象过于明显；事前计划和实施环节要相对具体翔实，并具有可操作性。答题高分特征主要表现为审题精准、结构合理、亮点突出。

（一）调查类题目解析

回答调查类题目的总体框架为"一个帽子三个环节"。首先，以"帽子——组织此次活动的目的与意义"开头，若能从宏观理论高度，有机结合国家的大政方针阐明活动的目的和意义，则是锦上添花。中间部分阐述事前计划和具体实施的相关内容，最后进行总结升华。

求职者在头脑里应有一个清晰的调查活动流程。一般调查类的活动流程：明确调查主题—划定范围—选择方式—开展调查—信息整理—形成解决方案。根据活动流程思考事前计划环节的关键要素。首先，明确调查的主题和内容。若调查内容比较复杂，则可将题目中一整句的调查内容拆解成具体可量化的多个任务。其次，掌握调查的对象是谁，考虑按照什么标准分层调查，如年龄分层、性别分层、收入分层、职业分层等；考虑调查对象多样化，可以调查相关部门负责人、高校专家学者等。再次，根据调查目的和调查需求，选择合适的调查方式和手段，如问卷调查、电话调查、文献调查、实地观察、访问调查、集体访谈、大数据方法等。若采用问卷调查，则应先准备调查问卷；若采用访谈或座谈方式，则应先准备访谈或座谈提纲。在事前计划环节，分析并综合关键要素，形成翔实的调查方案，报送上级审批。

案 例 阅 读

　　单位让你作为负责人，负责调查你所在城市的农民工生活状况，你打算怎么办？

　　〖审题分析〗

　　这是一道调查类题目，在启动工作前需要进行前期的调查准备。事前计划要包括调查的关键要素。答题思路框架是"目的意义—事前准备—实施环节—事后总结"。

　　〖参考答案〗

　　"目的意义"：农民工问题在我国现代化进程中有着特殊的历史地位，既关系到农民的就业转移、农民的增收、农业农村的发展，也关系到工业化、城镇化、城乡一体化的发展，甚至关系到中国现代化进程和改革发展稳定全局。同时，农民工的民生问题是党和政府高度关注的一个焦点问题。因此，如果单位让我负责对所在城市的农民工的生活状况开展调查，那么我一定会高度重视这项工作。我将从以下三个方面做好这项工作。

　　"事前准备"：第一，制定调查方案及调查问卷。以目的为导向，分析研究此次调查的时间、地点和内容，以及与农民工打交道的方式方法。初步将调查的时间选在休息日，以便农民工有充足的时间做调查问卷；地点选在农民工聚居的地方，如城乡接合部或者比较密集的工业区；确定好参加此次调查工作的人员分工，以及整个调查的程序，形成具体的调查方案，方案包括调查问卷及访谈提纲，然后上报领导审批。

　　"实施环节"：第二，根据领导的反馈意见修改方案之后进入调查阶段，在调查阶段务必做好全程跟踪和统筹协调，确保此次调查数据的真实性和科学性。参与调查的工作人员根据小组分工开展相应的工作，调查组是此次活动的核心，问卷调查组专门负责发放和回收调查问卷，访谈调查组主要访谈农民工所在企业的负责人，深入了解农民工的生活情况；后勤组负责调查活动中工作人员的饮食、住宿等问题；交通联络组负责调查人员的行程安排。相信通过以上几个小组的通力合作，此次调查必能顺利推进。

　　"事后总结"：第三，调查结束之后，我将对此次活动的调查结果进行系统梳理，形成一份较为翔实的调查报告，然后上报领导审阅，同时向领导汇报调查经费使用情况。此外，我将总结此次调查活动的经验，为单位下次开展类似的调查活动提供相关的经验和教训。

【案例阅读】

为进一步完善基础设施，不断提高公共文化服务水平，更好地满足人民群众的需求，图书馆要升级基础设施建设。若单位让你负责升级前的调研工作，则你将如何开展？

〖审题分析〗

这是一道调查类题目，通过阅读题干，了解调研的目的。围绕调研目的确定调研内容，制定出实效性强的调研方案。答题思路框架是"目的意义—事前准备—实施环节—事后总结"。事前准备环节围绕"内容""对象""方式"等要素点展开。

〖参考答案〗

"目的意义"：了解图书馆目前在基础设施和服务方面的不足，有利于为改造升级工作提供针对性的解决方案和数据支撑，从而优化图书馆服务，推动全民阅读。我一定努力把这次调研组织好。

"事前准备"：正式开展调研前，我将做好准备工作。我将围绕调研目的，重点考虑以下几点。

"内容"：首先，明确调研的主题和核心内容，主要包括影响读者体验的三大方面。关于硬件，我会调查安检设备、随身物品存放柜、座椅、书架、阅览桌、电子阅览设备、智能化设备、洗手间设施等的投入使用情况；关于服务，我会调查图书馆日均接待量、常见投诉及处理办法等方面的内容；关于经验，我会向优秀图书馆借鉴改造经验并了解经费预算等。

"对象"：其次，确定此次调研的对象。调研的对象要相对广泛，图书馆是面向社会大众的，因此调研对象既要包括普通读者、专家学者，也要包括图书馆工作人员，还要咨询原先设计者和施工团队的意见和建议。

"方式"：再次，采用的方式要灵活多样，一是实地走访、亲自体验，二是组织专家学者和设计团队座谈会，三是通过微信公众号等发放电子问卷，从而了解更多市民朋友的意见和建议。

考虑清楚以上几点后，我会拟定一份具体的书面调研方案，其中包括调研问卷和座谈提纲，然后报领导审批。

"实施环节"：根据领导的反馈意见，修改完善方案之后开展调研。按照调研方案，扎实推进调研进程。在调研过程中做好沟通协调和跟踪服务等工作，确保调研工作的顺利推进，其间做好调研材料的回收与整理工作。

"事后总结"：在调研结束后，我会根据市民最迫切的需求反馈，整合各方反馈的意见和建议，围绕找书、看书、借书、休息等方面整理目前存在的问题和对策，形成可行性分析调研报告，然后上报领导审阅。

（二）宣传类题目解析

宣传类题目的提问方式灵活多样，有的题目重点考查宣传活动的整个组织流程，有的题目重点考查宣传前期准备工作，还有的题目专门考查宣传形式。宣传活动的实施一般包括宣传准备、宣传实施、宣传效果验收三个步骤。这类题目的答题思路框架是"目的意义—事前准备—实施环节—事后总结"。首先，概述宣传的目的和意义；其次，阐述从哪些方面进行考虑，制订具体的宣传计划；再次，详细地阐述宣传实施环节的重点内容；最后，对宣传活动进行总结提升。

宣传准备环节一般考虑宣传目的、主题和内容、方式、时间和地点、宣传材料、经费预算、工作分工等。若是大中型宣传任务（如业务推广类），则可成立工作小组；若是小型宣传任务（如知识教育类），则一般无须成立小组。宣传方式的选择要充分考虑宣传对象的特点。宣传实施环节重点把控好各环节工作的落实情况，包括场地布置、工作人员的指导和监督、进度把控和统筹协调等。宣传效果验收环节包括征集意见和建议、收集数据、整理媒体报道、撰写工作报告等。

案例阅读

县生态环境局计划在当地两所小学开展垃圾分类宣传教育，作为此次宣传负责人，你会如何开展？

【审题分析】

这是一道宣传类题目。答题应围绕宣传主题，力求保证宣传对象的针对性、内容的吸引力、形式的多样化和效果的实效性。答题思路框架是"目的意义—事前准备—实施环节—事后总结"。

【参考答案】

"目的意义"：生活垃圾分类是改善人居环境、提升生态文明、建设美丽中国的重要举措之一，生态环境保护要从学校抓起，垃圾分类要从娃娃做起。在小学开展垃圾分类宣传教育既能引导孩子树立保护环境的意识，又能帮助孩子从小养成垃圾分类的习惯，还能促进资源的回收再利用。单位让我负责当地两所小学的垃圾分类宣传教育工作，我将从以下几个方面开展工作。

"事前准备"：首先，联合当地的教育部门，拟订垃圾分类宣传教育的实施方案。在方案中确定活动的时间、具体的活动内容及形式等，并报上级领导审批。

"实施环节"：然后，依据拟订的实施方案联合当地教育局向学校下发关于开展垃圾分类宣传教育的通知，并按计划推进此次垃圾分类宣传教育活动。第一，组织人员加大宣传力度，培养学生的垃圾分类意识。除印发资料，以及向全体老师、家长和学生宣传垃圾分类的意义和常识外，还可以通过在学校楼道、洗手池等处张贴垃圾分类标语的形式，营造自觉践行垃圾分类的校园氛围。另外，通过校园网和广播站宣传垃圾分类知识，向全校学生发出倡议。第二，在学校围绕垃圾分类主题开展各类活动，如垃圾分类竞赛、"争当环保小卫士"的评选活动等。第三，协同学校主要负责人将此项工作列入年度工作计划，通过制定环境管理制度，建立长效机制，开展有效的保护生态环境的教育活动，营造保护环境的文化氛围。既要在广大师生和家长中开展相关教育实践活动，又要在学校日常运行和管理中体现保护环境的各项措施，促使师生、家长参与环保和可持续发展的实际行动。

"事后总结"：最后，对宣传教育的效果进行抽查，成立评审小组。组员包括县生态环境局、当地教育局和这两个学校的管理人员，以确保评选的公平性。按照活动要求，设立奖项及评选条件并进行公开评选，进一步激发学生践行垃圾分类的积极性。

（三）培训类题目解析

回答培训类题目仍然按照三个步骤进行。首先，阐明培训的目的与意义；其次，阐明培训的计划准备和培训实施阶段的协调控制情况，计划准备环节可以阐述"对象""内容""形式""保障"等相关内容，协调控制环节可以对计划准备环节叙述不足的地方进行补充说明，可以强调培训工作的重点、难点等内容；最后，进行反馈总结。

思考问题时，首先，确定培训的对象，进一步了解培训对象的培训需求、时间安排和职务特点等；然后，根据培训目的和对象特点来确定培训的具体内容和培训形式（如理论讲解、案例分析、讲练结合、实践指导等）。除此之外，培训计划还包括时间、地点、邀请教员、准备设备、预算评估等方面的内容。在工作保障上，牢记"上报备下通知，同级多联络"的口诀，即向上级领导报批培训计划，做好参训人员的宣传动员和通知工作，主动与相关部门沟通以便争取支持与配合。求职者应熟练掌握培训类题目的要素点，并能根据题目要求详细阐述重点内容。

案 例 阅 读

单位让你负责组织一次新入职员工的计算机培训，你将如何做？

【审题分析】

这是一道培训类题目。答题思路框架是"目的意义—计划准备—协调控制—事后总结"。

【参考答题】

"目的意义"：当前，计算机和互联网以其广泛的信息存储量和方便快捷的特点深刻影响了人们的生活和工作，而单位组织一次计算机培训有利于员工掌握办公自动化的理论知识和实操技能，有助于提升日常的办公效率，同时强化了终身学习的理念。因此，我一定会努力将这次培训活动组织好。

"计划准备"：我将重点考虑以下几个方面，认真做好培训计划。

"对象"：第一，我通过调查掌握培训对象的培训需求、人员数量等相关情况。此次培训的对象为新入职的公司员工，他们对办公软件的熟悉程度较低，基础较为薄弱。

"内容"：第二，根据参训人员的培训需求等确定培训内容，此次计算机培训内容应包括 Word、Excel 以及 PowerPoint 等常用办公软件的整体介绍和实操技能。

"形式"：第三，考虑到目前是流感高发季节，培训采用线上线下相结合的形式，线下地点选在单位的机房。此外，结合单位员工的工作时间等情况，选择合适的培训时间。

"保障"：第四，做好培训效果的保障工作。培训前要确定培训教师的人选，我会向单位老员工和专业人员请教。教师人选确定后，我会与培训教师对接并沟通教学内容。提前与技术组联络，确保培训设备正常运行。此外，将培训制度、出勤制度、签到签退制度等纳入计划，形成具体的培训方案，提交单位领导审阅。

"协调控制"：一切准备就绪后，按照培训计划开展培训工作。在实施阶段，我将做好通知、协调、服务和应急处突等工作，确保培训工作顺利开展并取得良好效果。主要从以下方面统筹协调：及时将培训相关信息传达给参加培训的员工，组织员工有序参与培训和及时补看回放；同时，做好教务组、教学组、技术组、后勤保障组等的协同协调工作；跟踪培训过程，若遇到突发情况，则及时做好应急处突工作。

"事后总结"：培训结束后通过问卷调查等方式跟踪培训效果，做好培训总结工作，并将相关资料整理归档。

练习

现在网络订餐盛行，市食品安全监管部门决定对商家进行摸查，你认为工作重点是什么？

二、管理类题目解析

管理类题目常以工作中出现意外或进展不顺亟须采取措施应对为情境，考查求职者的应变能力、应急处理突发事件（以下简称处突）能力和快速解决问题能力。这类题目的内容既涉及日常工作难题的处理，也涉及突发事件的处理，还涉及任务或事情的统筹安排。答题思路框架是"表明态度—处理方法（围绕要素点）—总结提升"，语言表达的逻辑为"总—分—总"。

（一）日常工作难题处理类题目答题思路

处理日常工作难题的要素点主要包括"摆正位置""了解矛盾""安抚情绪""调查沟通""改进落实""归纳总结"。具体来说，"摆正位置"——摆正自己的位置，表明自己的态度。"了解矛盾"——找准矛盾冲突及问题的症结所在。"安抚情绪"——通过安抚等方式，先行处理对方情绪，以便稳定局面，防止事态扩大或恶化。"调查沟通"——通过进行谈心谈话、座谈、调查等方式，了解对方真实的想法和真正的诉求，以便找出解决问题的可行性办法或方案。"改进落实"——把已经改进过的办法或方案落实落细，若需要借助外力，则可以考虑调动相应的资源。答题时根据具体的问题选择适合的要素点进行阐述。"归纳总结"——从经历的事情中总结出经验教训，采取后续的完善措施来避免将来发生类似的问题。

案例阅读

领导让你带领一个工作小组开展活动，但其他组员总是借口不来，你怎么办？

【审题分析】

这是一道日常工作难题处理类题目。答题思路框架是"摆正位置—了解矛盾—调查沟通—改进落实—归纳总结"。

【参考答案】

"摆正位置"：工作小组开展活动，其他组员不参加，严重影响既定目标的达成。我作为工作小组的带领人，必须积极主动做好协调沟通工作，保证活动保质保量完成。具体做法如下。

"了解矛盾"：第一，主动反思工作，找到问题的症结。日常工作中团队成员之间有很多业务需要相互配合，团队的凝聚力直接影响工作效率。作为团队负责人，需要密切关注并很好地了解组员的工作状态。若我对组员有不了解的情况，则我会及时寻找合适的时间和场合，去了解组员的工作心态。同时，我需要反思自己在工作小组中的表现，找到组员不参与的原因，具体问题具体分析，做到对症下药。

"调查沟通"：第二，若是我自身存在不足，则我会积极调整自己的工作。若活动开展过程中小组成员分工不明确，则我会制定详细的活动责任清单，做到分工明确、权责明晰。若活动开展的时间与组员履行本职工作相冲突，则我会根据实际情况，协调好活动开展时间，保证活动时间与组员岗位工作不相冲突。若组员对活动重要性认识不足，则我会以小组会议或者一对一交流的方式，强调开展此次活动的目的和意义，提高组员对活动的重视程度，调动组员以饱满的精神状态投入到工作小组的活动之中。若组员对活动内容和形式存在异议，则我会收集大家的想法和建议，并通过民主协商方式，对活动内容和形式进行调整。

"改进落实"：第三，及时向领导汇报工作，让领导了解工作进展情况。在汇报的时候，针对自己协调不了的问题，寻求领导的帮助，用恰当的方式把问题的症结说明白，提供几种解决问题的方案，征求领导的意见。经过领导首肯，我可以通过奖励或者惩罚机制激发组员的积极性。若多数组员对活动内容和形式无法达成一致意见，则我可以制作多个方案，上报领导，让领导定夺，然后号召大家齐心协力做好执行工作。

"归纳总结"：总之，作为工作小组的带领人，我始终要有高度的责任感，在日常工作中要加强与领导和同事的沟通交流，想办法凝心聚力，保证工作任务的圆满完成。

（二）突发事件处理类题目解析

回答突发事件处理类题目应注意三点：一是审题时要看清题干的身份要求，涉及群众要以人为本；二是涉及事情要分清轻重缓急，涉及原因要分清主要矛盾和次要矛盾；三是保持阳光心态，忌讳怨天尤人，与人沟通时注意先安抚情绪再处理问题。突发事件处理类题目分为三类：未产生广泛影响的题目、已产生广泛影响的题目、灾害类的题目。未产生广泛影响的题目内容以活动筹备、日常工作意外处理为主。已产生广泛影响的题目内容以公共安全保障、群众问题解决为主，题干内往往存在多主体、多矛盾、多事件。灾害类的题目内容多为火灾、地震、洪水、传染病、泥石流等的应对与处理。

案例阅读

你和领导一起坐动车去外地出差，下车时你发现行李箱不见了，里边有制服和开会用的重要资料。这时你会怎么办？

〖审题分析〗

这是一道未产生广泛影响的突发事件处理类题目。答题思路框架是"表明态度（保持冷静）—处理方法（由易到难的应对策略）—总结提升"。

〖参考答案〗

"表明态度"：自己的疏忽大意，导致在外地出差途中丢失行李箱，可能会影响外出任务，此时我一定要冷静下来，迅速采取措施积极应对。

"处理办法"：首先，我会尝试尽快找回行李箱。第一，我会立即返回动车车厢，寻找车厢内的各个位置，检查是否将行李箱遗落在车厢的某处角落。随后，我会询问现场的其他乘客，是否有人不小心拿错行李箱。若能顺利找到，则在以后的旅途中，我会时刻保证行李箱在自己的视线范围内。第二，若没有找回行李箱，则我会向工作人员寻求帮助。因为箱内存有重要物品，所以我可能需要查看动车车厢内、进出站和休息区的监控视频。假如发现有人不小心错拿行李箱，我会在有关工作人员的帮助下，寻找对方的资料及联系方式，第一时间找到对方拿回行李箱。第三，若仍未能找到行李箱，则我会选择求助警方，告知自己的身份信息和丢失行李箱的情况，说明行李箱的大小、颜色、重量和其中存放的主要物品，以及今天的出行路线和最后一次看到它的情况等。根据警方的反馈及时调整后续安排，保证出差任务不受太大影响。

其次，我会及时采取补救措施，向领导汇报并启动应急方案。我会想尽办法在开会前准备好会议资料和制服。尽快联系同事，或让同事以最快的速度将资料和制服邮寄给我，或从同事那里要到电子版材料，自己打印好，并到商场购买会议用的制服。无论如何，不能影响工作任务的完成。

"总结提升"：最后，我将从这次事件中深刻吸取教训，在工作中容不得半点马虎和大意，今后工作一定要养成细致、严谨的习惯。此外，我将向上级领导做出深刻检讨，保证不再出现类似的情况。

案例阅读

某小区王女士心爱的宠物狗死了，她打算将狗埋在小区的绿化带中，邻居张先生路过看到后，便去制止，双方因此发生争执，围观的居民也纷纷指责王女士。若你是小区物业的工作人员，则你该怎么办？

〖审题分析〗

这是一道涉及群众问题的突发事件处理类题目。答题思路框架是"入题表态—处理问题（先稳定局面恢复秩序，再具体处理事情）—总结提升"。

〖参考答案〗

"入题表态"：作为小区物业的工作人员，面对这一情况，我将积极主动采取以下措施，妥善处理该事件。

"处理问题"：首先，我将及时制止双方的争吵和围观群众的指责，安抚大家的情绪，让大家都先冷静下来。引导大家意识到争吵不是解决问题的办法，抬头不见低头见的邻里之间不要为此伤了和气，引导大家心平气和地妥善解决问题。同时，疏散围观的居民，防止事态扩大。我会请围观的居民和张先生先散开各自去忙自己的事情，并向他们保证我会妥善解决宠物狗埋葬的问题，请他们相信我。

其次，先共情王女士的悲伤之情，在王女士情绪平复后，耐心劝解王女士不要将宠物狗埋到小区绿化带，并且给出具体的处理建议。我将从三个方面对王女士进行劝说。第一，小区绿化带属于公共场所，将心爱的宠物狗埋到绿化带会影响其他居民的生活和整个小区的环境建设。第二，将宠物埋葬到小区绿化带存在安全隐患。生病或被毒死的小动物尸体含有病毒或细菌，若埋葬到土里，则不能完全阻止病菌的传播。即使动物是自然死亡，其身上的寄生虫也会寻找新的活体寄生，对人体健康构成威胁。第三，根据埋葬宠物的相关规定与物业要求，小区绿化带不适宜埋葬宠物。因此，最好将宠物进行火葬，尤其是非正常死亡的宠物。即使她要坚持给宠物狗土葬，也要将其埋葬到距离地面一米左右，周围50米没有水源的地方，并且要撒上生石灰，喷洒消毒水。我建议王女士将宠物狗埋葬到市里统一划定的区域内，并将具体的位置告知她。若她不愿意去划定区域，则陪同她一起寻找一个合适的地方埋葬她的宠物狗。

"总结提升"：最后，妥善处理事情后，我会代表物业及小区居民对张先生的热心行为和热心监督表示感谢，并希望他今后能够继续进行监督，共同维护小区环境。此外，建议物业后续在小区绿化带设置一些文明宣传标语。

案例阅读

你所负责的辖区内发生泥石流，造成人员伤亡，群众十分恐慌，你怎么处理？

【审题分析】

这是一道涉及自然灾害的突发事件处理类题目。公共危机处理一般有既定的处理流程和方案，答题时要遵照执行。涉及人员伤亡，要坚持生命第一的原则，采取紧急措施对伤员进行救治，还要做好群众安抚工作。答题思路框架是"入题表态（第一时间赶赴现场）—应急处突（处理方法）—总结提升（善后工作）"。

【参考答案】

"入题表态"：辖区内发生泥石流并造成了人员伤亡，面对这样紧急的事态，我会本着生命第一的原则，切实保障群众生命和财产安全，第一时间做好救援工作。

"应急处突"：首先，我会立即拨打120急救电话，请医务人员赶来救治伤员。同时，打电话向领导汇报相关情况并请求支援。

其次，我会立即启动应急救援工作方案，并就近组织辖区内的人员开展救援工作，对救援人员进行分组分工安排。第一，安排辖区内有医务经验的人员对受伤的群众进行简单的伤情处理，避免伤情恶化，并在120急救人员到来之前安抚伤员及亲属的情绪，避免过度恐慌；第二，安排熟悉辖区地形的人员去查看情况，并及时反馈具体灾情，以便指挥人员能够结合实际做好救援安排；第三，安排部分工作人员负责安顿好受困群众，尤其是老弱妇孺，保证干净的水、食物等必需品的供应。

再次，救援分工后，我会立即赶到救援现场，进行统筹协调工作，及时了解救援过程中出现的问题，及时解决问题，提高救援的效率。同时，我会安抚现场群众的情绪，让大家面对灾难不要恐慌，动员大家冷静下来，齐心协力想办法渡过灾难。此外，我还会带领未受伤的群众一起清理路上的障碍，为救援人员节约清障的时间，加快救援的速度。

"总结提升"：最后，在将受灾群众安全转移出去之后，我会和救灾人员一起做好受灾群众的安置工作，并和专业人员一起做好安全隐患排查，统计损失情况并上报，做好灾后清理和重建工作。

（三）统筹安排类题目解析

统筹安排类题目一般会直接用编号列举多项任务或事情。多项任务或事情同时出现，其至时间上有一定冲突或交叉，这种情况较为复杂。这类题目主要考查求职者在无序中创造秩序的统筹安排能力。求职者要留意题干中的身份设定，在设定身份的职责和权限范围内妥善安排、处理事情。解题时先区分公事和私事，原则上要优先安排公事，然后灵活应用时间管理四象限法则，把事项或任务按照事情的轻重缓急分为四种类型（见图 8-1）。对于重要且紧急的事情，一般优先及时处理；对于重要但不紧急的事情，列出计划安排好处理的时间；对于紧急不重要的事情，可以高效率完成，也可以委托或授权他人代为完成；最后处理不紧急不重要的事情，在时间不允许的情形下，可以采取沟通的方式选择暂时不做。答题思路为"切题表态—合理安排—总结提升"。答题时按时间顺序或者逻辑顺序。从时间轴看，若事项比较少，或是时间顺序比较明显，则直接按照时间顺序逐项表述清楚，能直接处理的事情直接处理，需要灵活处理的事情把变通办法说清楚。从事件轴看，若事项比较繁杂，或是题干中没有明确时间，则建议先按照轻重缓急把各种事项进行分类，再按照先公事后私事、重要紧急事项优先的逻辑顺序表述清楚。

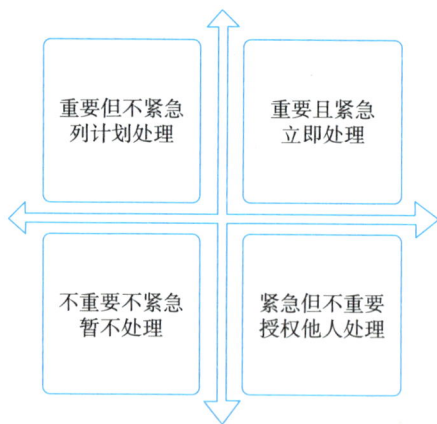

图 8-1　时间管理四象限

案例阅读

小李是某公司员工，过年有如下安排，若你是小李，则你会怎么做？

（1）国外的大学同学来西安玩，这位同学曾经给过小李很多帮助，而且春节期间他只能在国内待几天。

（2）父母让小李过年回家吃年夜饭，而小李和妻子已经两年没回北京过年了。

（3）大年初一，领导让小李陪同一起下基层慰问。

（4）年初四单位安排了小李值班。

（5）年初五初中同学在北京结婚，他是最晚结婚的同学，希望大家都可以参加自己的婚宴。

（6）妻子想要给小李一个惊喜，订好了机票，打算去三亚旅游 5 天，年初二出发。

【审题分析】

这是一道考查统筹安排能力的管理类题目。由题干内容可知，小李需要在春节这个时间段处理存在一定时间冲突的六件事情。答题时应明确事件、时间这两个方面的内容，结合时间管理，遵循重要性、公私分明的原则，即按照先公后私、事件的轻重缓急有序安排。答题思路框架是"入题表态—合理安排—总结提升"。

【参考答案】

"入题表态"：春节期间，有六件存在一定时间冲突的事情需要妥善处理，我会先对六件事进行冷静理性分析，理清这些事的轻重缓急，按照先公后私、事情的轻重缓急有序安排。

"合理安排"：首先，我会把公事放在第一位，把陪同领导慰问、值班两件公事先确定在日程表上，安排其他事情的时候避开相同的时段。提前和领导沟通，做好慰问事宜的准备工作，初一按时陪同领导下基层慰问；初四准时到单位值班。其次，灵活妥善处理冲突比较大的事情。对于旅游的事，确实与其他事情冲突较大，因此将与妻子商议改期，假期先陪她到附近的景点转转，年休假时再安排几天到远的地方游玩，相信她能够理解并支持。最后，按照轻重缓急妥善安排好其他事情。对于父母让回家吃年夜饭的事，先与父母沟通协商，提前帮父母订好票，把父母接到西安过年，这样既能家人团圆，也能陪父母逛逛古都西安。对于初五初中同学结婚的事，先贺喜并提前发结婚红包，再告知同学如果时间允许，那么一定会如约参加他的婚礼。另外，和国外同学联系，告知自己的工作安排，让同学尽量选择不冲突的时间来玩。如果确实与工作时间冲突，那么将为同学提供其他帮助，如推荐景点、美食，安排家人陪同学游玩等。

"总结提升"：在生活和工作中，经常会同时有很多事，处理时抓住主要矛盾，按照先公后私、事件的轻重缓急妥善安排好各种事情，既要处理好工作的事，也要关照到亲朋好友的感受和感情。

练习

A村书记和主任外出考察，出行前将村里的事务交给挂职的副书记小王处理。一天上午，小王刚到办公室，就发生了以下几件事情。

（1）镇政府办公室主任电话通知，两小时后镇长陪同县政府领导来村里检查扶贫工作开展情况，并看望贫困户。

（2）小王结对帮扶的一名留守儿童被车撞伤，情况危急，在医院救治。

（3）有村民来报告，发现村水库堤坝有裂缝，开始渗漏，有溃坝危险。

（4）有群众举报村办企业违法排污，县电视台记者要求电话采访村主任。

若你是小王，则你会如何安排这四件事？

练习方法为小组内两位同学分别作答，作答后请组内其他同学逐一点评。

三、认知类题目解析

良好的理解、分析、判断能力是处理好一切关系和做好一切工作的前提。认知类题目考查求职者对自身、社会、世界、职业、现象、事物、观念的理解、分析和判断能力，这类题目常以"怎么看""怎么理解"等提问。求职者平时可以从以下三个方面加强学习和梳理。一是梳理自身的情况，清晰地认知自己的过去、现在和将来。二是梳理目标岗位相关信息，对岗位匹配度进行分析。三是有意识积累政策理论知识，建构多元化的知识体系。这类题目没有固定的答题思路，一般按"总—分—总"的语言结构来表达。

（一）自我认知题目解析

自我认知主要包括对自己的过去、现在、未来的认知。关于过去，通常会考查求职者过往经历、兴趣爱好、性格特点、优劣势等。关于现在，重点考查求职动机、岗位匹配度等。关于将来，重点考查职业规划、职业稳定性、职业贡献度。通过提前对自身情况和目标岗位进行梳理，做好自我认知题目的准备，以不变应万变。

自我梳理的内容主要包含以下三个维度。一是个性特征，包括优缺点、价值观、兴趣爱好、性格。梳理出优点和性格特征，并梳理具体的例子；梳理不足时应避开踩中岗位禁忌的个性特征和缺点。二是个人能力和才干，包括知识、技能、素质。梳理出自己几种比较突出的能力和才干，同时从过往经历中梳理出典型的例子、数据和事实。三是人生经历，包括学习、实践、实习。应充分挖掘过去经历中的闪光点和取得的成就，以便凸显能力和才干。

此外，求职者还应进行岗位梳理。岗位梳理的内容主要包含以下三个维度。一是单位性质、主要职能、组织结构等。二是单位的人员结构，如专业结构、人际关系状况等。三是职位信息，如工作性质、任务、职责、职位所需的知识结构与能力结构、技术技能等。

案例阅读

无目标的努力，犹如在黑暗中远征，结合本职岗位和自身经历，谈谈短期目标和长期目标。

〖审题分析〗

这类题目没有固定的答题思路，固化的思维会限制个性化答案的呈现。表达的结构是"引入—分析论证—总结"。求职者答题时应明确目标的重要性，结合本职岗位阐明短期目标与长期目标的意义及关系。

〖参考答案〗

"引入"：无目标的努力，犹如在黑暗中远征，这句话强调了目标的重要性。有目标就会有前进的动力和方向。一个人只有树立目标、明确方向，才能有学习和做事的动力，从而成就自己的事业。

"分析论证"：古往今来，无数仁人志士无不是因为树立了远大和贴合实际的目标，才成就了自己的事业。古有年少时刘邦、项羽见到秦始皇的车驾，分别发出慨叹："大丈夫当如此也""我必取而代之"。今有周总理年少时便立下为国家之崛起而读书的远大目标。他们的事业因树立了远大的目标并付诸实践而取得成功。相反，胸无大志注定碌碌无为，仲永之父因只顾贪图眼前小利，不顾长远发展，导致仲永年长之后泯然众人矣。俗话说"志不强者智不达"，我的志向是要成为一名优秀的消防救援队员，当我报考的时候，就已经明白这份工作的职责与使命。我愿意成为一名逆行者，守护人民的生命财产安全。同时我深知成为一名优秀的消防救援队员的不易：不仅仅需要专业的消防救援知识，更需要有不畏艰险、不怕牺牲的精神；不仅仅需要树立短期目标，更需要树立远大的目标；不仅仅需要身体力行积极实践，更需要以"不变应万变"的智慧应对一切复杂场景。只有这样，才能做到面对水火不改色，面对险情冲上前，守护人民的生命财产。让我印象深刻的是2019年感动中国十大人物里，有一类特殊的群体——四川森林消防员。他们在遇到危难时奋不顾身勇敢逆行的身影，感动了无数人，他们一直是我学习的榜样。

"总结"：我会在以后的工作中，做好目标规划，不仅包括短期目标，还包括长期目标，只有把短期和长期目标相结合，踏踏实实立足实现目标的实践中，才能更好地做好人民的守护者。我的短期目标是学习消防救援的专业知识，不断地熟悉并适应工作环境。学习规划包括向领导求教，尤其是向领导学经验，学做人做事；向同事求帮，主要是向有经验的老同事学习扎实的业务技能；向书本求知，不仅仅查阅各种文献资料、经典案例，更会主动适应新时代消防救援数字化需求，向互联网学习，向实践求真，"纸上得来终觉浅，绝知此事要躬行"，只有将理论知识与实践相结合，才能不断地夯实自己的业务能力。长期目标是把消防救援作为一生的事业去奋斗，将"救民于水火、助民于危难"作为一生的目标，树立"一辈子干好一份事业，担当人民安全的守护者"的坚定信念，致力于长远兼顾、知行合一的做事原则，当好人民的好公仆。爱因斯坦曾言：在一个崇高的目标支持下，不停地工作，即使慢，也一定会获得成功。在实现短期目标和长期目标的道路上，看似工程浩大，实则始于足下。

（二）现象认知题目解析

在信息化高度发达的后工业社会，信息量高度饱和，如何才能透过纷繁复杂的表象，深入透彻地分析各种社会现象、社会热点？这就需要运用联系、发展、矛盾、创新的方式看待问题。现象认知题目考查求职者对社会现象、政府政策和行为、热点事件的理解、分析、判断能力。马克思主义唯物辩证法（包括矛盾分析法）是解决现象认知题目的重要方法之一。同时，求职者应学会从政治角度观察、思考、处理、解决问题。现象认知题目考察范围如图8-2所示。

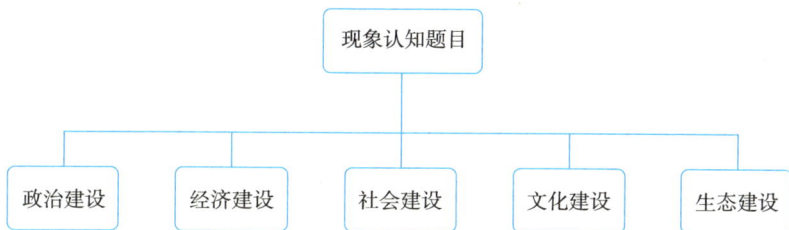

```
                    现象认知题目
    ┌──────┬──────┬──────┬──────┬──────┐
  政治建设  经济建设  社会建设  文化建设  生态建设
```

图8-2　现象认知题目考察范围

案 例 阅 读

"互联网＋个体经济"的创新组合催生了"新个体经济"，它既包括"新就业创业"，也包括"新兼职副业"。"互联网＋个体经济"极大地丰富了个体经济的内涵和外延，降低了创业的成本，国家多个部门明确表示支持网店、直播、"电商＋行业"的发展。对此，你怎么看？

【审题分析】

我们认识和改造世界的过程，其实就是发现问题、分析问题、解决问题的过程。现象认知题目答题思路框架是"表明立场（可运用本质法、定性法、背景法）—展开分析（可运用并列、递进、归纳、演绎等方法）—提出对策—展望总结（升华或深化）"。

【参考答案】

"表明立场"：现在新个体经济广泛进入大众视野并获得关注。新个体经济是经济复苏的重要途径，也是提升经济发展动力和激发市场创新活力的重要途径。国家多部门也表示支持15种新业态的发展。我认为相对于传统经济来说，这是与时俱进促进经济发展的创新举措，理应支持并且响应，具体理解如下。

"展开分析"：新个体经济的创新具有诸多好处和意义。其一，加快企业转型升级。新个体经济打破传统思维惯性，把互联网和各行各业进行融合，推进了各领域数字化转型，着力提升数字化服务，推进普惠性服务，促进了企业联动和跨界合作，培育了数字化新生态，提高了转型效益。其二，激发市场活力，开辟发展空间。新个体经济顺应时代，与时俱进，响应了国家的号召，进行万众创业和创新。同时它营造了新的就业模式，提供了多样化的就业机会，如微商、电商、直播等多样化自主就业。支持大众基于互联网平台创新，探索新模式，降低风险和成本，激活人们创新创业的积极性，有助于恢复国家经济的发展。其三，拓展共享生活新空间。在互联网的基础上，推出的共享出行、餐饮外卖等商业新模式，促进了新的消费模式的发展。例如，景区数字化产品的开发、智能医疗的研发等，都为我们提供了很好的生活服务。

"提出对策"：新个体经济好处多多，如何保障其健康向上发展也是重中之重，对此我的建议如下。

第一，加快完善法规制度体系，加强行业自律。加快制定促进新个体经济健康发展的法律法规，实现法律的硬约束，建立行业"黑名单"制度，完善投诉监督渠道，定期开展市场监管专项行动，对不同类别的平台和从业者进行针对性管理，引导新个体经济加强行业自律，在经营范围、经营品种、维权机制、诚信经营、售后服务等方面予以明确，保护消费者合法权益。

第二，释放改革活力。要放管结合，优化营商环境，主要在于国家知识产权的保护、金融普惠方面的改革，降低发展成本。

第三，加强科学监管。积极鼓励创新，健全完善监管机制，及时完善修改监管制度，为新个体经济留足空间。在保障安全和质量的前提下，进行风险评估，对于违法犯罪坚决做到有法可依、有法必依、执法必严、违法必究。

"展望总结"：相信通过多措并举，新个体经济会发展得越来越好，也会带动大家就业，调动大家创造的潜力和活力，增强群众幸福感和获得感。

练习

有人说天道酬勤，也有人说付出和收获很多时候并不成正比，你怎么看？

练习方法为小组内两位同学分别作答，作答后请组内其他同学逐一点评。

四、人际类题目解析

人们在生命历程中建立的人际关系通常包含两大类别：一类是以职业为纽带的工作型人际关系，另一类是以情感为纽带的归属型人际关系。人际类题目通过设置与拟任岗位有很强的匹配性的各种典型人际矛盾场景，要求求职者进行处理，旨在考查求职者在职场处理人际关系的能力。工作型人际关系题目的解题核心是以完成工作为中心来处理人际问题，目标是保证工作任务的完成，同时有利于形成"下级安心、上级放心、同级热心、内外齐心"的职场工作氛围。

考查人际能力的题目比较常见，题目类型主要包括以尊重为核心的同事类、以服务为核心的群众类、原则性与灵活性相统一的亲友类、演讲串词类（命题演讲、话题演讲、材料演讲）、情景模拟类。本部分主要解析前三类题目。

（一）同事类题目解析

与领导相处应遵循"尊重服从，委婉沟通，大局为重，配合协助，理性客观"的原则。在工作中，坚决维护领导的尊严，树立服从意识；能站在领导的角度考虑问题，学会换位思考；采用委婉沟通的方式，提出建设性意见；积极配合和支持领导工作，关键环节要及时请示汇报。

与平级相处应遵循"尊重理解，真诚相待，沟通互助，团结协作，以工作为重，大事讲原则，小事发扬风格"的原则。在工作中，以工作为重，发扬团结合作、互帮互助的精神；相互尊重理解，加强沟通交流和工作探讨；既要坚持原则，又要善于求同存异。

与下属相处应遵循"教育、引导、帮助、管理"的原则。多关心引导，多激励下属，帮助其不断提升，必要时根据规定追究责任。

> **案例阅读**
>
> 单位同事小王性格腼腆、内向，很难融入团队，作为小王的同事，领导让你去解决这件事，你会怎么做？
>
> 〖审题分析〗
>
> 这是一道劝慰同事的人际类题目。答题思路框架是"入题表态—处理方法（原则、沟通）—总结提升"。答题要素点是理解、肯定、改进、扬弃。

〖参考答案〗

"入题表态"：在工作岗位中，每个人都有着属于自己的性格特点，有的人外向活泼，有的人内向腼腆，这本无优劣好坏之分。但是在现实工作中，职场人都应保证自己匹配岗位身份并承担职责。遇到同事小王这种情况，我作为他的同事，会从工作的角度出发，帮助他调整状态，尽快融入团队。具体做法如下。

"处理方法"：我会先观察小王日常的行为特点和他开展工作的行为习惯，并着重注意他在与人相处方面会遇到什么样的情况和困难。同时，注意倾听他人对小王做人处事的评价，了解别人眼中小王的优缺点。虽然我作为同事与小王有一些工作方面的接触，但是想要真正地理解他、帮助他，我觉得还需要全面地了解他在日常岗位中的处境。

在观察了解的基础上，我会选择彼此工作不忙的时间，或者午休时、下班时与他深入谈心交流。首先，基于前期对他的了解，我会先认可他在工作方面的细致严谨，以及他被领导和同事所认可的工作表现，以此来拉近距离，建立信任关系。其次，借助自己过往的经历向他表达，工作中团队沟通合作的重要性，以及不融入团队可能产生的不利后果，并且认真倾听他的想法，同时引导他认识到性格内向并不影响很好地与外界交流，可通过调整认知和行为方式，实现与外界良好地交流互动。再次，根据他对自身情况的描述和我所看到的情况，向他提出一些中肯的建议，如可以在日常讨论中增加发言的次数、尝试主动承担一些需要团队合作的工作任务，以此来增加与团队中其他同事合作的机会，并且告诉他，团队中有很多人希望能向他请教一些工作方面的建议，大家期待他能多分享自己的看法。

"总结提升"：除了动员小王进行改变，我还会私下向其他同事表达主动接纳小王的想法，如倡议大家在小王公开发言时多给予认可和肯定、主动询问他对工作的想法等。持续帮助他树立信心，培养他对团队成员的信任。经过一段时间的努力，我相信小王会感觉到团队的温暖，愿意向我们敞开心扉，主动融入团队，而我们整个团队也愿意接纳不同性格特点的成员，大家在彼此的适应和改变中，共同成长进步。

（二）群众类题目解析

对待群众遵循"热情、服务、理解、体谅"的原则。态度要平和亲切，做好解释工作、服务工作；采用动之以情、晓之以理、导之以行的方式做好群众工作。

案例阅读

你是物业负责人，一楼李大爷害怕高空抛物，盖了院子顶棚，二楼张大妈害怕小偷从顶棚爬到二楼，要求李大爷拆除。两人为此产生了争执，你怎么解决？

〖审题分析〗

这是一道群众之间有矛盾冲突的题目。本题中我的角色是物业负责人，现在需要调解李大爷和张大妈之间的矛盾，矛盾背后隐藏着两人对居住安全和小区环境的深层次担忧，劝导时这可作为化解冲突的突破口。答题思路框架是"入题表态—处理方法（原则、沟通）—总结提升"。

〖参考答案〗

"入题表态"：作为物业负责人，保证小区的良好治安环境及解决居民纠纷是我们的重要职责。李大爷和张大妈因为盖顶棚的事情发生争执，那我会本着既解决当下两人的争执，又促进居民团结、提升居民安全感的原则处理问题，为小区居民营造一个好的生活环境。

"处理方法"：首先，我会同相关人员一起制止争吵，并将两位当事人请到物业办公室，倒杯热茶，细心安抚两位的情绪。先让双方冷静下来，避免争执和矛盾再次升级。其次，我会分别倾听李大爷和张大妈各自的倾诉，一方面让两位有一个情绪宣泄的渠道，另一方面通过两位的描述进一步了解事件的经过，以及深入了解他们各自的想法。随后，我可以邀请相关专家一起实地考察李大爷和王大妈家，了解每家的房屋位置及潜在的危险，为后续解决争执奠定基础。再次，我会将两位当事人分开，分别劝导两人。对李大爷说明：高空抛物已入刑，法律明确规定不能高空坠物，这对小区居民行为有良好的约束作用；小区会定期进行普法宣传、文明宣传，我们也会在业主群里呼吁制止高空抛物这种现象；保安会按时巡查，及时清理可能存在的安全隐患，加上我们小区的居民各方面素质较高，因此不必过于担心高空抛物。针对张大妈的担心，我会这样劝导：李大爷家顶棚不高，经我们实地测试很难从顶棚爬上二楼；我们小区物业很负责，安保工作连续多年荣获全市第一，入住以来，从未发生过盗窃案件；去年，小区安装了全面覆盖的摄像头，与本区派出所联动，发现异常情况还能自动报警，因此请张大妈对我们小区的治安要有信心。

"总结提升"：最后，劝导两人，邻里之间遇到矛盾和问题时可以坐下来协商解决，充分沟通交流，相互关爱，相互帮助，共同维护小区的环境安全，一起构建亲近和谐的邻里关系。

（三）亲友类题目解析

亲友类题目多会设定工作与生活产生冲突的情境，回答这类题目的核心是原则性与灵活性相统一。在处理具体问题时，首先需要对问题进行定位，然后从具体情境出发，判断问题的性质、矛盾各方之间的关系，最后采取具体的措施，逐步解决问题。

案 例 阅 读

你是中国银行保险监督管理委员会（以下简称银保监会）监管人员，你的亲友总是找你帮忙操作银行贷款或者保险理赔，你会怎么做？

〖审题分析〗

本题中我的角色是银保监会监管人员，在工作中遇到亲友找我帮忙办事，在不违反规定的前提下可以提供帮助。答题时应该从态度和方法两个方面考虑。答题思路框架是"入题表态—处理方法（原则、沟通）—总结提升"。

〖参考答案〗

"入题表态"：作为一名银保监会监管人员，亲友总是找我帮忙操作银行贷款或者保险理赔这些业务，一方面反映出亲友对我的信任，另一方面反映出亲友对我工作内容的不了解。

"处理方法"：我会在做好本职工作、不违反相关工作条例的前提下，了解亲友的具体需求，根据情况给予帮助或者建议。

第一，若亲友想了解银行和保险公司具体的业务情况（如哪家贷款利率低、信誉好），则我可以帮助整理一些公开信息提供给亲友。这样既能在自己所熟悉的领域内为亲友提供一些必要的帮助，又能维持亲友之间的情谊。

第二，若亲友对于需要提供的资料不是很清楚的话，则我会在下班后为亲友列出一个所需材料清单，帮助亲友少跑冤枉路；或者建议亲友拨打公司电话进行咨询。

第三，若亲友想通过我的职位寻求一些便利、走捷径的话，则我会明确拒绝，告知亲友自己的工作职责范围，以及单位的明文规定，这样不仅不会带来方便，还会产生一些问题，甚至会承担法律风险。同时告知亲友，现在银行、保险公司的程序都是公开透明的，按照相关的流程申请即可。

第四，在帮助亲友后，我会告知亲友一些申请的正规渠道及了解信息的官方渠道和电话，方便亲友在后期办理业务时可以更加快捷、精准地找到办事机构，节省办事时间，提高办事效率。

"总结提升"：最后，我相信通过自己的协调和沟通，可以在不违反工作规章制度的前提下，利用自己的专业知识，力所能及地帮助亲友解决生活中的问题，为他们提供便利，获得亲友的理解，做好工作与生活的统筹兼顾。

练习

小李在驻外工作时身染疾疾，他父母很担心他。若你是小李，则你会怎么办？

练习方法为小组内两位同学分别作答，作答后请组内其他同学逐一点评。

第九章 ▶▶▶ 领导力与职场礼仪

▶ 学习目标

1. 了解领导力的形成。
2. 了解领导力的提升途径。
3. 了解并掌握面试礼仪、商务礼仪的规范和个人形象管理的方法。

▶ 就业思考

1. 如何在群体面试中充分展现个人的领导力？
2. 如何在面试中展现礼仪素养？
3. 如何更好地展现自己的个人形象？

第一节　领导力

领导力是动员他人为共同的理想而奋斗的艺术。求职者在群体面试中的综合表现也是其领导力的一种体现。在群体面试中，求职者完成任务的行为及其与团队之间的互动是重要的评价指标。如果一个人的领导力欠佳，那么他很难获得支持和信任，无法将团队凝聚在一起，也无法在团队建立信任和忠诚，这不仅会阻碍个人的发展，还会影响组织的高效运转。

二、领导力理论

（一）传统领导力理论

传统领导力理论是从 19 世纪的"天赋伟人说"发展而来的，该理论认为领导力的有效性来源于下属对领导者所具备的特质的认可，该种特质可以是先天的，也可以是后天的。作为该理论的重要研究成果之一，"大五人格品质模型"将成功的个人品质归纳为五大类：亲和性、责任心、外向性、经验开放性和情绪稳定性。

到了 20 世纪 40 年代，领导力的研究重心从领导者所具备的特质转移到其特定行为上，并认为领导力的有效性来源于领导者的行为。在早期，比较有代表性的研究将领导行为归纳为专制型、民主型和放任型，后期俄亥俄州立大学利用领导行为描述问卷（Leader Behavior Description Questionnaire，LBDQ）把领导行为分成结构和关怀两个维度，但这些研究都将领导的角色与不同的个体联系起来，并从个体层面转移到了集体层面。这些研究主要考虑领导者本身，缺乏对环境因素的探讨。

（二）新型领导力理论

传统领导力理论普遍认为领导力是单向输出的，有效性的传导主要通过下属对领导的特质或者行为的认可完成特定任务。新型领导力理论则引入了更多的要素或是突出了某一项特定的特质或行为。例如，领导-成员交换（Leader Member Exchange，LMX）理论关注领导-成员关系这一要素，根据是否具有权威分为两种类型：无权威和有权威。无权威具有高度的相互支持、信任、忠诚等特点，领导者给予下属高度的自主权；而有权威则侧重于对下属进行工作流程、内容及成果上的督导。

20 世纪 80 年代早期，变革型和魅力型领导理论开始出现。变革型领导善于使下属感受到自己的使命感和责任感，促使下属将组织利益建立在自身利益之上，从而超预期实现目标。魅力型领导则拥有高度自信、支配他人和坚定信念这三项个人特征，下属会刻意模仿。随后，领导者的道德和价值观被高度关注，出现了伦理型领导、真诚型领导。伦理型领导强调领导者的榜样角色，以道德品行对下属施加影响。真诚型领导则以真诚的特质为前提，激发下属对自身的认同感，让其产生信任、希望和积极情绪等。

二、领导力的形成

对于个体而言，领导力来源于生活。在生活中，个体在与他人或群体交往的过程中，会不断梳理、总结并形成具有个体特色的人际经验，这些经验会逐步形成个体的思维风格、沟通风格、决策风格等领导力要素。当个体成为一个团队的领导者之后，这些自发形成的领导力要素能够很好地帮助个体快速适应管理工作，在不断进行领导实践的过程中养成特有的领导习惯，形成自己的领导风格，并且能够有效地指导自己的管理工作。

在大学生求职者中，性别、政治面貌、学历、专业选择、是否担任过学生干部、参加社会实践或志愿活动情况、学习成绩等都可能是影响领导力形成的重要因素。有强烈的自我观察和评估能力、主动设立学习目标、制订详细的学习计划、注重外界对自身的评价等都有利于领导力的形成。此外，担任过学生干部、参加过社会实践或志愿活动的大学生在领导大学生群体的过程中，不断积累经验，提高解决问题的能力，也有利于领导力的形成。对于求职者而言，不断地学习、不断地实践，学以致用、用以促学、学用相长，在学习与实践的良性互动中推动领导力的形成，这是古今中外提升领导力的不二法门。

三、领导力的提升

（一）做好选择

每个个体的内在潜力都是巨大的，甚至可以说是无限的。试想一下，婴儿是宇宙中最依赖他人的个体，但几年之后，他的力量就变得极其巨大。我们越是注重运用和开发我们的潜能，我们的发展就越快速，我们的能力也就越大；反之，我们潜能的绝大部分只会停留在未开发状态。

人是主动行为者，会基于自己的价值观做出选择，通过努力可以拥有选择生活方向的能力，可以重新给自己定位，进而改变自己的未来。

我们无法选择自己的基因，也无法选择生活的环境，但我们可以选择如何回应。经常反思外界环境和个体回应之间的空间，有效地利用它来扩展自己的自由，让自己不断学习、成长，最终个体回应会反过来影响外界环境。在一定意义上讲，人可以成功创造自己的外部世界，而不仅仅是受其影响。

（二）自我管理

1. 做好时间管理

时间管理就是对时间进行合理的计划和控制的管理过程，时间管理的目的是提高时间的利用效率。做好时间管理需要注意以下几点：首先，个体要明确自己想要实现的目标，并按照重要性对目标进行排序；其次，个体要明确为了实现自己的目标要完成的具体任务，并对这些任务按重要性进行排序；最后，个体要根据可利用的时间，制订任务计划并利用相关工具完成任务，实现目标。

（1）时间管理四象限法。时间管理的重点在于抓住关键而非面面俱到，可以充分运用时间管理四象限法则，分清事务的轻重缓急。具体来说，可以把工作按照重要和紧急两个维度分成四个象限，即重要且紧急、重要但不紧急、紧急但不重要、不重要不紧急。第一象限是重要且紧急的事情，这类事情无法回避也不能拖延，必须优先解决；第二象限是重要但不紧急的事情，应该花精力去做好；第三象限是紧急但不重要的事情，这类事情往往会占据很多时间，应快速处理；第四象限是不重要不紧急的事情，属于杂事，应尽量避免。

（2）工作清单法。当工作任务较多时，可以把需要完成的工作从头脑里移出来，以减少精神压力。具体来说，首先要将能想到的未尽事宜全部罗列出来；然后根据这些工作是否可以付诸行动进行分类梳理，对于可以立即完成的工作应立即完成，对于不能立即完成的工作应进一步明确完成时间、细化推进步骤；最后根据工作任务清单逐一采取行动，并定期回顾确认。

（3）番茄工作法。番茄工作法是能让个体专心投入工作的有效方法。工作开始前设定番茄钟，一般以 25 分钟为一个时间节点。在专心工作 25 分钟后，番茄钟会响铃提醒，个体可以在第 1 个番茄任务处做标记并进行适当的休息；随后进入第 2 个番茄任务……按照这样的方式完成四个番茄任务后休息 25 分钟。番茄工作法可以帮助个体高效率地完成需要集中精力的工作。

2. 做好自己

（1）在自己的影响圈工作，逐渐提升自己的可信度。在工作中，我们会处于两个圈层，即影响圈和关注圈。影响圈是我们通过个人的努力可以控制或产生影响的，而关注圈是我们难以掌控的。我们如果把时间和精力放在关注圈，那么往往会盯着他人的弱点和短板，或者不良的工作环境及超出个人能力以外的事情，陷入抱怨指责，传递负能量；我们如果总是关注影响圈，积极主动寻求有效解决问题的方法，那么可以不断提升自己的可信度，实现自己的价值。

（2）鼓起勇气采取主动措施，不断推动事情向好的方向发展。积极主动是一种责任。每个人都有独特的潜能，而能否发挥出这种潜能，则由个体的努力决定。因此，不能因暂时的困难或受限制的条件而轻易放弃，要相信自己拥有无限的可能，结合现有条件顺势而为，不断推进事情向好的方向发展的同时，个人也在不断成长、不断取得进步。

（3）学会换位思考，提升视野格局。在组织里，领导者与普通员工站在不同的位置和高度，考虑问题的出发点不同，思考问题的角度也不一样。因此，当你不理解领导者的指令或者与其发生意见分歧时，最好的处理办法就是转换思考问题的角度，也就是我们常说的换位思考，努力去理解领导者关注的问题及要达到的目标，学着像领导者一样去思考，只有这样你才能正确理解领导者的意图，毫无怨言地执行领导者安排的任务。在这个过程中，个体的宏观决策、统筹安排的能力会得到极大提升。

（4）静坐常思己过，闲谈莫论人非。职场是一个涉及各方利益的环境，永远不要因为个人的不顺利就去吐槽别人，永远不要因为无聊就去八卦是非，谨言慎行才是职场人必须遵循的准则。人无完人，每个人都或多或少有缺点或不足；而且个体的生活环境、教育背景存在差异，思考问题的方式也不一样，因此不可能处处都让人满意。有句话叫作"未经他人苦，莫劝他人善"，意思是说你不知道对方经历了什么，就不要站在自己的角度、站在道德的制高点去劝诫他人，更不要以主观标准去评价他人。

（三）自我提升

在职场中，每个人都不能孤军奋战，作为团队的一员，我们要充分发挥自己的价值，推动团队高质量地实现组织目标。

1. 发挥尾舵精神

尾舵是安装在轮船或者飞机上的一个小舵板，人们可以用它来控制方向舵，从而控制航行方向。每个团队中都有无数个潜在的尾舵，他们能够积极发动自己或带动团队，从而产生积极影响。具有尾舵精神的人，不论他在团队中的职位如何，都会在个人或团队面临问题、困难或者挑战的时候，采取主动行为。他不会坐等吩咐或询问，也不会停留在提建议的层面，他会选择有所作为，以对个体或团队的发展产生影响。从这个层面上讲，我们所有人都可以在自己的岗位上做出更好的成绩。

2. 树立好的榜样

要想有效影响别人，前提是做好自己，树立好的榜样。要端正自己的形象，明确自己的定位和可以发挥的作用，用榜样的标准严格要求自己，让自己的每句话、每次行动都起到好的作用。只有这样才可以让大家信服，自己也可以在榜样的约束中得到成长，学会用行动去激励别人而不是约束别人。总体而言，要做好自己，树立榜样，提高个人信任度是核心要义。要有效提高个人信任度，必须做到以下几点。

（1）拥有积极的心态。自卑是工作中最大的敌人，要获取同事的信任，首先要自信，在每天进入工作状态前，可以进行积极的自我暗示，精神抖擞地开始一天的工作。有了积极的心态就可以拥有自信的体态，面对领导或同事应保持适度的眼神接触并展现轻松的神情，把积极自信、正向思维表现在言行举止上。

（2）展现良好的形象。着装是一个人职业化的重要体现，尤其是在律师事务所、投资银行等一些提供专业服务的公司。良好的职业形象不仅会让自己的心情更愉悦，还会让人感觉更专业、更自信，有利于顺利打开工作局面。

（3）勇敢地表达自己。勇敢地向团队展示你的想法或工作进度，在交流中展示自己，同时收获新的工作思路和方法。

（4）做到以诚待人。情感是维系团队的一条重要纽带。要想在团队中拥有不错的影响力，就必须做到以诚待人、以诚感人，加强与团队成员之间的交流沟通，善于听取不同的意见并归纳整理、完善改进。同时要关心团队成员的生活冷暖，给予必要的支持和帮助。

（5）进行有效沟通。在和别人交谈的时候，尽量放下手中的工作，要与对方有目光接触，让沟通处于有效的状态，避免事后的重复询问，提高工作效率。

（6）树立自律意识。研究表明，人们不仅可以感知他人暂时和长期的自我控制程度，还会据此判断这个人的可信程度。也就是说，那些平时有着较强的自我原则和自律性的人更容易让人相信。

（7）承担自己的责任。在工作中，错误不可避免，但犯错以后要勇于承担责任，及时向团队告知并分析出错的原因，尽可能弥补损失。千万不要用"不知道"来敷衍搪塞，如果真的不知道问题在哪里，那么可以进行一些可能性分析，这样会让人感觉很真诚。当然，不要把别人的问题揽到自己身上。

（8）不透支信用度。不要试图利用空头支票来操纵别人对你的信任，一旦信用破产就很难恢复。尤其在同事向你求助一些紧急的事情时，如果超出你的能力范围或是你职责之外的工作，就不要轻易揽下，要懂得拒绝别人。做"老好人"不会帮助你赢得信任，只会使你反复地陷入琐碎的工作中。

（9）不传播小道消息。在发送邮件、分享信息之前要认真检查，保证准确无误。只有你所分享的信息是持续可信的、有用的，才能在团队中建立起信任。如果经常散布一些似是而非的小道消息，那么很快会被列入"不能深入交流的人"之列。

（10）实力是信任的保障。突出的工作成绩最能让人信赖和敬佩，也最有说服力，当你以骄人的业绩在团队中立足时，你的影响力和信任度将会同步提升。要想做出令人羡慕的业绩，就要善于决断、勇于负责、敢于创新。

（11）用人所长，容人所短。在团队中要学会并善于发挥他人的长处，而不要过于聚焦如何克服他人的短处；在用人所长的同时，要做到容人所短。

作为实现第二个百年奋斗目标的主力军，大学生未来将成为各行各业的中坚力量，提升个人领导力将成为未来职业发展的必然要求，因而有必要认真学习习近平总书记关于领导力的重要论述。在大学阶段，在战略思维能力、历史思维能力、辩证思维能力、创新思维能力、法治思维能力、底线思维能力和系统思维能力上下功夫；有意识强化自己的学习本领、政治领导本领、改革创新本领、科学发展本领、依法执政本领、群众工作本领、狠抓落实本领、驾驭风险本领，不断斗争；在工作实践中不断提升自己的政治能力、调查研究能力、科学决策能力、改革攻坚能力、应急处突能力、群众工作能力和抓落实能力，并能结合专业要求，树立专业思维，提升专业素养，掌握专业方法，只有这样才能确保始终走在时代发展的前沿；要掌握开展调查研究的工作方法，提高科学决策能力，注重在实践中历练，深入基层实际，深入人民群众，在攻坚克难中增长知识才干，在实践锻炼中增长解决问题的新本领。

第二节　职场礼仪

无论古今中外，礼仪都备受重视，中华民族以礼仪之邦著称于世。礼仪形象能够反映一个人的知识水平、修养风度，是个体对整个社会的道德、法律、行为规范遵守程度的外在体现。在现代社会中，个体在不同的场合要遵守相应的礼仪规范，特别是在初次交往、公务交往、涉外交往等正式场合，更应知礼、行礼、守礼。

一、面试礼仪

(一) 仪表礼仪

仪表即外表，包括仪容、发型、服饰等。在面试时要注意个人的仪表美，这既是自尊自爱的表现，也是尊重他人的体现。现在很多大学生求职者赶场似的奔波于各个招聘会之间，忽视了个人的仪表，给面试官留下不好的印象。因此，求职者在面试前应对个人的仪表进行适当修饰，做到仪容整洁、着装得体、发型适宜。

1. 仪容整洁

首先，要保持面部的清洁，尤其要注意眼角、耳后、脖子等平时容易忽略的地方。其次，面部要稍做修饰，男性求职者要修面，女性求职者最好化淡妆，切勿浓妆艳抹或过于夸张。另外，要注意身体异味的问题，勤洗澡，不抽烟，面试前不吃有强烈异味的食品，保持口气清新。

2. 着装得体

对于大学生求职者而言，建议保持清新自然的学生装风格，但这并不意味着面试时可以穿平时的衣服，求职者要在细节上做精心的准备。首先，服装要整洁，洗涤干净，熨烫平整；其次，要简洁大方，女生一般以套装套裙、连衣裙为主，男生则是衬衫、夹克或西装；再次，颜色的选择要适宜，一般来说柔和的颜色比较有亲和力，深色则显得庄重，可以根据职位的要求进行选择；最后，饰物尽量与服装统一，女生宜穿肉色长筒丝袜，男生要将皮鞋擦拭干净。

3. 发型适宜

发型在仪表美中也占有很重要的位置。发型除要适合个人的脸型、个性特点和着装外，还要做到大方、自然，避免太另类，女生切忌长发遮脸，男生的短发做到前不覆额、侧不遮耳、后不及领。发型还应与所申请的岗位要求相适宜，如秘书要端庄、文雅，营销人员要干练，与机器打交道则要求短发或盘发。

(二) 举止礼仪

举止在人际沟通中起到很大的作用，是从外观上可以被觉察到的动作、活动及身体各部分所呈现出的姿态。举止礼仪主要体现在站姿、坐姿、手姿和走姿等方面，同时要注意很多细节。

1. 站姿

站姿是职场人士的必修课，可以很好地展现一个人的修养。站立时，头要正，下颌微收，肩要并，并微向后张，双肩自然下垂；要挺胸，收腹，立腰，夹臀前送；要两腿挺直，两膝并拢，脚跟靠紧，双脚呈"V"形。在正式场合，双臂在体侧自然下垂，五指并拢，自然微屈，中指压裤缝，或者双手相握，右手放在左手上，置于腹前；在非正式场合，可以把双手背在身后。

2. 坐姿

正确的坐姿：背要直，身体放松，上半身要挺直，颈部、胸部和腰部平直，眼睛平视前方，下半身双腿保持平行，膝盖弯曲约90°，双足平放，双手放在大腿上。在职场中，不同的坐姿传递出不同的情感信息：挺直腰的坐姿，是一种对人尊敬的表现，表示对对方或谈话有兴趣；弯腰屈背的坐姿，是对谈话不感兴趣或厌倦的表现；斜着身体坐，表示自我感觉优越；双手放在翘起来的脚上，是一种等待、试探的表现；一边坐着一边摆弄手中的东西，则表示出漫不经心的状态。

3. 手姿

在职场中，我们必须注意手的摆放。切勿双手交叉放在桌上或胸前。在一般情况下，应手掌自然伸开，掌心向内，手指并拢，拇指分开，手腕伸直，手和小臂呈直线，肘关节自然弯曲，大小臂的弯曲以140°为宜；做手势时应该顺畅、美观，给人以大方、庄重的感觉。

4. 走姿

按照孟晋霞的观点，规范的走姿需要具备六个要素：头正、肩平、躯挺、步位直、步幅适当、步速平稳。站姿和坐姿体现的是人体的静态造型，而走姿体现的则是动态造型，要能展现动态美。如果想要走出风度、走出优雅，需要不断地练习。

5. 准时赴约

守时是一种美德，也是个体良好素质修养的体现。面试时一定要准时，最好提前15～20分钟到场，这样既可以提前熟悉一下环境，也有时间调整好心态，稳定情绪。

6. 尊重接待人员

到达面试地点后，应主动向接待人员问好，并做自我介绍，同时要服从接待人员的统一安排。需要提醒的是，有些单位的考核从这一环节就已经开始了。

7. 重视见面礼仪

进门时应先敲门，即使房门未关，也应礼貌地轻轻叩击两三下，得到允许后再推门进入并顺手关门，整个过程应自然流畅，展示出良好的个人习惯。进入面试室后，先向面试官问好，当对方说"请坐"时，先表示感谢，之后方可在指定的位置就座，并保持良好的坐姿。

8. 注意表情礼仪

面试的时候，大多数人会紧张，从而导致表情不自然。要提醒自己，尽量保持微笑，从容镇定。另外目光要大方地注视着对方，不可左顾右盼。

9. 适时告退

当面试官有意结束面试时，要适时起身告辞，面带微笑再次致谢并道别，离开房间时轻轻带上门，离开面试地点时可向接待人员道谢告辞。

（三）谈话礼仪

和他人交谈时，要自然，充满自信，态度和气，语言表达得体，手势不宜过多。应注意用语的礼貌，切忌出现不文明的语句，称对方公司要用第二人称的尊称，如"贵公司"，少用或不用口头禅。在回答问题时，对方问什么就答什么，问多少就答多少，切忌问少答多或问多答少。还要注意把握谈话的重点，不要离题，回答任何问题都要诚实，做到准确客观，不可夸夸其谈。要注意使用普通话对答，发音准确，吐字清楚，语速语调适中，态度诚恳，切忌打断面试官的谈话、喧宾夺主，也不要滔滔不绝，要注意聆听别人的谈话。

二、商务礼仪

（一）着装礼仪

在商务活动中，男性正式着装一般为单排扣西装，颜色以藏蓝色、深灰色为主，衬衣袖长以抬手时比西装袖长长出 1～2 厘米为宜。纯色领带最佳，有格纹等有规则的图案也可以。打领带时衬衫第一粒纽扣要系好，领带结应系好拉正，领带的末端以盖住腰带扣为宜。一般深色西装配深色腰带，浅色西装包容度更高，腰带可深可浅，腰带颜色最好和鞋子颜色一致，袜子的颜色与鞋一致且宁长勿短。

女性正式着装一般为端庄大方的套装（裤装或裙装），宜选西服领，衬衫颜色要与套装协调。裙装以窄裙为主，裙长最好不要短于膝盖以上 3 厘米，也不要长于膝盖以下 5 厘米。颜色以藏蓝、黑色、灰色、棕色、米色等单色为宜，以无图案为最佳；若有图案，则可以是条纹、格子或印花。特别要注意的是，不要佩戴夸张醒目的首饰，不要穿短袜，丝袜不能有破洞或脱丝的情况，颜色以肉色为宜，最好穿黑色的半高跟或高跟皮鞋。

（二）握手礼仪

握手礼仪是商务活动中使用频率最高的一种礼仪。一般而言，在介绍之后或互致问候时，双方应保持1.5米左右的距离，各自伸出右手，手掌略向前下方伸直，五指并拢，虎口相对，用适宜力度稍许一握，时间不宜超过3秒钟。握手时应保持上身稍前倾，头略低，表情自然注视对方，微笑致意或问好，以示尊重。

握手时的出手顺序一般遵循以下原则：在平辈的朋友中，先出手为敬；长辈与晚辈之间、上级与下级之间、主宾之间则应是前者先伸手，后者先问候；男士与女士之间，只有女方伸手后，男方才能伸手相握，若女方无握手之意，男方则可点头致意；客人辞行时，应是客人先伸手表示辞行，主人握手告别。若要同多人握手，则应当遵循先同性后异性、先长辈后晚辈、先职位高者后职位低者、先已婚者后未婚者的顺序。在接待外宾时，主人要先向客人伸手表示欢迎。在商务场合，当别人不按先后顺序的惯例伸出手时，应立即回握，拒绝他人的握手是不礼貌的。

（三）问候礼仪

在商务活动中，问候时一般与对方保持1.5～3米的距离，微笑并点头问候。问候要主动、热情、大方，问候的声音清晰、响亮，问候时注视对方的眼睛，问候的称谓要正确、恰当。

（四）称谓礼仪

称谓是否恰当，既反映了个体的文化修养，也影响到人际交往的效果。称谓大致分为职务性称谓、职称性称谓、行业性称谓、性别性称谓和姓名性称谓五种。职务性称谓指以交往对象的职务相称，适用于正式场合，一般应在职务前加上姓氏。若对方有职称，则可以直接用职称相称，职称性称谓适用于正式场合，一般在职称前加上姓氏。对于教师或律师等从事某些特定行业的人，可以使用行业性称谓。性别性称谓是一种泛称，一般在不了解对方身份的情况下使用，"先生"是对成年男性的称谓，"小姐"适用未婚女性，"女士"是对成年女性的称谓，可以加上姓氏。姓名性称谓一般用于同事、熟人之间，适用于一般场合。在多人交谈的场合，称谓应遵循先上后下、先长后幼、先女后男、先疏后亲的顺序。

在称谓的使用上还应注意以下几个问题。

（1）对领导、长辈和客人，不要直呼其名，可以在其姓氏后面加合适的尊称或职务。

（2）对相交不深或初次见面的客人，表示敬意应用"您"，而不要用"你"。

（3）在日常工作中，对一般交往对象，可分别称"同志""老师""先生""小姐"等。在非正式场合，对同事可根据年龄来称谓，如"老陈""小张"等。对较熟悉的朋友和同学，可直呼其名。在党内按规定一律称"同志"，而不要称职务。

（4）在涉外场合，应避免使用容易引起误会的称谓。

（五）名片礼仪

在商务场合，初次见面的人通常会交换名片。名片虽小，却是职场人士的"自我介绍信"，更是职场社交的"联谊卡"。一般来说，年轻人要先向长者递送名片，职位低的人要先向职位高的人递送名片，男士应先向女士递送名片。若面前不止一人，则要先把名片递给长者和职务高者；若分不清职务高低或年龄大小，则可以遵循就近原则。

名片应双手呈递，将正面朝向接受方。到别处拜访时，经上司介绍后，再递出名片；上司在时，要等上司递上名片后，再递上自己的名片。接受名片时，应以双手去接，若是坐着的，则尽可能起身，接受后应细读。最好及时放入名片夹并放入西装内袋或手提包，切忌随手放在裤子口袋。若没有名片可交换，则应主动说明，并告知联系方式。若尊者、长者不主动交换名片，则可委婉提出。

总结来说，递送名片应该存放得当，随手可取，站立对正；上身前倾，双握前端，字朝对方；齐胸送出，清楚报名，说寒暄语。接受名片时应立即起立，面向对方，双接下端；齐胸高度，认真拜读，表示感谢；存放得当，珍惜爱护，有来有往。

（六）鞠躬礼仪

鞠躬是一种郑重礼节，一般用于下级向上级（或同级之间）、学生向老师、晚辈向长辈、服务人员向宾客表达由衷敬意。常见的鞠躬礼仪有三鞠躬礼、深鞠躬礼和商务鞠躬礼三种。

三鞠躬礼行礼之前应当先脱帽，摘下围巾，身体肃立，目视受礼者；男士的双手自然下垂，贴放于身体两侧裤线处，女士的双手下垂搭放在腹前，并拢双脚，脚跟靠拢，脚尖微微分开；身体上部向前下弯约$90°$，然后恢复原样，如此三次。

深鞠躬礼与三鞠躬礼相同，区别在于深鞠躬礼一般只要鞠躬一次即可，弯腰幅度一定要达到90°，以示敬意。

商务鞠躬礼行礼时应立正站好，保持身体端正；面向受礼者，距离为两三步远；以腰部为轴，整个肩部向前倾15°以上（一般是60°），具体视行礼者对受礼者的尊敬程度而定。

（七）座次礼仪

座次礼仪是指在各种宴会、会议的座次安排中需要遵循的一系列礼仪规范。这里主要介绍会议座次、宴会座次、轿车座次、电梯位次和行进位次。

1. 会议座次

会议座次安排首先是前高后低，其次是中央高于两侧，最后是左高右低（中国惯例）和右高左低（国际惯例）。在中国惯例中，主席台座次以左为尊，即左为上，右为下。当领导同志人数为奇数时，1号首长居中，2号首长排在1号首长左边，3号首长排右边，其他依次排列。当领导同志人数为偶数时，具体应该是1号首长、2号首长同时居中，2号首长排在1号首长左边，3号首长排右边，其他依次排列。

2. 宴会座次

宴会座次排序遵循以远为上、面门为上、南向为上、以左为上、以中为上、观景为上、靠墙为上的原则；在座次分布上，面门居中位置为主位，主左宾右分两侧而坐或主宾双方交错而坐，一般来说，越近首席，位次越高；同等距离，左高右低。

3. 轿车座次

轿车座次的安排方式一般有两种。一种是由专职司机开车，则后排右位为上座位，后排左位次之，后排中间再次之，前排右位最次。另一种是主人或熟识的朋友亲自驾驶汽车，则副驾驶位置为上座位，后排右位次之，后排左位再次之，后排中间最次。

4. 电梯位次

与客人、长者或职位高的人同乘电梯时，应主动按电梯，让客人、长者或职位高的人先进；若同行不止一人，则可先进电梯，一手按"开"，一手按住电梯侧门，请大家依次进入。电梯中也有上位，愈是靠内侧愈是尊贵的位置。进入电梯后，按下客人要去的楼层，侧身面对客人；到达目的楼层后，一手按"开"，一手做出请的动作，等待客人走出电梯后，自己再走出电梯，并快速上前进行引导。

5. 行进位次

多人并排行进，中央高于两侧，对于纵向来讲，前方高于后方；两人横向行进，内侧高于外侧；在引领客人时，客人在右，陪同人员在左，应与客人保持 1～1.5 米的距离。

(八) 拜访礼仪

拜访前应提前三天预约，若确须临时造访或推迟拜访，则应征得主人同意并表示歉意。在拜访时间选择上，应尽量避开用餐时间。进门前先轻声敲门或按门铃，主人招呼进门后方可入内，进门后向主人及其在场家人问好，若有其他客人在场，则应向其问好。与主人交谈时，可以适度寒暄，若有要事商谈，则应尽快进入正题。在交谈过程中，注意倾听，不可独自滔滔不绝。临时造访或礼节性拜访的时间不可太长，一般以半小时为宜。告辞时要对主人的接待表示感谢。出门后，主动请主人留步。

(九) 介绍礼仪

介绍是人际交往中与他人进行沟通、增进了解、建立联系的一种最常规的方式。正确得体的介绍，不但可以扩大自己的交际范围，而且有助于自我宣传、自我展示。

1. 自我介绍

自我介绍的内容主要包括三个部分：本人的姓名、供职的单位及具体部门、担任的职务和所从事的具体工作。这三个部分应尽量连续说出，有助于给人留下完整的印象。自我介绍的态度一定要自然、友善、亲切、随和，在表现得落落大方、彬彬有礼的同时，展现出自己渴望认识对方的真诚情感。语气要自然，语速要正常，语音要清晰，切忌畏怯、紧张、结巴、目光不定、面红耳赤、手忙脚乱。自我介绍要注意时机，最好是对方有空闲，而且情绪较好，又有兴趣时，这样就不会打扰对方。还要注意把握时间，自我介绍尽量简洁，以半分钟左右为佳，最长不宜超过一分钟；为了提升介绍效果，还可以利用名片、介绍信加以辅助。自我介绍也要注意方法，在进行自我介绍前，应先向对方点头致意，得到回应后再向对方介绍自己；若有介绍人在场，则不必进行自我介绍；若想认识某人，则最好事先了解他的性格、特长及兴趣爱好，便于更融洽地交谈。

自我介绍的形式主要有五种：工作式、应酬式、交流式、问答式和礼仪式。工作式自我介绍适用于工作场合，一般包括本人姓名、供职单位及部门、职务或从事的具体工作等。例如，"你好，我叫××，是××公司的销售经理。"应酬式自我介绍适用于某些公共场合和一般性的社交场合，这种自我介绍最为简洁，只介绍姓名。例如，"你好，我叫××。"交流式自我介绍适用于社交活动中，大体应介绍姓名、工作、籍贯、学历、兴趣及与交往对象的关系。例如，"你好，我叫××，在××工作。我是××的同学，都是××人。"问答式自我介绍适用于应试、应聘和公务交往中，做到有问必答，别人问什么就答什么。礼仪式自我介绍适用于讲座、报告、演出、庆典、仪式等正规而隆重的场合，一般介绍姓名、单位、职务等，同时应加入适当的敬辞。

2. 介绍他人

一般由东道主、地位高者或长者介绍他人。作为介绍者，介绍时要专注，面向被介绍者，同时把介绍的一方纳入进来。另外要注意介绍的顺序，一般应将男士先介绍给女士，将年轻者先介绍给年长者，将地位低者先介绍给地位高者，将客人先介绍给主人，将后到者先介绍给先到者。为他人做介绍时，手势动作要文雅，无论介绍哪一方，都应手心朝上，手背朝下，四指并拢，拇指张开，指向被介绍的一方，并向另一方点头微笑。被介绍的双方都应表现出对于结识对方的热情，一般应站起来正面对着对方，若在会谈进行中，或在宴会等场合，则可不必起身，只略微欠身致意即可。方便的话，介绍者介绍完毕后，被介绍的双方应握手致意，面带微笑并寒暄，如"你好""见到你很高兴""认识你很荣幸""请多指教""请多关照"等，若需要，则还可以互换名片。

3. 集体介绍

若被介绍的双方一方是个人一方是集体，则应根据具体情况采取不同的方法。

（1）将一个人介绍给大家。这种方法主要适用于在重大活动中对身份高者、年长者和特邀嘉宾的介绍。介绍后，可让所有来宾自己去结识这位被介绍者。

（2）将大家介绍给一个人或多个人。这种方法适用于正式的社交场合，如领导者对劳动模范和有突出贡献的人进行接见，两个处于平等地位的交往集体的相互介绍，开大会时对主席台就座人员的介绍。

将大家介绍给一个人的基本顺序有两种：一是按照座次或队次介绍；二是按照身份的高低顺序介绍。千万不要随意介绍，以免产生厚此薄彼的感觉。

（十）电话礼仪

打电话前要做好思想准备，精神饱满，考虑好通话的内容，可以写下备用。电话拨通后，应先说"您好"，询问对方并得到明确答复后，再自报家门。若对方帮你去找人听电话，则应拿住话筒等待。被告知某人不在时，不可直接挂断，而应说"谢谢，我过会儿再打"或"方便的话，麻烦您转告"或"请告诉他回来后给我回个电话，我的电话号码是××"。若电话拨错了，则应向对方表示歉意，如"对不起，我打错了"，切不可无礼挂断电话。若要求对方对你的电话有所记录，则应有耐心，不要催促，通话时声音不要太大也不要太小，说话要富有节奏，表达要清楚，简明扼要。通话完毕，应友善地感谢对方，如"打搅您了，谢谢您在百忙中接听我的电话"或"和您通话感到很高兴，谢谢您，再见"。给单位打电话，应避开刚上班或快下班的时间。居家打电话宜在中饭或晚饭的时间，但太晚或午睡的时间不合适。一般应在电话铃响的第二、第三声时接听。接电话首先要说"您好"，并自报办公室名称或个人名字，切忌以"喂"开头，若因故迟接，则要向来电者致歉。

（十一）交谈礼仪

在交谈中，只有尊重对方、理解对方，才能赢得对方感情上的接近，从而获得对方的尊重和信任。在聆听对方的讲话时，要尽量让对方把话讲完，不要轻易打断或插话。若需要插话或打断对方讲话，则应先征得对方的同意，用征询商量的语气说一声"请允许我打断一下"或"我可以提一个问题吗？"等。在交谈中，语速、语调和音量对意思的表达有比较大的影响，一般问题的阐述应使用正常的语调，保持能让对方清晰听见而不引起反感的高低适中的音量，陈述意见要尽量做到平稳中速。在特定的场合下，可以通过改变语速来引起对方的注意，加强表达的效果。

在与上司的交谈中，要特别注意以下几点：在听上司的指示时，要对重点的、关键的地方（如开会地点、时间、内容等）进行重复，这样既能体现出专心聆听的态度，又可以减少错误的出现。对上司交代的任务，回应时最好用"是"或"好"，这样会让上司放心。与上司谈论问题时，若遇到不同的意见，则不要直接地表示反对，要讲究语言艺术，学会以提出疑问的方式表达自己的观点。

（十二）电子邮件礼仪

1. 关于主题

主题是接收者了解电子邮件信息的首要途径，因此要提纲挈领，尽量能清楚地反映电子邮件内容和重要性，切忌使用含义不清的标题，如"王先生收"等。主题不要空着，会显得非常失礼。

2. 关于称呼与问候

电子邮件的开头要恰当地称呼收件人。若对方有职务，则应按职务尊称对方，如"王经理"；若不清楚对方职务，则通常用性别称谓，如"李先生"或"张女士"。对不熟悉的人不宜直接称呼英文名，对级别高于自己的人也不宜称呼英文名，称呼全名也是不礼貌的。在有多个收件人的情况下，可以称呼"大家"。

电子邮件的开头和结尾最好要有问候语。中文电子邮件可以以"您好"开头，英文电子邮件则以"Hi"开头；中文电子邮件结尾一般写"祝您顺利"之类的话语，英文电子邮件结尾一般写"Best Regards"。

3. 关于正文

正文要简明扼要，若具体内容确实很多，则正文应只做简要介绍，单独写个文件作为附件进行详细描述。行文应通顺，不要出现晦涩难懂的语句。若事情复杂，则最好分点列出，尽量简短不冗长。在一封电子邮件中把相关信息全部说清楚，不要频繁发送补充或者更正电子邮件，这样会让人很反感。注意电子邮件的论述语气，要根据收件人与自己的熟络程度、等级关系，以及邮件是对内还是对外性质的不同，选择恰当的语气进行论述；电子邮件可轻易地转发给他人，因此对别人意见的评论必须谨慎而客观。对于很多带有技术介绍或讨论性质的电子邮件，单纯以文字形式很难描述清楚，可以配合图表加以阐述。在电子邮件发送之前，务必仔细阅读一遍，检查行文是否通顺、拼写是否有错误。

4. 关于附件

若电子邮件有附件，则应在正文里面提示收件人查看附件，并在正文中对附件内容做简要说明。附件不宜超过四个，数目较多时应打包压缩成一个文件；若附件过大（超过 2 MB），则应分割成几个小文件分别发送。附件文件应准确命名，便于对方理解。附件尽量使用通用格式，若是特殊格式文件，则应在正文中说明打开方式，以免影响使用。

5. 语言的选择

若收件人中有外籍人士，或是其他国家和地区的华人，则应该使用英文电子邮件交流。若对方与你的电子邮件往来采用中文形式，则应发送中文电子邮件；若对方发英文电子邮件给你，则要用英文电子邮件回复。对于一些信息量丰富或重要的电子邮件，建议使用中文，防止出现表达或理解误会。中文及附件一般用宋体或新宋体，英文用 Verdana 或 Arial 字形，字号为 5 号或 10 号。这是经研究证明最适合在线阅读的字体和字号。最好不用背景信纸，特别是对公电子邮件。

每封电子邮件的结尾都应签名，这样对方可以清楚地知道发件人信息。签名信息不宜过多，可以包括姓名、职务、公司、电话、传真、地址等，一般不超过四行。

6. 回复邮件礼仪

收到他人的电子邮件后，应在两小时内回复；若事情复杂，无法及时回复，则最好向对方确认已收到。若个人正在出差或休假，则应设定自动回复功能，提示发件人，以免影响工作。当回件答复问题的时候，最好把相关的问题抄到回件中，然后附上答案，并进行必要的阐述，便于对方理解，避免反复交流。若收发双方就同一问题的交流回复超过三次，则应采用电话沟通等其他方式进行交流。

收件人应对电子邮件予以回复响应，抄送人没有义务对电子邮件予以响应，若有建议，则可以回复；涉及多个收件人、抄送人的，可以按部门或职位等级排列。

三、个人形象管理

（一）留好第一印象

印象是他人对我们的判断，而非自我的评价与想象。第一印象并不是镜子中那个熟悉的自己，而是在对方初次见你时，从你的言谈举止中看到的一切信息。在职场上，第一印象的好坏往往意味着你能否获得更多的机会。留给他人第一印象，如同在一张白纸上作画，起笔若是没有画好，则会影响后面的笔触展开，即使在后面的绘制过程中不断地改善，也要花费很多精力修复，甚至没有修复的可能，与其如此，不如开个好头，给他人留下一个良好的印象。

（二）塑造职场形象

1. 仪容整洁

作为职场人士，良好的仪表不仅是自身职业发展的需求，还是树立公司形象的需要。尽管不是每个人都天生丽质，但是通过修饰、打扮，以及后天的培养，每个人都可以拥有良好的仪表。最基本的要求就是干净整洁，一般要求面容干净，没有尘污；衣服整洁，没有污渍；鞋面洁净无尘，袜子无异味，女士丝袜无破损；头发梳理整齐，不油腻、不掉头皮屑；勤洗澡，无异味；口腔干净，口气清新；指甲不要过长，定期修剪，没有污垢；不露鼻毛、腋毛。

当然，还要注意保持仪容整洁的细节：若有细小碎发或者新发长出，则最好随身携带一小瓶发胶，为其定型；在风沙、尘土较多的地区，要及时用纸巾清理面部、眼角、鼻翼、鼻孔、耳朵、颈部的脏污；油性肌肤或混合性肌肤应每隔 2~4 小时用一次吸油纸；尽量不在公共场合梳理头发、化妆、补妆，若有需要，则应该避开他人，到洗手间内完成；梳理完头发后，清理掉衣服上的断发及头屑；饭后应该立即漱口，清除口腔残渣，有条件时可以用茶水漱口，有助于清除异味。

维护好的仪表，自然少不了工具。常用的小工具可以放在随身带的包里，至少应该包括小镜子、干湿纸巾、口香糖；女士还应该带上补妆用品、梳子及备用丝袜。

2. 着装得体

富兰克林曾说过："饮食也许可以随心所欲，穿衣却得考虑给他人的印象。"与其考虑穿哪一套服装更靓丽或者更帅气，不妨先想一想，要与谁见面？了解对方的性格特征、所在的行业、在这次约见中与谁同行、身份角色，这些都是着装得体需要考虑的因素。

在职场中与不同性格、不同行业的人约见时，可以在穿着上略投其所好，给对方留下"品位相投"的印象，拉近彼此之间的距离。要特别注意的是，在不同的场合，着装也有差异。在较为严肃的场合，西装是着装的首选。在休闲场合，人们的着装要轻松得多，无论是团队拓展、部门聚餐还是集体出游，舒适、自在都是着装的首要考虑因素，但无论选择哪种风格的休闲装，都应尽量保持整体协调。对于职场新人来说，不同场合的服装选择与搭配，需要不断地学习和实践。建议可以遵循安全着装法则，确保万无一失：鞋子、腰带、公文包同色或相近；黑、白、灰是和谐色，与任意颜色都搭配；不穿过于杂乱、鲜艳、暴露、短小、紧身的服装；男士穿西装时，全身颜色控制在三种以内。

和不同身份的人同行，我们的着装也应有所区别。与领导、客户同行，适宜穿着端庄大气的服饰，用以展现公司的形象和实力；与一线劳动者同行，则以舒适大方、适合劳作的工装服更为合适。同时，要考虑在这次约见中，自己是主动角色还是被动角色。会被大家的目光所聚焦的是主动角色，如领导、讲师、主持人等；反之则是被动角色，如来宾、观众、参会人员等。在着装上，主动角色应比被动角色更加讲究、隆重，被动角色不宜穿得太过引人注目，以防带来喧宾夺主的负面效果。

（三）态度决定一切

1. 面带微笑

微笑是最基本的礼仪，它体现了人类最真诚的相互尊重，亲切的微笑是最美丽的语言。

面对一位时常带着笑容的人，人们更倾向于认为他的事业和生活都是成功的。这种正面的情绪可以感染交际对象，使人产生一种被接纳感。心理学家认为，笑不仅仅影响人们的情绪，更影响人们的决策。人们在心情愉悦的状态下，态度会变得积极和乐观，做出的决定也充满希望。由此可以看出，保持笑容不仅能够为我们在人际交往中的形象加分，还能够将正能量传递给他人。真诚的笑容具有打动他人的魔力。因为当人们发自内心地感到愉悦时，分布在眼睛周围的肌肉会接收到这种快乐的信号，让眼睛展示出迷人的笑容，令他人无法抗拒。

2. 眼光柔和

我们可以利用身体的很多部位去传递信息，然而，最微妙的信息却在眼睛里。眼神传递出的信息来自内心，自信还是自卑、兴奋还是颓废、信任还是怀疑，全都反映在眼神里。

3. 态度从容

职场之路，既有坦途，也有暗礁，上司、同事和竞争对手之间的关系错综复杂，个体的认知习惯导致差异和矛盾的产生，但需要明确的是，竞争不等于对立，只有学会理解与换位思考，才可以转变心态，从容应对。

职场礼仪是一个职业人的思想道德水平、文化修养、交际能力的外在展现。职场礼仪的核心宗旨是尊重。尊重分为尊重自己和尊重他人，如果一个人不尊重自己，那么尊重他人是不现实的。尊重自己包括两个层次，一是尊重我们自己这个个体，二是提升自己的形象。作为求职者我们要尊重自己的岗位，而我们对岗位的尊重也体现在个人外在的形象上。尊重他人的一个非常重要的前提就是接受对方，在职场中，如果不能够接受对方，就不可能做到尊重。接受的前提是给予对方足够的重视，而职场礼仪的规范和要求都是站在重视对方的角度形成和发展起来的。对于求职者而言，必须了解并熟悉各类礼仪规范，内强个人素质，外塑职业形象，促进人际交往，优化人际关系。

第十章　企业参观教学

▶ 学 习 目 标

1. 了解企业生产过程、工作环境等。
2. 了解企业的发展前景、发展规模等。
3. 掌握理论知识与生产实际相结合的能力和本领。

▶ 就 业 思 考

1. 企业的生产过程、生产环境与前期了解到的是否一致？
2. 通过实地参观学习，更好地制定职业发展规划。
3. 理论联系实际，提升个人处理问题和分析问题的能力。

第一节　企业参观教学背景

随着我国进入新的发展阶段，产业升级和经济结构调整不断加快，各行各业对人才的需求越来越迫切。"促进人才培养供给侧和产业需求侧结构要素全方位融合，培养大批高素质创新人才和技术技能人才"已经成为当前高校育人的重要目标。作为承担国家人才培养、科学研究、社会服务、文化传承创新和国际合作交流的重要基地，当前高校在教学环节中存在理论与实际脱节、内容更新不及时等问题，这在一定程度上制约了学生学习兴趣的发展、知识拓展与应用能力的提升、创新意识与创新能力的培养。因此，如何及时跟进社会需求完善人才培养模式，科学融合第一课堂和第二课堂，充分发挥第二课堂在教育教学中的重要作用，成为当前高校教育探索的话题。

高校应充分重视实践育人在教育教学中的重要作用，通过深层次、多维度地发挥"产业元素""行业元素""企业元素""职业发展"在高校育人过程中的作用，深化落实全员、全过程、全方位的"三全"育人格局，实现学生理论学习与实践相结合、基础教育与创新实践相结合、通识教育与个性发展相结合的目标，以满足国家、社会和行业发展对于人才的需求。《国务院办公厅关于深化产教融合的若干意见》强调，要"健全学生到企业实习实训制度"，并将其作为产教融合的重要方式，促进教育链、人才链与产业链、创新链有机衔接，推动"人才培养深入融合到产业链的价值创造中"。

为保障人才培养目标达成，充分挖掘社会资源，结合学校层次、办学定位和专业特色制定人才培养方案，以深化产教融合，推进校企合作育人。通过企业参观教学，落实校企协同育人的主体责任，通过平台搭建、优化方案设计和组织保障，为学生提供个性化、专业化的指导，实现学生由学校场域学习向企业生产领域学习的延伸。在理论教学的基础上，结合行业前沿动态、企业先进工艺、管理与生产实践经验，通过参观、交流、体验促进知识、能力、素质的形成和转化，培养学生的实践应用和探索创新能力，提升学生职业专业化能力和满足发展需求，以端正择业观、完成自我实现，从而服务社会、推动国家发展。

第二节　企业参观教学意义

企业参观教学是在高校专业教育基础上，结合理论教学认知，对具有典型示范的企事业单位进行参观的实践活动，通过理论与实践结合的方式培养学生实践应用和探索创新能力。与单一课堂授课方式不同，企业参观教学可以具象、形象、直观地弥补课堂理论教学的不足，促进学生自主探究企业生产中的理论和实践问题，在教学活动中针对性地培养大学生的实践能力，体现了以学生为中心、理论与实际相结合的实践教学改革的指导思想。企业参观教学可以增强学生的专业认知、认同感，提高学生对企业、行业前沿信息的把握能力，让学生更好地进行职业选择并有效提升岗位胜任力和职前适应能力。

一、充分调动学生的主动性

一方面，通过企业参观教学改变学生在课堂教学中被动接受信息的模式，结合企业交流，切实感受所学专业知识在生产实践中的运用，将理论知识具象为专业技能，促进学生结合实际问题开展思考、研讨，培养学生主动发现、分析、解决问题的能力，从而主动性、创造性地开展学习。另一方面，企业的生产、经营过程要求更多交叉学科、技能的融合，可以更好地鼓励学生开展自我学习、拓展知识储备，提升学习的主动性，拓展就业渠道。

二、促进实践教学不断深化改革

组织实地参观前，需要提前设计教学内容，优化教学方案，给学生布置参观教学任务，让学生有目的地去参观学习，只有这样才能获得成效。让学生接近企业，讨论行业发展和企业生产事件的重点问题，提升学生对企业发展与市场需求的认知。同时，使学生加深对专业的新技术、新设施等的了解与认识，完善实践教学环节，为学生创造更多的就业机会。

三、提高学生综合素养

学生到企业参观学习是以专业课程背景为依托所开展的综合性跨学科训练，结合丰富的现场教学资源，不仅仅是简单参观，更能够了解企业在经营或者生产状态下的管理、生产流程工艺及新设备的应用，也是了解新成果转化的过程，可以有效地提升学生解决实际问题的能力，提升学生基于需求的科研能力。

四、端正学生的择业观

企业参观教学可以丰富学生对企业生产实践的感知，了解新技术、新工艺对企业、行业、社会发展的重要作用，增加对行业前沿技术、信息和发展的认知，增强学生的专业认同感和自豪感，了解所学专业对社会进步和国家发展的重要作用，提升学生择业的科学导向水平。

第三节　企业参观教学内容

一、学习企业文化

企业文化是企业在生存和发展过程中形成的一系列核心价值观及受此影响的组织行为和员工行为方式，已成为企业的最重要竞争力之一。企业参观教学可以使学生充分理解企业在发展过程中所逐步形成的，广泛被员工所认同、遵守的，带有本企业生产特色的工作理念与价值观、经营目标、经营方法、企业制度、发展目标等。企业文化包含以下四个层次的内容。

（1）由企业各类物质设施和企业产品等构成的物质文化。例如，厂区环境，生产生活建筑，生产技术装备，产品规格、质量、标识等。这些物质性的东西既体现了企业现实的生产经营能力、生产经营状态和企业的形象，也体现了企业员工对工作、生活的情怀态度和企业人的精神追求。

（2）由企业员工在生产经营、生活学习等活动中产生的行为文化。它包括企业在组织协调、工作状态、待人接物、文娱体育活动中所表现的文化现象。它是企业经营作风、精神风貌、人际关系的动态体现，也是企业形象、企业精神、企业价值观的客观反映。一个注重诚信、关爱员工、纪律严明、雷厉风行、人际关系融洽的企业和一个唯利是图、队伍涣散、纪律松弛的企业，给人的文化冲击力是截然不同的。

（3）由企业各方面规章制度构成的制度文化。企业制度是企业所制定的、在生产经营管理过程中起规范保证作用的各项规定或条例。企业制度是人与物、人与人、理念与行为、企业内部与外部的中介及结合，是企业经营管理意志和价值观的直接体现，是一种约束企业和员工行为的规范性文化，具有强制的约束力。企业制度在企业文化特别是员工行为文化的形成过程中发挥着十分关键的作用，它使企业在复杂多变、竞争激烈的社会环境中处于良性的稳定状态，从而保证企业目标的实现。

（4）由企业在生产经营过程中逐渐形成和趋于定型的精神文化。它包括企业精神、企业经营哲学、企业道德、企业价值观念等内容。精神文化是一种更深层次的文化现象，它是企业物质文化、行为文化、制度文化的升华，在整个企业文化系统中处于核心地位，是企业的上层建筑。

企业文化的本质体系包括企业决策者的经营管理哲学、企业使命、思维方式、核心价值理念、企业精神、企业道德、企业作风、企业美学和管理宗旨等，这是企业文化的灵魂部分。企业文化的本质虽然深藏于现象中，但会通过现象表现出来。企业文化的现象体系是企业文化的载体部分，包括企业环境、企业形象、员工行为、企业组织模式定位、文化设施和文化活动、模范人物故事、企业标识和产品标识、企业内部宣传口号和对外广告用语等。它们相互作用，共同表现着企业文化的本质。因此，在企业文化建设过程中，既要重视理念的设计与升华，也要重视载体的选择与构建。

企业参观教学作为高校育人的一种形式，更应注重课程思政在育人工作中的重要作用。在环节设计中注重引导学生通过前期调研了解企业文化，并在实践环节结合企业标语、员工精神面貌、企业发展节点等流程探寻企业文化对企业发展的影响，引领学生通过角色转换尝试认知、认同企业文化，分析不同企业文化对价值引领、员工培养、企业发展的重要作用，为学生树立科学、正确的择业观奠定基础。

二、了解企业管理

企业管理是对企业生产经营活动进行计划、组织、指挥、协调和控制等一系列活动的总称，是社会化大生产的客观要求。企业管理指尽可能利用企业的人力、物力、财力、信息等资源，实现省、快、多、好的目标，取得最大的投入产出效率。

（1）按照管理对象划分，企业管理包括人力资源管理、项目管理、资金管理、技术管理、市场管理、信息管理、设备与工艺管理、作业与流程管理、文化制度与机制管理、经营环境管理等。

（2）按照成长过程和流程划分，企业管理包括项目调研、项目设计、项目建设、项目投产、项目运营、项目更新、项目二次运营、项目二次更新等。

（3）按照职能或者业务功能划分，企业管理包括计划管理、生产管理、采购管理、销售管理、质量管理、仓库管理、财务管理、项目管理、人力资源管理、统计管理、信息管理等。

（4）按照层次上下划分，企业管理包括经营层面管理、业务层面管理、决策层面管理、执行层面管理、职工层面管理等。

（5）按照资源要素划分，企业管理包括人力资源管理、物料资源管理、技术资源管理、资金管理、市场与客户管理、政策与政府资源管理等。

通过参观学习，可以让学生脱离技术本身了解整个企业运行层面的职能，了解如何通过科学制定发展目标和相关方案以支撑、指导企业发展，通过有序组织部门功能进行企业分工，通过控制、激励等手段落实和及时调整企业发展，从而了解整个企业的运行机制，帮助学生激发主动学习热情、拓展知识储备和做好心态调适。学生在校期间可以更好地拓展知识面，实现全面发展，提升综合素养；求职期间可以培养正确的求职观，做好职业适应的准备。

三、了解新设备、新工艺

了解新设备、新工艺是企业参观教学的一个重点内容。企业的设备工艺包括对应设备特性、工作原理、型号分类及相关新工艺落地情况等，是学生参观的兴趣点所在，通过和专业教育的紧密结合，学生形象化地了解课堂教学内容在生产技术和生产管理中的实际运用情况。设备调度和生产运行情况介绍，可以引导学生了解行业发展前沿工艺和进行国内外科技对比，激发学生的学习热情和学习动力。

四、了解企业对员工的素质要求

（一）职业道德规范

各行各业根据本行业的社会职责，都有其从业人员必须遵守的具体道德规范，这些道德规范是履行好本行业职责的具体思想保证。不同的职业有不同的道德规范，毕业生在择业前要有充分的认识。

1. 技术工人的职业道德规范

（1）热爱本职工作，发扬主人翁精神。

（2）保证质量，实现产量。

（3）勤俭节约，艰苦创业。

（4）执行操作规程，遵守纪律制度。

（5）团结友爱，互相协作。

（6）学习先进技术，奋发进取。

2. 企业管理者（如创业者）的职业道德规范

（1）把产品质量放在第一位。

（2）开发市场，公平竞争。

（3）发展生产，保护环境。

（4）尊重员工主人翁地位，民主管理企业。

（5）以身作则，敢于负责。

3. 国家公务员的职业道德规范

（1）一心为公，做人民公仆。

（2）公正廉洁，不谋私利。

（3）尊重群众，礼貌待人。

（4）坚持原则，团结同志。

（5）实事求是，开拓进取。

（6）遵纪守法，严守机密。

此外，财务工作者、科技工作者等都有相应的职业道德规范。

（二）基本素质要求

1. 忠诚

忠诚是企业对员工最基本的要求。忠诚就是要热爱企业、爱护企业、爱岗敬业。企业是员工生存活动的舞台，在市场经济条件下，企业失去竞争力，员工就失去了工作生存的平台。首先，要对企业忠诚，每位员工在行动上、工作中、言语中都必须处处维护企业形象，随时想着自己的一言一行都代表着企业的形象，要处处以企业利益为重，随时注意自己的言行举止，不说有损企业形象的话，不做有损企业形象的事，严守企业机密，讲奉献、顾大局，个人利益服从企业利益，将个人成长与企业发展联系起来，随着企业壮大而发展自己。其次，要忠于事业，将自身价值熔于企业文化大熔炉中，和企业步伐保持一致，只有这样我们才能被企业所容纳、所接受。每位员工都必须立足岗位、立足本职，把工作当作事业，全身心地、尽职尽责地做好本职工作，办事有始有终，遇到问题一抓到底，任何时候都应该考虑到企业的利益，以企业目标、利益为重，以企业为家，与企业共存亡。

2. 责任心

强烈的责任心是做好工作的基础，在工作中不但要扎实认真，而且要想办法克服困难，积极出色地完成工作任务。

3. 上进心

上进心是做好工作的动力，在工作中要有追求进步的心态，做事要有奋发向上的精神和干劲。工作上进是为了自己，因为有上进心的人能从工作中学到比别人更多的经验，而这些经验便是你向上发展的垫脚石，就算你以后换了工作、从事不同的行业，你的上进心也必然会为你带来助力。因此，把上进心变成习惯的人，从事任何行业都容易成功。有了上进心，人生就有了目标；有了上进心，就会超越自我，力争上游。

4. 事业心

事业心是做好工作的恒心和毅力，是努力成就一番事业的奋斗精神，是热爱工作、希望取得良好成绩的积极心理状态，是人类的一种高尚的情操。

5. 合作共享

合作共享包括诚实正直和主动合作。首先，诚实正直是处事做人和工作的基本条件。它要求我们敢于坚持原则，敢于揭露存在的问题，敢于与不良倾向做斗争。在工作中实事求是，同时必须敢于承担责任，不回避失败和问题，敢作敢为。其次，主动合作是开展工作的前提条件。基本上我们每个人都生活和工作在企业这个组织中，作为一个团队组织的一员，需要与各部门、各同事相互支持、相互协作、相互配合。

6. 学习创新

学习创新要求我们：要具有接受新知识、新观念的强烈意愿，主动学习；要坚持在工作中学习，边干边学，学以致用；要有危机意识，永不满足现状；要有不畏艰难险阻的信心，不论遇到什么困难，都要想方设法去解决；要有创新精神，工作中不但要严格按操作规程、相关标准和要求去做，而且要不断发现新问题、解决新问题，并对制度中、标准中存在的不完善的地方提出改进意见。

了解企业对员工的素质要求，对学生做好职业生涯规划及就业准备十分重要。一方面可以让学生提前了解企业的选聘要求，便于学生在校期间有针对性地培养自己的良好品行和健康的求职心态，具备职业危机意识、责任感、团队协作精神、独立科研能力；另一方面可以帮助学生设定专业发展目标，做好职业生涯规划，做到综合素养的全面发展，以提升学生的求职竞争力和步入职场后的角色适应力。

第四节　企业参观教学管理

一、组织领导管理

在制度层面，把企业参观教学作为开展学生就业指导的重要环节，明确教学目的、要求、内容、方法和手段，制订相应的参观教学方案。在保障层面，要有牵头部门制定相关政策、做好资金支持保障、做好师资队伍建设，在学校和企业中做好指导教师的聘任、培训和协调工作，将课内外教育融入学生学习、创新、实践全过程。在学生组织层面，要充分认识到企业参观教学对培养学生专业素养的重要性，实践活动不能变成示范课，学生要动手参与其中，不能带着被动应付任务的心态去完成企业参观教学活动。

二、带队教师职责要求

带队教师作为企业参观教学中的协调者和组织者，必须要充分认识到自身在教学过程中的重要性，既需要与企业联系人积极沟通，了解企业基本情况和安全管理要求，又需要结合学生专业特点，合理制订参观教学计划，保证参观教学取得实际效果。

（一）做好准备工作，制订教学计划

带队教师一方面需要提前与企业联系人沟通，对企业要有简单的了解，提前了解企业的背景、规模、文化、相关规章制度等基本信息，以及本次参观的内容、线路和环境；另一方面需要对自己带领的学生有充分的了解，必须要明确自己队伍中有多少学生，这些学生都是哪个年级、哪个专业的，男生有多少人、女生有多少人。带队教师可以深入学生之中，了解一些学生的兴趣爱好及家庭背景等基本信息，根据学生的差异有针对性地开展管理工作。只有在掌握了这些信息之后，带队教师才能有效地和学生及企业进行沟通交流，才能根据教学大纲要求和实际情况，科学合理制订参观教学计划，确保参观教学有序进行。

带队教师要向学生做好相关知识铺垫，并告之学生安全要求和责任须知。对于岗位职责而言，需要全面贯彻自身应尽的责任，让学生在企业参

观前尽可能地了解到自己要去的企业是什么类型的企业，自己要参观企业的哪些内容。这可以让学生在企业参观中，进一步扎实推进对企业管理层次的知识领悟，同时保证参观教学的质量。在参观前，带队教师须搜集整理企业详情和参观的一系列内容，督促学生进行内容预习并做好学习记录。

（二）加强思想教育，提升教学效果

学生思想认识的不充分会使得参观教学工作的有序开展得不到保障。带队教师需要加强学生在进入企业参观之前的思想教育，让学生能够从内心重视企业参观学习，做好充分的思想准备。带队教师在参观学习开展前要对学生进行动员，让学生认识到参观学习的重要性、作用、意义及目标，只有这样才能让学生重视参观学习。教师可以给学生讲解一些关于参观企业的规章制度，规范学生的行为；还可以加强学生的思想道德教育，给学生灌输正确的职业道德观，培养学生艰苦奋斗、爱岗敬业、积极创新等优秀的职业品质，让学生能够适应企业的发展要求。带队教师可以和相关的企业进行沟通，让企业指派专门的人员简单向学生介绍参观企业的基本情况，包括企业文化、企业环境、地理位置、发展规模等信息，让学生能够对企业有基本的了解，知道自己参观企业的位置、工作的特点和自己需要注意的问题。带队教师还应该组织学生学习相关的法律法规，让学生在参观学习过程中不触碰法律的红线，并帮助学生树立团队意识和合作意识，让学生具有法制观念。

此外，还要认真开展参观工作"四个一"活动：每个学生进行一次经验分享，每个学生参加一系列安全教育活动，每个学生写一份心得体会，每个学生建立一份参观工作的任务清单。

（三）用心对待学生，搭建实践桥梁

带队教师要考虑学生在参观教学过程中的真实处境，加强对学生的管理，鼓励学生换位思考；要考虑如何为学生更为细致地讲解，如何让学生更好地与企业管理者沟通交流，深入了解企业文化制度，真正理解企业的运营方式和生产方式，让他们能真正地学有所获。对于参观企业的学生，应当运用科学的管理制度，使其在参观过程中有序且有质，保障企业参观教学能够顺利开展，保持良好的纪律，能够真正学到有用的东西，提升企业参观教学的质量。带队教师要注意加强学生、学校和企业三方之间的联系，要发挥自己的引导和管理作用，在学生和企业之间搭建一座沟通的桥梁，为学生后续在企业实习就业创造机会。

　　企业参观教学是提升学生综合能力的关键因素之一，学生在参观过程中可以了解今后工作中所面临的实际情况，可以帮助学生适应社会的发展，满足企业的需求，对学生今后的成长和发展有着十分重要的作用。带队教师需要明确自己的责任与义务，积极引导学生，给学生灌输正确的学习观念，在教学过程中进行科学管理，引导学生完成学习任务，为学生今后走上工作岗位奠定良好的基础，充分发挥校企合作的最大价值。

三、参观企业管理

　　在参观企业管理中，要注重保持与企业的良性互动，并通过协议等方式保障教学、合作中的细节问题。除进行企业参观教学外，还可以通过建立校企合作基地、开展产学研合作及推动学生就业实习等相关项目的交流合作关系，构建校企协同育人体系。人才决定企业的发展前景、竞争能力和市场地位，企业积累技术能力与发展能力的最核心、最根本的要素是人才的积累，因此，需要建立校企"双主体"人才培养机制，进一步突出企业参与高校人才培养的重要作用。

（一）参观企业的选取原则

　　（1）符合专业培养目标，满足就业教育要求，保证实践教学质量。

　　（2）按照就地就近、相对稳定和节约开支的原则，在经费允许的范围内，尽量选择规模较大、管理水平较高、设备技术较先进、种类较齐全、实习条件较好的企业。

　　（3）采用教学、科研、生产三结合的形式，与合作企业建立较稳定的关系，互利互惠，双方受益，长期共建，保证质量。

　　（4）基本满足师生食宿、劳动、安全等条件。

（二）参观企业的建设和管理

　　参观企业一般分为校级基地和院级基地。校级基地的建设和管理一般由学校负责，由学工就业部门协调，下属各学院具体实施。院级基地的建设和管理一般由学院负责，学院分管领导协调各系所和学院团委具体实施。

　　以校级基地的建设和管理为例，学工就业部门和各学院的职责如下。

1. 学工就业部门职责

　　（1）负责校外合作基地的宏观管理与协调工作。

　　（2）根据各专业的培养目标和实训要求，提出校外合作基地建设的规划。

（3）汇总、审查各学院提交的校外实习基地建设申请书。

（4）协助校外合作基地建设的有关工作。

（5）会同有关专家，定期（或不定期）对校外合作基地建设情况和参观质量进行评估检查。

2. 各学院职责

（1）根据不同专业和学科的性质特点及实践教学要求，有计划、有步骤地选择能够满足参观学习条件的企业，共同建立校外合作基地。

（2）向学工就业部门申报新建的校外合作基地。

（3）与校外合作基地一起，规划、实施参观教学工作。

针对参观企业，学校应每两年组织一次评估检查，评估检查结果达到参观教学要求的，继续保留合作关系；未达到参观教学要求的，提出整改要求或终止合作关系。

（三）共建双方所承担的义务

1. 学校（学院）承担的义务

（1）确定参观企业，在校园网、校报校刊、新闻媒体等平台进行宣传。

（2）做好参加实践教学学生的思想政治教育和安全教育工作，引导学生虚心好学、尊敬师长、遵守参观企业的规章制度。

（3）根据参观要求，确定每次参观的时间、内容、人数和要求，提前与参观企业共同制定具体实施方案。

（4）为学校带队教师、参观企业的接待人员提供工作和生活方面的便利，并按学校（学院）和参观企业双方的约定，为相应的工作人员支付劳动报酬。

（5）听取参观企业专家、专业技术人员对参观教学、人才培养和就业培训等提出的建议和意见，结合学校（学院）工作实际及时进行完善。

（6）根据参观企业的用人需要，按择优录用的原则，向参观企业推荐毕业生。

2. 参观企业承担的义务

（1）接收学校学生参观学习，协助安排好学生参观学习内容，组织好学生参观学习工作，指导学生参观学习全过程。

（2）按学生参观学习要求，提供参观学习场地、仪器设备、原材料等，选派本企业的专业技术人员担任学生参观学习时的指导教师。

（3）为参观学习的师生讲解本行业的发展趋势、本企业的人力资源发展规划及需求情况、各职业岗位要求的知识水平和技能、职业岗位群的结构及各岗位之间的协作等。

（4）协助带队教师做好学生参观学习期间的管理，协助指导学生参观学习的成绩考核和鉴定等工作。

（5）结合本企业实际，对学生进行职业道德教育。

（6）尽可能地为学生提供就业机会。

参考范例

××大学校外参观学习基地建设管理规定

校外参观学习基地是学生进行实践教育的重要场所，建设长期稳定的校外参观学习基地对培养学生的动手能力、实践能力和创新能力具有重要作用。为了进一步加强和规范校外参观学习基地的建设与管理，特制定本规定。

（一）总则

（1）大学生参观企业实践学习是高校人才培养的重要环节之一，是指导学生理论联系实际、培养学生综合素质与创新意识的重要途径。

（2）参观学习必须全面贯彻党和国家的教育方针，遵循教育教学基本规律，努力培养学生的专业基本能力、基本技能和职业素质，不断提升人才培养质量及教育教学水平。

（3）校外参观学习基地是指学校为充分利用社会力量和资源，丰富学生实践教学内容而与校外企事业单位联合建立的就业实习基地。利用这些企业的先进生产手段、技术装备和经营管理方式，建立校外参观学习基地，可以极大地丰富学生实践教学的内容，是促进产学研结合、加强学校和社会联系、利用社会力量和资源联合办学的重要举措。

（4）校外参观学习基地的设立要坚持互惠互利的基本原则。设立校外参观学习基地是学校与企业的双边活动，学校具有科技和人才优势，具有科研设备先进、信息灵通的优势，有较强的科研能力。

企业有广阔的实践实验场地、先进的生产和经营手段、较强的生产能力及丰富而熟练的生产技能。校外参观学习基地是学校与企业联系的纽带，是企业的窗口，是学校的第二课堂，是培养大学生实践能力的阵地。因此，加强校外参观学习基地的建设与管理是学校和企业的重要任务。

（5）校外参观学习基地由企业所属部门和学校共同建设，日常工作由基地负责。

（二）建立校外参观学习基地的基本条件

（1）能满足就业实习任务的要求。

（2）符合就近就地、相对稳定和节约开支的原则。

（3）能提供实习学生食宿、学习、劳动和安全等方面的条件。

（4）能与产学研一体化相结合。

（5）校外参观学习基地建设双方应互惠互利、互相支持。

（三）建立校外参观学习基地的程序

1. 递交申请材料

拟申请成立校外参观学习基地的单位须按学校相关规定向学校提供申请材料。申请材料如下。

（1）××大学校外参观学习基地建立申请表。

（2）书面证明材料。

（3）建立校外参观学习基地的可行性论证报告。

（4）实施参观学习活动方案。

2. 学校初审

学校依据申请单位提供的材料，通过审阅及电话的方式对其资质、条件、水平等进行初步审核，对符合学校要求的申请单位，派工作人员进行实地考察评估；对不符合学校要求的申请单位，由学校相关负责人以电话或函件的形式告之缘由。

3. 实地考察评估

对通过初步审核的申请单位，学校派工作人员进行实地考察，并与申请单位就具体的合作事宜进一步交换意见。学校工作人员考察产生的一切费用与申请单位无关。

4. 签订协议

进行实地考察的工作人员代表学校与经过考察、符合条件的申请单位共同签订协议书，协议书一式两份，由学校、校外参观学习基地各执一份。

5. 挂牌成立

根据需要，学校可对比较稳定、有代表性的校外参观学习基地进行挂牌，并报学工就业部门备案。校外参观学习基地标牌由学校统一确定格式，由基地方制作。

（四）学校、校外参观学习基地共建单位及校外参观学习基地应承担的义务

（1）学校在人才培养、委托培养、课程进修、咨询服务、信息交流、技术开发等方面优先考虑校外参观学习基地共建单位。

（2）在毕业生就业政策许可范围内，征求毕业生本人意见后，校外参观学习基地共建单位可优先选聘有关毕业生。

（3）校外参观学习基地共建单位按学校就业实习要求安排参观实训岗位，选派素质高、责任心强的人员担任指导教师。

（4）校外参观学习基地应协助学校解决参观学习学生的食宿问题。

（5）校外参观学习基地要积极探索、创造条件，使参观学习与产学研一体化相结合，产生经济效益和社会效益。

（五）校外参观学习基地建设与管理

（1）学工就业部门为主管部门，负责制定建设与管理的规章制度，协调有关事宜，并依据专业建设规划、教学计划、就业培训等要求，具体执行校外参观学习基地的建设与管理工作。

（2）根据学科、专业发展和就业实习需要，设立基地建设专项经费。基地建设专项经费分为基地建设费和基地维持费，根据基地使用情况按学生人数每年拨付。基地建设费是用于基地建设、检查、评估的费用。基地维持费是基地承担相应就业实习任务时所发生的费用。基地建设专项经费列入当年经费预算，由学工就业部门统一管理，并累计使用。

（3）校外参观学习基地应实行科学管理，完善各项规章制度，严格遵守国家的有关规定；应建立工作日志制度，对参观学习工作、人员、经费、物资、环境等基本信息进行记录、统计和分析，及时准确填报各种报表。

（4）为促进校外参观学习基地建设与管理，学工就业部门应不定期组织检查、评估校外参观学习基地的实践实习情况，听取校外参观学习基地的意见和建议，形成评估成绩和结论。

（5）学校每年对校外参观学习基地进行一次考核，对成绩突出、建设成效好的，应予以表彰；对建设成效不大、问题突出的，学校将提出限期整改要求，若限期整改达不到要求，则取消挂牌或撤销基地；对违规操作的，严重影响学校名誉的直接撤销，并终止合作。

（6）对协议到期的校外参观学习基地，根据双方合作意向与成效，可办理协议续签手续。

（六）校外参观学习基地建设考核

1. 考核原则

（1）全面评估和重点评估相结合。按照加强校外参观学习基地改革与建设、完善校外参观学习基地条件与管理、注重办学特色与成效、全面提高教育质量的原则，遴选评估要素，确定重要系数和评估标准。

（2）条件、过程、成果评估相结合。既重视校外参观学习基地条件的建设，又重视校外参观学习基地建设与管理的实施状态和改革的积极性、创造性，重视就业实习的实际效果。

（3）定性评估与定量评估相结合。力求较准确地反映校外参观学习基地教学、科研和生产等各项工作的成果，有利于促进校外参观学习基地的改革与建设。

（4）自查自评与专家评估相结合。校外参观学习基地定期进行自查自评，将结果汇总后由学工就业部门组织相关专家评估，并将结果反馈学校，以便宣传或整改。

2. 考核实施方案

（1）考核的主要依据为考核指标体系、各专业的检查项目标准、各基地的自评结果。

（2）在学校分管领导指导下，学工就业部门不定期到校外参观学习基地实地检查，届时提前一周通知校外参观学习基地检查内容。每学年对校外参观学习基地的自查自评情况进行收集，组织专家组进行最后评定。

（七）附则

（1）本规定自××年××月××日起实施。

（2）本规定由学工就业部门负责解释。

××大学

××年××月××日

参考样式

××大学校外参观学习基地建立申请表

申请单位：　　　　　　　　　　校外参观学习基地：

校外参观学习基地建立的目的			
双方合作的基础及成果			
校外参观学习基地的条件及特点			
校外参观学习基地接受学生参观学习的条件及容量		适合参观学习的专业	
今后合作意向			

（续表）

双方协商意见	申请单位意见： 负责人： （公章） 　　年　月　日	校外参观学习基地意见： 负责人： （公章） 　　年　月　日
学工就业部门审核意见	负责人：	（公章） 　　年　月　日

参考样式

共建参观学习基地协议书

甲方（学校）：＿＿＿＿＿＿＿＿＿＿大学

乙方（企业）：××

参观学习是培养大学生工程意识和创新能力的一个重要环节，是实现高等教育与生产实践相结合，加强学生理论联系实际的重要途径。××大学与××企业本着培养人才、互利互补、产学研相结合的原则，经双方友好协商，达成如下协议。

甲方：

1. 为乙方在人才培养、咨询服务、科研攻关、科技成果转化等方面提供支持。每年为乙方在甲方安排人才招聘会。

2. 在乙方悬挂"××大学就业实习基地"牌匾。

3. 配备带队教师，负责学生参观学习工作的具体指导和管理。

4. 聘任乙方推荐的经验丰富的技术人员为现场指导教师，配合带队教师做好参观学习工作。

5. 制订参观学习方案并提前提交乙方。

6. 为乙方提供参观学习学生的基本情况。

7. 参观学习学生在学习期间遵守乙方的各项规章制度。若违反规章制度，则按乙方规定处理，情节严重者取消其参观学习资格。

8. 准备参观学习人员的工作服、工作鞋、安全帽等劳动保护用品。

9. 甲方参观学习学生必须遵守保密制度并保证在任何时间都不得向协议外的第三方泄露乙方有关技术秘密。

乙方：

1. 每年为甲方学生提供参观学习机会，如安排学生现场参观、生产实习、毕业实习和就业实习等实践教学活动。

2. 收到甲方参观学习方案（包括学生人数、专业、参观时间、参观内容等）后，双方协商制订切实可行的参观学习方案，协助甲方完成参观学习工作。

3. 推荐经验丰富的技术人员（或管理人员）担任现场指导教师。

4. 根据实际情况，在住宿、饮食、交通等方面提供便利。

双方：

1. 共同负责参观学习学生的安全、厂规与厂纪教育，加强信息沟通，共同处理参观学习中出现的问题。

2. 双方确定参观学习方案后甲方须与乙方签订安全协议。参观学习期间，若甲方人员在乙方区域内发生人身伤害事故，则乙方应协助采取必要的救护措施。

以上若有未尽事宜，则双方本着友好合作的态度，共同协商解决。本协议书一式叁份，由甲方持有两份，乙方持有一份，自双方签订之日起生效。

甲方（盖章）：××大学　　　　　　乙方（盖章）：

负责人（签字）：　　　　　　　　　负责人（签字）：

　年　月　日　　　　　　　　　　　年　月　日

第五节 企业参观教学安全教育

一、常规安全教育

相对于高校的教学场所，企业生产车间存在大型生产设备、高压线路、环境噪声等较多安全风险。做好企业参观教学期间的学生安全教育，是保证整个实践教学平稳有序开展的首要任务。在参观前期，带队教师要提前与企业接待人员联系，了解企业安全管理规定，并结合参观教学实际，从以下几个方面对学生加强安全教育。

（一）交通安全

在赴企业参观过程中，一般由学校统一安排车辆前往企业，在学生参观前、参观后清点人数，并组织专业负责人作为带队教师协同前往，提前做好与企业的对接。对接内容包括车次信息、参观人员数量、参观路线等。带队教师全程跟车前往，应对突发情况。

参观学生不得单独乘车前往。到达企业时，若参观学生数量较多，则建议分批次进行参观，实行网格化管理，设置学生负责人，统一听从带队教师安排。

（二）现场安全

参观学生进入企业生产车间，必须按照企业安全管理要求，穿戴安全服装，在接待人员的带领下，沿着安全通道行走，认真听取专业人员介绍情况，做好参观记录。

参观学生必须严格遵守企业的各项规章制度，参观过程中不准私自乱动现场设备、器具、开关等，不准吸烟，不准大声喧哗，不准与岗位操作人员交谈，不准扰乱正常的生产秩序。

参观学生不得在规定线路之外行走，不得私自离开参观队伍，若需要临时离开，则要主动向带队教师请示。

参观期间若遇突发事件，学生要第一时间与带队教师联系，根据现场专业人员要求，做好撤离和个人防护。

（三）操作安全

学生在参观企业时若有涉及实操的部分，则要在操作之前由企业接待人员做好操作示范和安全指导，学生应严格遵守各项安全操作流程，遵守参观企业的各项规章制度，未经许可不得随意接触企业机械及设备，在安全范围内进行参观和操作，确保人身安全。一旦发生安全事故，学生应立即报告给带队教师，由带队教师评估事故严重程度，向上级报告并暂停涉事学生参观。

（四）信息安全

在参观过程中，涉及企业运营、管理等方面的信息时，应严格遵守企业的保密规定，在未经许可的情况下不能擅自使用摄像设备和录音设备，应严格听从企业接待者和带队教师的要求，不得擅自传阅企业信息，以免对企业造成不良影响。学生未经允许不能私自携带企业有关物品离开，若有需要，则应及时向带队教师报备，由带队教师和企业接待人员确定物品是否可带走。

二、个人安全承诺

个人安全承诺书的示例如下。

示例

个人安全承诺书

（1）严格遵守国家法律法规和企业管理规定。配合企业要求，做好个人安全防护，严格遵守操作规程和安全管理要求。

（2）自觉遵守社会公德，主动维护大学生良好形象，不做有损学校声誉的事，参观过程中不吸烟、饮酒、口出脏话、衣帽不整、打架斗殴等。

（3）自觉维护教学秩序，按照指定线路行进参观。若需要临时离开，则主动请示带队教师，返回后主动联系带队教师。

（4）自觉服从带队教师和企业人员的安排，不得顶撞、欺瞒、无理取闹等。

（5）尊重参观企业的领导和员工，虚心听从企业人员的讲解，认真做好参观记录。虚心提问，问题应当有理有据，不故意刁难。

（6）遵守企业日常管理规定，未经允许不主动与岗位操作人员交谈，不干扰企业日常运营。

（7）不私拿企业任何公物。一经发现，取消参观学习资格，若有损毁，则由个人负责照价赔偿。

（8）遵守企业的保密规定，未经许可，不使用摄像设备和录音设备，不擅自传阅企业信息，以免对企业造成不良影响。

（9）妥善保管个人贵重物品，以防丢失。

以上条款，本人自愿遵守，承诺在参观学习期间珍惜机会、遵守纪律，努力学习实践技能。

承诺人：

时间： 年 月 日

三、企业外来参观、实习人员管理规定

企业外来参观、实习人员管理规定的示例如下。

示例

××企业外来参观、实习人员管理规定

（一）总则

1. 目的

为加强对外来参观、实习人员的安全宣教和组织管理，保障企业正常的生产秩序和操作安全，杜绝违规行为、消除事故隐患、确保生产安全，特制定本规定。

2. 范围

适用于外来参观、实习人员。

（二）外来参观、实习人员安全管理制度

1. 外来参观人员的安全管理

（1）外来参观人员来本企业现场参观学习、考察，必须经过企业领导同意后，由企业进行接待，并对全体人员进行安全宣教，由专人陪同，做好引导与介绍。

（2）外来参观人员进入作业现场前，接待部门应通知相关部门做好生产、安全用品等的准备工作。

（3）外来参观人员必须在接待人员的带领下，沿安全通道行走，并由相应的专业人员做介绍说明。

（4）外来参观人员必须严格遵守企业的各项规章制度，参观过程中不准私自乱动现场设备、器具、开关等，不准吸烟，不准大声喧哗，不准与岗位操作人员交谈、扰乱正常的生产秩序。

2. 实习人员的安全管理

（1）外来人员来企业实习，需要经过企业领导同意。

（2）实习人员必须接受由安全管理部门组织的三级安全教育。凡实习期超过一个月的，负责安排的部门必须与实习企业签订安全协议书，明确各自的安全责任。

（3）负责安排的部门须对实习人员进行岗位安全职责教育。

（4）实习人员经三级安全教育、岗位安全职责教育考试合格后，可在实习岗位的老员工的带领、指导下进行实习。

（5）实习人员必须无条件服从所在部门的管理，严格遵守各项规章制度，不私自乱动现场设备、器具、开关等。

（6）严格遵守本岗位的操作规程，确保人身及设备的安全。

（7）未经同意，不准动用或启动非自己所用的设备，不准乱动电闸。

（8）未经同意，不得私自动用易燃易腐的物品，发现火情应及时报告。

（9）实习人员要培养良好的工作习惯，使用的工具、材料应放置整齐，工作场所要整洁，做到文明实习、文明生产。

（10）下班离岗时，应切断电源，整理好工器具，检查设备状况，清理现场后方可离去。

（11）对违反规定者，除批评教育外，还要降低其实习成绩。严重违反规定者，停止其实习，并报有关部门给予处分。

（12）若遇突发事件，则实习部门负责人要按要求组织实习人员紧急撤离，保证人员安全。

（三）附则

本规定自下发之日起执行。

　　　　　　　　　　　　　　　　　　　　××公司

　　　　　　　　　　　　　　　　　年　　月　　日

第六节 企业参观教学方案制订

带领学生走出课堂，到一些优质的企业去参观学习，可为学生提供非常珍贵而实用的实践经验。在参观教学之前，带队教师一定要对参观教学方案进行精心设计，要将学生的实践需求与企业的实际情况进行有效结合，合理规划参观流程，有针对性地布置相关的思考题，让学生带着问题参观，效果将更好。

一、实例解析

企业参观教学一般以半天（约为 3 小时）为一个单位，我们需要在教学规定时间内完成既定的教学计划，达成教学目的。本部分以"合肥工业大学'国企类'求职能力提升训练营"参观奇瑞汽车股份有限公司（以下简称奇瑞公司）为例来呈现教学方案的制订过程。

（一）企业参观教学前的准备

企业参观教学前的准备主要包括明确参观教学的目标、明确参观时间和参观企业、完善参观教学计划。

1. 明确参观教学的目标

"国企类"求职能力提升训练营旨在围绕国有企业招聘进行专项训练，针对求职意向为国有企业类的应届毕业生重点群体，点对点精准培训帮扶，从"学、思、践、悟"全方位就业训练出发，强化学生求职胜任力和职前适应能力，组织学生赴校企实习基地进行参观学习，为学生勇担"工业报国"使命，投身建设社会主义现代化国家的伟大事业开好头、起好步。

企业参观教学是求职能力提升计划的重要环节，其通过校企合作的形式同一批优质国有企业共建就业实习实训基地，聘请企业技术人员担任学校兼职导师，以师傅带徒弟的模式，加强学生与企业一线工人的学习交流。同时，加大对学生到基层就业创业的引导力度，树立用劳动书写青春的择业观。

2. 明确参观时间和参访企业

企业参观教学时，一方面我们要配合整体的教学计划安排，另一方面要与参访企业做好时间协调，要以深化双方交流合作为目的，在不耽误企业生产的前提下进行。

参访企业我们选择的是奇瑞公司，该公司是一家从事汽车生产的国有控股企业，1997年1月8日注册成立，总部位于安徽省芜湖市。该公司产品覆盖乘用车、商用车、微型车等领域。2016年8月，奇瑞公司名列"2016中国企业500强"排行榜第450位；2019年，奇瑞公司名列"'一带一路'中国企业100强"排行榜第90位；2020年，奇瑞公司在安徽省发明专利百强排行榜中位居第一。

3. 完善参观教学计划

做好企业参观的联系和对接工作，在企业参观教学方案制订中强化知行合一，注重教育实效，构建强调动手实践能力的专业技能课程体系，让学生深入企业一线，在生产劳动过程中，注重引导学生结合专业知识进行思考，启发学生感悟劳动价值，体会劳动精神。

（二）企业参观教学的过程

企业参观教学的过程可以概括为统一行动，服从安排。

企业参观教学要有专门的带队教师做好现场秩序引导及和企业对接等工作，要求参与企业参观教学的全体学生统一行动，服从安排，避免造成秩序混乱，影响企业正常生产活动。以"合肥工业大学'国企类'求职能力提升训练营"参观奇瑞公司为例，企业参观教学的过程安排如下。

（1）乘车到达奇瑞公司总部之后，带队教师组织学生有秩序地进入企业的报告厅，由企业方负责接待的工作人员对本次参观的具体安排和要求进行讲解说明。奇瑞公司为学生们精心准备了一场民族汽车发展史专题报告，生动地呈现了民族汽车工业的发展历程及老一辈对后辈的鼓舞彰显了汽车工业的薪火相传。

（2）参加本次企业参观教学的"合肥工业大学'国企类'求职能力提升训练营"学生共有40人，根据参观要求将40人分为两组。实地参观了奇瑞汽车龙山实验室，了解了现代化汽车的部分研发实验过程；同时参观了生产车间，了解了一线生产过程。参观学生还在车间与企业劳动模范和优秀共产党员进行了交流，在一线学习劳动精神、劳模精神，践行"精益求精、追求卓越"的工匠精神。

（3）奇瑞公司特别安排了全体学生参观他们生产的主流车型产品，还邀请了部分学生进行试乘试驾。在模拟展示厅中，学生们戴上VR眼镜，一同感受未来汽车的智能和便捷，领略科技的魅力。

（4）参观结束后，全体学生共同返回报告厅，奇瑞公司人力资源部工作人员主持最后的提问环节，参观的学生热情高涨，积极踊跃地发言提问，工作人员也对学生们的提问进行了耐心的解答。

（5）带队教师向企业表示感谢，全体学生乘车返回。

（三）企业参观教学后的总结

为更好地进行成果的凝练，可让参加的学生进行感想的撰写，总结自身的收获与困惑；带队教师要反思活动的不足，从企业参观的背景和目的出发，引导学生结合自身发展进行深入思考，让企业参观教学的价值得到升华。

二、企业选择

在参观企业的选择上，要注重综合考虑企业在行业中的影响力、经营范围、在全产业链中的位置、所在地的交通情况及参观费用等因素。合理规划参观的行程，争取让学生在一次出行中尽可能多地了解不同企业生产经营的模式，如企业的类型、产品的结构、不同的市场定位及营销策略，使学生最大程度了解产业或行业情况。

（一）上海蔚来汽车有限公司

上海蔚来汽车有限公司（以下简称蔚来）是全球化的智能电动汽车品牌，于2014年11月成立，致力于通过提供高性能的智能电动汽车与极致用户体验，为用户创造愉悦的生活方式。

蔚来是立足全球的初创品牌，已在圣何塞、慕尼黑、伦敦、合肥等地设立了研发、设计、生产和商务机构，汇聚了大量世界顶级的汽车、软件和用户体验的行业人才，在中国市场初步建立了覆盖全国的用户服务体系。

2014年11月，蔚来由李斌、刘强东、李想、腾讯、高瓴资本、顺为资本等深刻理解用户的企业家与顶尖互联网企业联合发起创立，并获得淡马锡、百度资本、红杉、厚朴、联想集团、华平、TPG、GIC、IDG、愉悦资本等数十家知名机构投资。2018年9月12日，蔚来在美国纽交所成功上市，中国总部设在安徽省合肥市蜀山区宿松路3963号智能科技园F栋。2020年2月25日，蔚来中国总部项目落户合肥，合肥市政府对其予以100亿元战略性投资。2021年11月25日，中国新能源汽车商蔚来发布公告称，已与国际能源巨头荷兰皇家壳牌集团签署战略合作协议。

（二）海尔智家股份有限公司

海尔集团是一家全球领先的美好生活解决方案服务商。在持续创业创新过程中，海尔集团始终坚持"人的价值第一"的发展主线。海尔集团创始人、名誉主席张瑞敏提出"人单合一"模式。海尔连续 12 年稳居欧睿国际世界家电第一品牌，子公司海尔智家股份有限公司（以下简称海尔智家）入围《财富》"世界 500 强"排行榜和《财富》"最受赞赏公司"排行榜，旗下新物种卡奥斯 COSMOPlat 连续两年在工业和信息化部双跨工业互联网平台中排名榜首。在物联网时代，海尔生态品牌和海尔"人单合一"模式正在实现全球引领。

海尔智能家居是海尔集团在信息化时代推出的一个重要业务单元。它以 U-Home 系统为平台，采用有线与无线网络相结合的方式，把所有设备通过信息传感设备与网络连接，从而实现了"家庭小网""社区中网""世界大网"的物物互联，并通过物联网实现了 3C 产品、智能家居系统、安防系统等的智能化识别、管理及数字媒体信息的共享。海尔智能家居使用户在世界的任何角落、任何时间，均可通过打电话、发短信、上网等方式与家中的电器设备互动。

海尔智家隶属于海尔集团，企业注册资金为 1.8 亿元，是全球智能化产品的研发制造基地。该公司以提升人们的生活品质为己任，提出了"让您的家与世界同步"的新生活理念，不仅为用户提供个性化产品，还面向未来提供多套智能家居解决方案及增值服务。

（三）美的集团

美的集团是一家集消费电器、暖通空调、机器人与自动化系统、智能供应链、芯片产业、电梯产业于一体的科技集团，1968 年成立于佛山顺德，现总部位于广东省佛山市顺德区北滘镇内，在世界范围内拥有约 200 家子公司、60 多个海外分支机构及 10 个战略业务单位，同时为德国库卡集团最主要股东（约 95％）。美的集团的业务包括以厨房家电、冰箱、洗衣机及各类小家电为主的消费电器业务，以家用空调、中央空调等供暖及通风系统为主的暖通空调业务，以德国库卡集团、美的机器人公司等为核心的机器人及工业自动化系统业务等。

2013 年 9 月 18 日，美的集团在深圳证券交易所上市。2015 年 7 月 4 日，美的集团旗下的全球最大的空调压缩机企业 GMCC 美芝公司与威灵电机公司整合为美的"部品事业部"。2016 年，美的集团首次进入《财富》"世界 500 强"排行榜并位列第 481 位，2020 年跃升至第 307 位；2019 年全年营业收入为 2 782 亿元，居中国家电行业第一位；累计专利申请量已突破 10 万件。它旗下的美仁半导体公司具备 1.2 亿颗芯片的规划年供应能力。2020 年 12 月 11 日，美的集团收购菱王电梯，正式进军电梯业务；同年 12 月 24 日，收购泰国日立压缩机工厂，布局全球产业。

（四）阳光电源股份有限公司

阳光电源股份有限公司（以下简称阳光电源）是一家专注于太阳能、风能、储能、电动汽车等新能源电源设备的研发、生产、销售和服务的国家重点高新技术企业，主要产品有光伏逆变器、风能变流器、储能系统、新能源汽车驱动系统、水面光伏设备、新能源制氢系统、智慧能源运维服务等，并致力于为客户提供清洁能源全生命周期解决方案。阳光电源是中国最大的光伏逆变器制造商、国内领先的风能变流器企业；是我国新能源行业为数极少的掌握多项核心技术、并拥有完全自主知识产权的企业之一。2011 年 11 月，阳光电源在深圳证券交易所挂牌上市（股票代码：300274），成为中国可再生能源电源行业首家上市公司。

（五）合肥启迪科技城

合肥启迪科技城位于合肥经济技术开发区，是新基建产业集聚、新兴产业孵化的科技创新生态系统，是一个集科研、产业、创业、投融资、教育、商务、居住于一体的生态科技新城。

合肥启迪科技城是清华大学与安徽省战略合作落地合肥的第二个重大项目，由清华大学核心企业启迪控股股份有限公司的控股子公司安徽启迪科技城投资发展有限公司负责开发建设与运营管理，包括战略新兴产业研发基地、高新技术企业总部办公区、创新创业综合体、清华附中合肥学校和科技人居。

（六）京东方科技集团股份有限公司

京东方科技集团股份有限公司（以下简称京东方）创立于 1993 年 4 月，是一家为信息交互和人类健康提供智慧端口产品和专业服务的物联网公司。

截至 2022 年，京东方累计自主专利申请已超 8 万件；在年度新增专利申请中，发明专利超过 90%，海外专利超 33%，覆盖美国、欧洲、日本、韩国等多个国家和地区。美国专利服务机构 IFI Claims 发布 2022 年度美国专利授权量统计报告，京东方全球排名第 11 位，连续五年跻身全球 TOP20。

京东方在北京、合肥、成都、重庆、福州、绵阳、武汉、昆明、苏州、鄂尔多斯、固安等地拥有多个制造基地，子公司遍布美国、加拿大、德国、英国、法国、瑞士、日本、韩国、新加坡、印度、俄罗斯、巴西、阿联酋等 20 个国家和地区，服务体系覆盖欧、美、亚、非等全球主要地区。

（七）安徽江淮汽车集团股份有限公司

安徽江淮汽车集团股份有限公司（以下简称江汽集团）始建于 1964 年，是一家集全系列商用车、乘用车及动力总成研产销和服务于一身，涵盖汽车出行、金融服务等众多领域的综合型汽车企业集团，致力打造"全生态链、全产业链、全价值链"的综合性汽车服务平台。江汽集团先后荣获国家重点高新技术企业，中国汽车品牌前 7 强，是全国首家荣获我国工业领域最高奖项——中国工业大奖的综合型汽车集团。

江汽集团拥有一支近 5 000 人的研发团队，坚持"节能、环保、安全、智能、网联、舒适"的关键技术研发路线。

江汽集团与大众汽车、蔚来等知名企业分别建有合资公司。江淮大众新能源汽车项目是安徽省先进制造业发展的"一号工程"，通过与大众汽车战略合作，打开研发、营销和制造国际化水准能力建设通道；与蔚来联合打造的世界级智造工厂，采用"互联网＋智造"模式，拥有国内自主品牌首条高端全铝车身生产线，焊装整体自动化率高达 97.5％，达到世界一流水平。

江汽集团积极响应国家"一带一路"倡议。2019 年，江汽集团成功参与收购哈萨克斯坦最大汽车工业集团——Allur 集团，成为江汽集团开发关税同盟市场和中亚市场国际化战略的重要起点。

江汽集团将全面以智能为本，突破边界，雄踞核心，不断刷新智能科技，不断创造智能传奇，围绕用户可感、可知、可用、可享的智能技术，坚守"无智能，不造车"的品牌态度，携手全球合作伙伴，为共赢加码、为智能聚力，致力成为全球智能汽车领导者。

参 考 文 献

[1]《党的二十大报告学习辅导百问》编写组．党的二十大报告学习辅导百问 ［M］．北京：学习出版社：党建读物出版社，2022．

[2] 曲青山．实现中华民族伟大复兴是近代以来中华民族最伟大的梦想 ［J］．党建研究，2017（11）：77－79＋83．

[3] 杜彬恒．经济"双循环"为高校毕业生就业带来哪些利好？［J］．中国大学生就业，2021（18）：8－9．

[4] 李海燕．大学生职业生涯规划 ［M］．广州：中山大学出版社，2012．

[5] 张丹，贺珊刚，李文善．领航职场：大学生职业发展与就业指导 ［M］．北京：首都师范大学出版社，2021．

[6] BIO 国际组织教材编写组．心理咨询与治疗基础 ［M］．北京：人民日报出版社，2007．

[7] 李运亭．压力和社会支持研究概述 ［EB/OL］．（2011－02－27）［2022－01－22］．https：//wenku．baidu．com/view/acd417106c175f0e7cd1375f．htm．

[8] SELYE H．Stress and the general adaptation syndrome ［J］．British Medical Journal，1950，1（4667）：1383－1392．

[9] 社会支持 ［EB/OL］．［2022－01－23］．https：//baike．baidu．com/item/社会支持/1061809？fr＝aladdin．

[10] 一般适应综合症 ［EB/OL］．［2022－01－23］．https：//wiki．mbalib．com/wiki/一般适应综合症．

[11] 教练核心技术的四大步骤 ［EB/OL］．（2021－06－25）［2022－01－23］．https：//wenku．baidu．com/view/715beb8d4ad7c1c708a1284ac

850ad02df80077b. html.

［12］黄希庭，郑涌．心理学导论［M］.3 版．北京：人民教育出版社，2015.

［13］许维素．建构解决之道：焦点解决短期治疗［M］．宁波：宁波出版社，2013.

［14］塞利格曼，莱维奇，杰科克斯，等．教出乐观的孩子：让孩子受用一生的幸福经典［M］．洪莉，译．北京：北京联合出版公司，2017.

［15］杨眉．健康人格心理学：有效促进心理健康的 9 种模式［M］.2 版．北京：首都经济贸易大学出版社，2021.

［16］朱兆红.Super 生涯发展理论及对我国大学生就业指导的启示［D］．长沙：湖南师范大学，2009.

［17］田静，石伟平．英国生涯教育：新动向、核心特征及其启示［J］．中国职业技术教育，2019（18）：83－88.

［18］钟思嘉，金树人．大学生职业生涯规划：自主与自助手册［M］．北京：高等教育出版社，2017.

［19］金树人．生涯咨询与辅导［M］．北京：高等教育出版社，2007.

［20］周文霞，谢宝国．职业生涯研究与实践必备的 41 个理论［M］．北京：北京大学出版社，2022.

［21］罗陈娟，韩赟．职业生涯规划团体活动教程［M］．北京：清华大学出版社，2023.

［22］黄俊毅，沈华玉，胡潇文．大学生职业生涯规划［M］．北京：清华大学出版社，2010.

［23］邱仲潘，叶文强，傅剑波．大学生职业生涯规划［M］．北京：清华大学出版社，2017.

［24］韦志中．学生生涯规划体验课实录［M］．北京：西苑出版社，2020.

［25］何霞，方慧．职业生涯规划实战体验手册［M］．北京：机械工业出版社，2021.

［26］刘慧．高校生涯教育精准化管理与实务［M］．南京：南京大学出版社，2019.

［27］钟谷兰，杨开．大学生职业生涯发展与规划［M］.2 版．上海：华东师范大学出版社，2015.

［28］王科，姜雪丽．大学生职业生涯规划［M］．北京：清华大学出

版社，2021.

[29] 王莹. 大学生职业生涯规划［M］. 北京：清华大学出版社，2019.

[30] 赵励宁. 大学生职业生涯规划［M］. 北京：中国人民大学出版社，2014.

[31] 石建勋. 职业生涯规划与管理［M］.2 版. 北京：清华大学出版社，2017.

[32] 叶纳. 职业生涯规划：自测、技能与路径［M］.4 版. 刘红霞，杨伟国，译. 北京：机械工业出版社，2011.

[33] 郭志文，李斌成. 大学生职业生涯规划［M］. 武汉：华中科技大学出版社，2008.

[34] 萨克尼克，本达特，劳夫曼. 职业的选择：成功规划你的人生［M］. 周文霞，等译. 北京：机械工业出版社，2011.

[35] 孙昀. 大学生职业生涯规划［M］. 北京：高等教育出版社，2015.

[36] 赵秋，黄妮妮，姚瑶. 大学生就业指导［M］. 北京：北京师范大学出版社，2020.

[37] 胡恩立. 大学生就业指导［M］.2 版. 北京：高等教育出版社，2021.

[38] 郑晓明. 大学生职业发展与就业指导［M］. 北京：高等教育出版社，2020.

[39] 茶金学，万晓定，徐步朝. 大学生职业发展与就业指导［M］.2 版. 北京：北京理工大学出版社，2013.

[40] 陈飞. 新时代大学生就业指导（课程思政版）［M］. 厦门：厦门大学出版社，2020.

[41] 罗二平，艾军. 大学生就业指导［M］. 北京：高等教育出版社，2014.

[42] 徐俊祥，黄敏. 成功就业：大学生就业技能实训教程［M］. 北京：现代教育出版社，2017.

[43] 迟云平，陈翔磊. 就业指导［M］. 广州：华南理工大学出版社，2020.

[44] 李家华，张晓慧，雷玉梅. 职业发展与就业指导［M］. 北京：科学出版社，2020.

[45] 武承泽. 简历写作与求职通关一册通：技巧＋模板＋范例 [M]. 北京：人民邮电出版社，2020.

[46] 应届生求职网. 应届生求职简历全攻略 [M]. 上海：上海交通大学出版社，2009.

[47] 赵淑芳. 15秒，让你的简历脱颖而出 [M]. 北京：人民邮电出版社，2009.

[48] 陈福刚，谢述玲. 大学毕业生谋职就业的"敲门砖"：自荐信的写作攻略 [J]. 统计与管理，2014 (2)：123－124.

[49] 杨一萍. 漫谈信息社会中商务沟通的重要性 [J]. 现代管理科学，2002 (5)：63－64.

[50] 曲伟. 浅谈毕业生自荐信的写作 [J]. 中国职业技术教育，2007 (9)：20－21.

[51] 王家国. 试论自荐信的写作 [J]. 应用写作，2002 (10)：35－37.

[52] 石恒. 谈谈自荐材料的制作 [J]. 应用写作，2021 (8)：27－29.

[53] 张玉兰. 谈谈自荐信和求职信的写作 [J]. 天津市工会管理干部学院学报，2005，13 (3)：51－53.

[54] 潘峰. 投石问路 各得其法 各有所用：简历、自荐信和求职信的用法及写法 [J]. 秘书，2013 (2)：34－37.

[55] 赵莉. 正确使用求职申请信与求职自荐信 [J]. 现代交际，2018 (2)：248－249.

[56] 孟建伟. 自荐信写作的读者意识与说服策略 [J]. 应用写作，2011 (6)：32－34.

[57] 胡燕生. 大学生创新创业教育模式探析 [J]. 中国高校科技，2017 (1)：128－130.

[58] 张文学. 自荐信写作应当强化诚意感 [J]. 应用写作，2018 (8)：28－30.

[59] 潘小玲. 蛛丝马迹：企业管理弊病的觉察与诊治 [M]. 北京：人民中国出版社，1998.

[60] 徐薇. 浅析中小企业管理中的人力资源管理 [J]. 经营管理者，2013 (22)：176.

[61] 企业发展战略规划方案经典案例 [EB/OL]. (2017－08－04) [2022－01－10]. https://www.docin.com/p-1987091475.html.

[62] 优势企业的概念 [EB/OL]. (2021－01－24) [2022－01－15].

https：//www. docin. com/p－2586478098. html.

[63] 孙葳. 美的集团财务战略案例研究 [D]. 北京：中国财政科学研究院，2019.

[64] 王学秀，刘海. 企业文化：怎么认识、怎么做？[J]. 现代班组，2021（10）：30－31.

[65] 武修元. 昆明长水国际机场信息弱电系统设备采购管理系统的研究与分析 [D]. 昆明：云南大学，2017.

[66] 杨华. 美的，美的制造：制造业怎样获取成功 [M]. 广州：广东经济出版社，2016.

[67] 燃气发动机技术中心申请报告 [EB/OL]. （2020－10－21）[2023－11－05] https：//www. yjbys. com/shenqingshu/baogao/742076. html.

[68] 制造业各部门岗位职责 [EB/OL]. （2022－03－18）［2023－11－05］. https：//www. yjbys. com/hr/gangwei/1580326. html.

[69] 表达观点，先说结论：PREP 沟通黄金法则 [EB/OL]. （2022－06－11）［2023－11－03］. https：//www. jianshu. com/p/dffff34c8509.

[70] 北京通州中公教育. 2019 北京公务员补录面试技巧：审题注细节，答题巧应对 [EB/OL]. （2019－06－13）［2023－11－03］. https：//www. toutiao. com/article/6701463701838365198/？＆source＝m＿redirect＆wid＝1699232821734.

[71] 杨铁黎，宋尽贤. 关于我国学校课余体育训练发展战略研究 [M]. 北京：北京体育大学出版社，2005.

[72] 吴涛. 职业道德与就业指导 [M]. 徐州：中国矿业大学出版社，2007.

[73] 舒卫华. 大学生职业生涯发展与就业指导 [M]. 武汉：华中科技大学出版社，2018.

[74] 陈国庆，幺玉珍，陈丹. 公关礼仪与面试技巧 [M]. 北京：经济科学出版社，2010.

[75] 张德华. 面试应对技巧和制胜策略大全集 [M]. 银川. 宁夏人民出版社，2012.

[76] 李俊琦. 职业准备与就业指导 [M]. 北京：清华大学出版社，2007.

[77] 什么是 STAR 法则？为什么要使用 STAR 法则？怎么样使用 STAR 法则？[EB/OL]. （2023－04－22）［2023－10－18］. https：//

baijiahao. baidu. com/s？id＝17638439662206874690＆wfr＝spider＆for＝pc.

[78] 2020公务员备考面试模拟：如何配合好领导组织开展小组活动 . [EB/OL] . (2020－08－03) [2023－10－19] . https：//baijiahao. baidu. com/s？id＝16739972293921571823＆wfr＝spider＆for＝pc.

[79] 彭剑锋 . 人力资源管理概论 [M] . 2版 . 上海：复旦大学出版社，2011.

[80] 袁宏宇 . 联想和华为员工素质能力模型的比较 [J] . 中国电力教育，2009 (6)：265－266.

[81] 胡翠霞，黄列梅 . 电影《终极面试》中的人物性格评析 [J] . 名作欣赏，2019 (8)：48－49.

[82] 明托 . 金字塔原理 [M] . 汪洱，高愉，译 . 海口：南海出版公司，2010.

[83] 景毅 . 结构化面试和无领导小组讨论在就业指导中的运用 [J] . 人才资源开发，2021 (15)：55－57.

[84] 华图教育 . 结构化面试 [M] . 北京：中国社会科学出版社，2015.

[85] 李永新 . 2009年山东省公务员录用考试专用教材 . 面试真题题库 [M] . 济南：山东人民出版社，2009.

[86] 李永新 . 面试真题详解1000道 [M] . 北京：人民日报出版社，2017.

[87] 华图教育 . 公开遴选公务员考试面试核心讲义 [M] . 北京：中国人民大学出版社，2013.

[88] 李永新 . 面试一本通 [M] . 北京：人民日报出版社，2017.

[89] 林周 . 领导力理论与领导力的养成 [J] . 金融言行：杭州金融研修学院学报，2021 (8)：41－42.

[90] 孙贺 . 习近平关于领导力重要论述的理论透视 [J] . 行政论坛，2021，28 (5)：12－19.

[91] 库泽斯，波斯纳 . 领导力：如何在组织中成就卓越：5版 [M] . 徐中，周政，王俊杰，译 . 北京：电子工业出版社，2013.

[92] 柯维 . 高效能人士的第8个习惯 [M] . 陈允明，王亦兵，梁有昶，译 . 北京：中国青年出版社，2005.

[93] 西里洛 . 番茄工作法 [M] . 廖梦骅，译 . 北京：北京联合出版

公司，2019.

[94] 威廉斯. 终极面试问答：上百个典型问与答，掌握面试成功的艺术 [M]. 吕佳怡，译. 北京：中信出版社，2020.

[95] 赵曙明，赵宜萱. 招聘、甄选与录用：理论、方法、工具、实务 [M]. 2版. 北京：人民邮电出版社，2018.

[96] 殷亚敏. 练好口才的第一本书：进阶训练版 [M]. 长沙：湖南文艺出版社，2020.

[97] 马维茨. 职场礼仪·国际商务礼仪 [M]. 王玉燕，译. 北京：电子工业出版社，2016.

[98] 张昆. 文秘商务办公全能一本通：从职场小白到商务精英 [M]. 北京：人民邮电出版社，2017.

[99] 金正昆. 交际礼仪 [M]. 2版. 北京：中国人民大学出版社，2015.

[100] 朱德贵，朱莉琼玉. 新时代中国商业伦理精神 [M]. 北京：社会科学文献出版社，2019.

[101] 速溶综合研究所. 如何给别人留下好印象：职场第一课·印象管理 [M]. 北京：中信出版集团，2018.

[102] 刘远我. 人才测评：方法与应用 [M]. 4版. 北京：电子工业出版社，2020.

[103] 白睿，王伯岩. 卓越HR必备工具书. 人力资源管理全程实操指南 [M]. 北京：中国法制出版社，2017.

[104] 国务院办公厅. 国务院办公厅关于深化高等学校创新创业教育改革的实施意见 [R/OL]. (2015-05-13) [2022-01-22]. http://www.gov.cn/zhengce/content/2015-05/13/content_9740.htm.

[105] 国务院办公厅. 国务院办公厅关于深化产教融合的若干意见 [R/OL]. (2017-12-19) [2022-01-22]. http://www.gov.cn/zhengce/content/2017-12/19/content_5248564.htm.

[106] 阮李全，王泳力. 大学生实习安全风险防范与应对机制研究 [J]. 重庆电子工程职业学院学报，2018，27 (3)：54-57.

[107] 郑彬，张玉红. 大学生实习安全管理模式研究 [J]. 安全，2018，39 (2)：40-42+45.

[108] 段胜霜. 高等学校实习实践学生安全意识干预研究 [J]. 体育世界（学术版），2020 (2)：48-49.

[109] 许志端.《生产与运作管理》教学中企业参观的课程设计 [J].厦门大学学报（自然科学版），2003，42（s1）：144-147.

[110] 李宁.ATDE 教学模式在市场营销专业实训中的运用——以企业参观实习活动为例 [J].教学管理与教育研究，2017，2（8）：28-29+32.

[111] 温辉松，李琳.职业技术教育中现场参观教学的实施 [J].现代职业教育，2019（2）：70-71.

[112] 董越.怎样当好中职学生企业教学实习带队老师 [J].现代职业教育，2020（16）：70-71.